本书为教育部人文社会科学基金项目成果（12YJA840022）

弱势与生存:

关于同妻群体的虚拟社会人类学研究

唐魁玉 等著

中国社会科学出版社

图书在版编目（CIP）数据

弱势与生存：关于同妻群体的虚拟社会人类学研究／唐魁玉等著 . —北京：中国社会科学出版社，2018.1
ISBN 978 - 7 - 5203 - 2055 - 9

Ⅰ.①弱…　Ⅱ.①唐…　Ⅲ.①互联网络—社会人类学—研究
Ⅳ.①C912.4

中国版本图书馆 CIP 数据核字（2018）第 027452 号

出 版 人	赵剑英
责任编辑	姜阿平
责任校对	胡新芳
责任印制	张雪娇

出　　版	中国社会科学出版社
社　　址	北京鼓楼西大街甲 158 号
邮　　编	100720
网　　址	http://www.csspw.cn
发 行 部	010 - 84083685
门 市 部	010 - 84029450
经　　销	新华书店及其他书店

印　　刷	北京君升印刷有限公司
装　　订	廊坊市广阳区广增装订厂
版　　次	2018 年 1 月第 1 版
印　　次	2018 年 1 月第 1 次印刷

开　　本	710×1000　1/16
印　　张	19
插　　页	2
字　　数	310 千字
定　　价	79.00 元

凡购买中国社会科学出版社图书，如有质量问题请与本社营销中心联系调换
电话:010 - 84083683

前　言

　　世界上总有一些女性，她们的命运令人感叹、同情和反思。"同妻"① 就是这样一个女性社会群体，她们作为男同性恋者法律意义上的妻子，是同性恋人群的衍生群体和边缘人群，她们经历了一般妇女所无法想象的奇特而不幸的生命历程。简言之，同妻群体是一个倾向于中国语境或国情的"弱势群体"。从日常生活哲学观点看，如果个体生产社会，那么，社会也理应尽量满足个体的生活需要。但是，作为弱势群体或弱势个体的同妻，都得不到应有的来自社会的生活资源的供给。

　　诚然，这是一个我国社会学界、人类学界必须正视的女性弱势群体。曾几何时，著名社会学家李银河呼吁关注同妻，劝诫广大男同性恋者不要进入异性婚姻。她认为，同妻群体除了性权利被剥夺、情感生活得不到应有的满足之外，更大的痛苦是她们羞于倾诉，因为倾诉的后果往往是被嘲讽、歧视，导致大部分同妻不敢发出声音。传统道德和异性霸权的社会对同妻的压抑和歧视在一定程度上是甚于男同性恋者的。再加之中国文化对结婚和生育的强调程度特别高，这种带有讽刺意味的"中国特色"的同妻群体就伴随着"男大当婚，女大当嫁""不孝有三，无后为大"的霸权婚恋价值观和生育观应运而生。应该说，目前我国还没有对同妻群体进行系统的、大规模的相关社会人类学研究，至少还没有重要的成果出现。一般都是通过研究同性恋群体来顺便关注这一次级群体的。根据社会学家、上海大学教授刘达临先生的研究，估计男同性恋者90%以上会选择与女性结婚，从而进入婚姻或已经在婚内。2009年在山东青岛召开了首届同妻学术研讨会，同妻们发出了联合声明，并

---

　　① 为了便于叙述，以后本书中所出现的同妻这一词语，一律省略引号。

喊出了"同妻到我为止"的口号，这个群体才真正进入公众的视野中。张北川教授等学者关注和呼吁公众将目光投向同妻群体，认为更多的应从预防艾滋病的角度出发，让大众关注艾滋病的高危人群——同妻的性存在。与此同时，李银河研究员也呼吁男同性恋者不要走入异性婚姻中害人害己，并几次向有关部门提出应增设相关法案。

2015年12月11—13日，中南大学湘雅护理学院李现红博士的同妻问题课题组（国家社会科学基金青年项目），发起并举办了"中国同妻艾滋病易感性、生存质量及其权益保障研讨会"，又将同妻研究推进了一步。李现红博士等与会学者，连同15位现实同妻（走下网络的同妻）一致通过了《关于中国同妻健康与权益保障的共识与建议》。这一学术事件的发生，表明同妻群体作为弱势群体的复杂而又充满风险的性存在越来越受到学术界和社会公众的关注。同时，也说明许多同妻个体能够越来越勇敢地面对自己的生存状态或境遇，并试图在社会各界的帮助下逐渐走出困境。

提到弱势群体，一般是指小部分从经济和社会的主流中隔绝出来的人，他们处在经济社会的边缘地位。而且，他们是由一些异质性人群组成的，这些人往往更容易处于不良的生理、心理和社会健康状态。总之，从现代社会人类学角度看，他们是具有社会脆弱性的群体。同妻群体既是弱势群体中的女性，同时又是女性群体中的弱势者，她们身为女性，又是被排斥在主流社会文化（特别是性别文化）之外的女性，她们受到来自当代社会的歧视和压力是多重的，甚至内心世界也是孤立无援的。

应该说明的是，由于同妻不愿面对面接受访谈的原因，我们研究同妻群体和对同妻群体施以社会支持网意义上的援手，是十分困难的。为了有效地对同妻群体进行创造性研究，我们采用虚拟社会人类学（或曰网络社会人类学）的前沿技术——虚拟民族志（或曰网络民族志）的方法，同时也将尝试采用网络社会工作的方法。"虚拟社会人类学"也被称作网络社会人类学或赛博人类学。它是人类学为适应网络社会而发展出来的一个新的学科分支，主要是对网络空间或虚拟社区中的人与文化（包括性别文化）进行深度描述和解释。本书对虚拟社区同妻群体生活适应问题的研究，主要采用虚拟社会人类学的田野调查、参与观察、深度访谈和文本分析等质性研究方法。基于同妻群体的特殊人类境遇和过于敏感脆弱的心态，我们很难通过简单的问卷式分析来获取他们真实的生活资料。鉴于此，我们主要采用了虚拟田野调查的方法，选择具有特色的或比较典型的同妻网络社区进行调查（比如中国同妻家园网站、天涯社区同妻部落、百度同妻吧、同妻 QQ 群以及公益博客、个人微博或相关性别研究论坛等），通过参与式观察、民族志记录和文本分析法，具体深入描述和分析微观情境下同妻在群体中的自我认同、性别文化现象、婚姻家庭状况、社会适应和生活重构等。其中，每一部分专题研究在进入现场、数据收集和描述分析等环节中所采用的具体途径还各有不同。但从根本上说，都是指向有助于实现同妻在现实社区和虚拟社区的和谐发展，并对促进女性婚姻的自由和预防艾滋病做出应有贡献这一学术和社会工作终极目标的。

需要着重指出的是，本书对同妻所做的研究既是社会人类学的学术研究，同时也是一种介入特殊女性群体的社会工作。经验表明，对虚拟社区中的同妻进行社会工作不仅具有可能性，而且具有现实性。其现实意义在于：一是对同妻群体的恰当介入，有助于帮助同妻走出当前的婚姻困境，化解其产生的心理和生活危机，挖掘自身潜能，提升能力，达到自我发展的目标，重新回归正常的社会生活中；二是社会工作者的倡导能加深主流社会对同妻的认识和理解，引起政府和其他组织的关注，促进其摆脱"包袱"和"标签"；三是网络社会工作是一种新的实务工作方法，而同妻这个领域又是一个新的社会领域，两者结合有利于取得优势效果，既能充分发挥社会工作的功能，帮助同妻适应和重建生活，又能拓展社会工作实务领域，促进网络社会工作的开展。另外。从学术意义上来说，对网络社群中同妻群体所进行的研究，有助于性别研究、网络社会学和网络社会工作的学科的知识积累，从而促进社会学、社会工作和性别研究的本土化、现代化和国际化的进程。

本书分为九个部分，即正文包括九章。外加参考文献与后记。

第一章：互联网与同妻群体的日常生活。主要包括互联网对同妻群体日常生活的建构、同妻群体关系的"我们"概念与虚拟生活模式的选择、同妻群体的虚拟日常生活描述与分析，以及同妻群体在虚拟互动中呈现的生活世界意义。

第二章：虚拟社区中的同妻群体及其生活历程。包括同妻现象的生成原因分析、同妻群体的虚拟互动实践分析、一个同妻"性生活"的生命历程分析（案例研究）和在婚同妻的婚姻生活经历等内容。

第三章：同妻群体的性别文化人类学阐释。包括同妻群体的性别文化意义、同妻群体对性别文化压力的反抗、同妻群体对性别制度压力的反抗行为分析、同妻群体对社会性别资本压力的反抗行为分析、同妻群体对社会舆论压力的反抗行为分析，以及对上述问题的讨论与反思。

第四章：同妻群体生活境况的社会认同分析。包括大众关于同妻生活境况的社会认同的问卷设计与资料收集、基于大众的同妻群体私人领域生活境况的社会认同分析、基于大众的同妻群体公共领域生活境况的社会认同分析和基于大众的同妻群体状况的社会认同分析等。

第五章：同妻群体的艾滋病风险研究。主要包括研究背景及文献回顾、同妻艾滋病的社会风险问题分析、同妻艾滋病的个人风险分析、艾滋病给同妻带来的影响与问题解决对策等。

第六章：同性恋文化与同妻身份的被建构。包括传统性别文化及同性恋文化的概念界定、同性恋文化对传统性别文化的冲击及现实影响、男同性恋性别身份建构中的同妻在场与缺场。

第七章：作为弱势群体的同妻边缘生活困境及其解困方式。包括从同性恋中引发的同妻问题、同妻的边缘生活困境和同妻生活困境的解困方式等。

第八章：同妻婚姻维持与解体的过程分析。包括问题的提出、同妻婚姻维持的过程分析、同妻婚姻解体的过程分析，以及对上述二者之间关系问题的讨论与反思。

第九章：虚拟社区中同妻群体生活适应问题及其策略。包括人类生活适应研究——理论与实践、同妻群体特征描述、同妻个人层面适应问题分析、同妻社会层面适应问题分析和同妻心理层面适应问题分析等。

毫无疑问，同妻现象作为一个真问题或社会事实，对它的研究将成为中国社会人类学最前沿的领域之一。本书对于研究和认识我国的同妻群体生活适应过程中的网络互动规律，具有特别重要的理论和现实意义。从全面建设小康社会的角度看，我们关注并对这一弱势群体进行社会支持和社会援助也是必要的。正如习近平总书记所指示的，要全面建成小康社会，必须"一个也不要掉队"。因此，我们应当了解和正视同妻群体这个社会弱势群体的存在。

必须强调指出的是，本书所论述的关于同妻群体生活的研究都是基于网络空间或虚拟社区的田野观察基础之上的深描和分析的成果。每一部分之间均有一定的逻辑关系，同时又是对各自不同案例分析、整合的结果。要说明的是，本书之所以采用这种有分有合的结构，是因为同妻现象异常复杂，研究过程十分艰难，只能逐渐通过不同子课题的虚拟田野调查和分主题的设计来推进和深化研究。而且，如此安排具有重点突出、层层深化的意义。

在本书中，我们将以描述、分析和揭示处于中国语境的同妻群体的日常生活的现代性状态及"后现代生活真相"的本质为己任。因为在21世纪的今天，许多人都已经意识到，我们正站在网络社会世界的新干线上，社会人类学必须对这个已然到来的全新的网络时代作出自己的回应。正如英国社会学家吉登斯所言，"这个时代本身引导我们超越现代性"。就是说，我们社会人类学者要研究当代的同妻群体的生存方式及其迈向美好生活的路径，也可以借助于虚拟社区所提供的同妻互动的条件来进行。因为"网络民族志的发展，能帮助我们理解他们（她们）的世界"，美国学者罗伯特·V.库兹奈特在《如何研究网络人群和社区：网络民族志方法实践指导》一书中如是说。

我们不禁要问，对于同妻群体而言，她们的网络社会生活和"真实生活"之间到底存不存在本质的区别？在某种意义上说，这两者之间由于增加了大量的虚拟现实的互动，从而更多地融通在一起了。尤其是同妻群体及其日常生活世界本身所具有私密性和敏感性特质，使得我们选择通过技术中介的沟通形式来了解少数边缘人的社会生活真相成为一种可能。

当然，在我们尝试将这种互联网时代的网络民族志方法，并将其变成一种分析同妻生活适应问题的现实工具时，我们已经大开眼界和信心满满了。作为虚拟社会人类学和同妻研究的倡导者，我们还要拥有一个"中国姿态"。我们所提出的一切论点都应有自己民族、自己国家、自己文化的立场，不能在对待同妻及其婚姻合法化等问题上失去自己的本土化立场。一言以蔽之，在如何对待同妻的合法化权利问题上，必须选择法治中国的立场。在反对"性别文化自由"和"性别文化断裂"的主张的同时，一定要坚持文明、和谐、健康的中国性别文化特色。

唐魁玉于哈尔滨工业大学

2017 年 8 月 25 日

目　　录

第一章　互联网与同妻群体的日常生活

互联网作为一种现代性技术手段，曾经、正在并继续塑造或影响着人类的日常生活世界。在这一虚拟日常生活世界里，有一个极其特殊的、弱势的女性群体——同妻社群，其生存境遇和日常生活形式越来越受到人们的关注，并成为虚拟社会人类学的一个前沿研究论域。这一方面反映了互联网对同妻社群日常生活的虚拟社会建构性；另一方面，也体现了同妻社群关系中"我们感"的增强，并由此显示其进行虚拟生活诉求和生活模式选择的价值。借助对同妻社群的虚拟日常生活的深度描述和分析，可以窥见其在虚拟互动中所呈现出的生活世界意义。与此同时，我们在虚拟社区中关注和研究同妻这个弱势群体，并使之生活变得与其他群体的生活相比更平衡、更充分，也是"坚持以人民为中心的"① 而且进创造美好生活意义的体现。

毫无疑问，在物联网显示其巨大的技术与社会张力之前，我们这个时代"拟态生活方式"是被互联网所建构的。随着互联网技术的发展，"人们的生活空间从物理空间扩展到电子空间、数字空间，并逐步造就一个虚拟世界"②。从某种意义上说，这不仅是一个虚拟系统世界，而且是一个虚拟日常生活世界。在其包围之下，人类的生活经验和生活实践被赋予了新的社会意味，即虚拟性和真实性及互动性等特质。虚拟生活世界的变化，既体现在一般人群的生活方式中，同时也体现在同妻群体这类特殊人群的生活方式里。对于社会问题建构而言，我们将看到一幅极其特殊的婚姻形式，即同妻群体所表征的形式婚姻景象。它们所面

---

① 习近平：《决胜全面建成小康社会　夺取新时代中国特色社会主义伟大胜利——在中国共产党第十九次全国代表大会上的报告》（2017年10月18日），人民出版社2017年版，第21页。

② 张康之、向玉琼：《网络空间中的政策问题建构》，《中国社会科学》2015年第2期。

临的婚姻维持与解体问题及其研究①，越来越受到包括《纽约时报》《参考消息》（新华社）等在内的国内外媒体的广泛关注。②

本章可以视为全书的绪论，我们将就互联网对同妻群体的日常生活建构及影响问题进行初步探索。

第一节 互联网对同妻群体日常生活的建构

一 网络空间中的同妻群体日常生活及"中国经验"

众所周知，人类社会近些年来最大的社会变迁场域来自于互联网空间。也就是说，互联网对人类当下个体生活和群体生活的影响是在"赛博空间"中实现的。威廉·吉布森当年在其科幻小说《神经漫游者》中发明"网络空间"（cyberspace）时，③ 不曾预见到的是若干年后这个神奇的虚拟空间竟然成了中国同妻虚拟日常生活的"家园"。事实上，中国的同妻作为一个隐蔽的、弱势的女性群体，正是借助于 QQ 群或"百度""已婚拉拉吧"这类网络空间彼此交流、倾诉的。

所谓同妻（Gay's wife），即男同性恋者的异性恋妻子，是同性恋话语里对男同性恋者在法律关系上的妻子的称呼，是同性恋者进入异性恋婚姻的直接产物。唯其如此，在婚同妻的婚姻的日常生活经验中就多了一种虚拟生活的特质。而这些经验和特质是值得进行现象学分析和社会学解释的。④

这里要说明的是，由于种种经济的、社会的或法律上限定的原因，同妻现象和同妻问题在中国比较突出，甚至可以说形成了一个具有中国特色的、边缘化婚姻的学术话语体系。然而，我们对同妻日常生活的社会认知或社会认同只能通过虚拟民族志的方法来获得。在人类学家海因看来，虚拟民族志是被改造过的、全新的民族志方法，是指在虚拟现实

---

① 唐魁玉、于慧：《"同妻""同夫"婚姻维持与解体的比较——一项虚拟社会人类学研究》，《社会学文摘》2015 年第 2 期。

② 王东川：《美媒关注中国"同直婚姻"潜伏复杂因素》，《参考消息》2015 年 5 月 15 日第 8 版。

③ ［美］威廉·吉布森：《神经漫游者》，戴恩威译，江苏人民出版社 2013 年版，第 251—263 页。

④ 刘冬、唐魁玉：《在婚同妻的婚姻生活经历：一项解释社会学分析》，《哈尔滨工业大学学报》（社会科学版）2014 年第 6 期。

环境中进行的、针对网络及利用网络开展的民族志研究方法。张娜认为，我们可以借助虚拟民族志方法来收集网络社区中的生活感受和生活资料，从而使其成为一种探究和阐释互联网及相关社会文化现象的社会人类学方法。① 由于同妻问题涉及个人隐私，在现实空间中难以进行调查，所以我们尝试运用虚拟田野调查法，实践证明收到良好的研究效果。②

网络空间的同妻日常生活之所以具有独特的社会人类学研究价值，就是因为它作为一种理想的性别关系互动行为体现了虚拟世界人类族群"在线生存状态的意蕴"③。同妻群体这一弱势人群借助在线机会实现的交往形式和生活体验，是一种创造性的虚拟生存方式，是同妻日常生活自由度扩大和生存跃进的一个极佳展现途径。

二　日常生活状态下同妻群体的主体建构

熟悉虚拟空间在线生活的人会发现，同妻之间相互交流、相互倾诉的网络互动不仅是可能的，而且是现实（虚拟现实）的。这种在线互动生活如此真切，并不需要任何社会学的想象力就能轻易地捕捉到和感受到。如此说来，同妻群体及其日常生活便有了社会建构和主体建构的可能性。一些坚持"性"的社会建构立场的西方学者认为："性"并不仅仅是个体的、内在驱动力的作用结果，更主要的是由具体的历史环境和社会环境所催生的。④ 国内性社会学学者潘绥铭、黄盈盈也认为，有关性行为和性认同等方面的话语或性社会学论题都可以运用"主体建构"的思想和工具加以分析或解释。⑤ 的确，同妻群体作为同性恋的边缘群体，她们颇具本土化的存在状态本身就很适合进行这种主体建构。

---

① 张娜：《虚拟民族志方法在中国的实践与反思》，《中山大学学报》（社会科学版）2015 年第 4 期。

② 唐魁玉：《虚拟社会人类学导论》，哈尔滨工业大学出版社 2015 年版，第 82 页。

③ 何明升、白淑英等：《虚拟世界与现实社会》，社会科学文献出版社 2011 年版，第 3—8 页。

④ Eagnon, J. H. & R. G., Parker, "Intraduction: Conceiving Sexuality", in R. G. Parker & J. H. Gagnon（eds）, Conceiving, sebuality: Approarhes to sex Research in a pastmodern world, N. YG London: Routledge: 1995, pp. 6 – 56.

⑤ 潘绥铭、黄盈盈：《"主体建构"：性社会学研究视角的革命及本土发展空间》，《社会学研究》2007 年第 3 期。

同时，也有可能将同妻日常生活中发生的深刻体验传递给相关性别公众，以便求得社会同情、社会认知和社会关怀。

需要指出的是，本书无意于以同性恋的"性"为议题对同妻群体进行"主体建构"。我们只是强调对互联网所建构的新的"性"空间，①做一次边缘化的社会学考察，以此来唤起世人对同妻群体艰难生活境况的认知。诚然，我们所谓的对同妻日常生活的主体建构是以互联网情境为背景和意义建构基点的。随着网络社会的崛起，包括各种特殊群体的日常生活者或多或少地发生了变化，而且这些"网络文化的价值和网络化的后果"还将不断显现。② 也就是说，我们所处的网络时代是一个生活方式多样化的时代。在这个时代里人类日常生活的"场域"，从客观世界和主观世界向虚拟世界或虚拟实在世界部分地转移。

第二节　同妻社群关系的"我们"概念与
虚拟生活模式的选择

一　同妻社群关系的"我们"概念

为什么个体同妻会在虚拟社区中形成彼此互动的社群关系，她们赖以在线存在的归属感是怎样的？她们所期待的"情境中的社会性别"模式是什么？很显然，对上述问题的回答将有助于描述同妻社群日常生活的真实形象或面相。而且，还将有助于我们定义同妻群体的"我们"概念。

首先，通过大量的虚拟田野调查，我们发现：个体化的同妻虽然选择以在线互动的方式来适应充满困境、危机和淡漠的生活状态，但并不属于"网络极端情绪人群"的类型。③ 她们以社交媒体为聊天和自救的基地，其网络表达行动只是出于挽救私人生活目的，而不是为了形成反抗社会的激进群体。即便是有性别反抗的社会意味，多半也是微弱的和温和的。她们是受伤害者，也并不想把自己变成"报复者"或侵害者。这种情形，在一定程度上昭示了同妻们的在线存在的"共在性"和归

① 张娜、潘绥铭：《国外互联网与性的研究述评》，《中国青年研究》2013年第12期。
② 唐魁玉：《网络化的后果》，社会科学文献出版社2011年版，第2—13页。
③ 桂勇、李秀玫等：《网络极端情绪人群的类型及其政治与社会意涵》，《社会》2015年第5期。

属感。加拿大学者、社群主义的主将查尔斯·泰勒也曾提到,某些特定的私人空间的重要性,体现在人们对它们在人类生活中的重要影响力的认识得以提高,以及相应共识得以日益增长。① 这一论断,对我们理解同妻群体的日常生活具有极其重要的意义。

其次,谈谈如何定义和解读同妻社群的"我们"概念。社会心理学者杨宜音曾经以"关系化还是类别化"为题论述了中国人"我们"概念的形成机制问题。在她看来,所谓"我们"概念的界定是与个人、群体、社会之间的关系密切联系在一起的。② 这里的"我们"概念关乎文化价值观和社会心理学群己关系,以及"个体主义—集体主义"等诸多问题。在"我"和"我们"之间构成的群己关系中,可以窥见人类社会社群关系的本质,正如在"我"和"他"或"她"的关系中可以窥见人际关系的实质一样。因此,同妻社群关系的"我们"概念中,既包含了同妻个体的群己关系属性,也包含了同妻个体间的人际互动关系特质。由现代社会心理学的社会关系和社会归类理论,我们知道,互联网背景下的同妻社群日常生活里同时含有关系化和类别化两种社会意涵。

根据我们对虚拟空间中同妻社群日常生活的参与观察,这一群体之所以能走到一起,成为网络人际互动频繁的人群,是因为她们具有相同的价值观和人际吸引的基础。③ 借助网络互动,④ 同妻建构了属于自己的交往生活话语。当然,同妻群体所形成的关系结构在"深层结构"和"浅层结构"分析框架下可能存在差异,但同样都具备嵌入性的社会生活品质。⑤ 在线互动过程中同妻群体所产生的"我们感",不仅可以维持个体心理的平衡,还可以建构起"自己人"的信任体系。⑥她们

---

① [加拿大] 查尔斯·泰勒:《现代社会的想象》,林曼红译,译林出版社 2014 年版,第 89 页。

② 杨宜音:《关系化还是类别化:中国人"我们"概念形成的社会心理机制探讨》,《中国社会科学》2008 年第 4 期。

③ [澳] 约翰·特纳等:《自我归类论》,杨宜音等译,中国人民大学出版社 2011 年版,第 28 页。

④ 吴满意:《网络人际互动》,人民出版社 2015 年版,第 32 页。

⑤ [英] 杰西·洛佩兹、约翰·斯科特:《社会结构》,允春喜译,吉林人民出版社 2007 年版,第 98—99 页。

⑥ 杨宜音:《"自己人":信任建构过程的个案研究》,《社会学研究》1999 年第 2 期。

在面对同妻生活这一点上，表现出惊人的一致和"不把彼此当外人"。这种"信得过""靠得住"和"放心"或"过心"的共同生活体验，生发出了一种社群关系或群己关系性信任。

第三，在同妻社群的关系性信任的前提下，她们形成了"情境中的社会性别"模式。杨宜音研究员还认为，这一模式是社会心理学家 K. Deaux 和 B. Major 在 1987 年提出并阐述的。它着力强调了性别的动力变化、性别存在和活动的社会场域具有的重要性。[①] 我们认为，正是由于这个原因，同妻个体、同妻他者与互联网情境三者之间的共同作用，形成了一个人类生活样态。

二 同妻群体虚拟生活模式的选择

一旦我们获得了关于同妻社群关系的特质和归类化信任机制的认识，我们就有理由推论其生活方式的类型了。这一点无疑将给我们带来一个重要的启示，那就是在时间、自我（我们）与网络社会存在三者基础之上，可以更好地理解同妻社群虚拟互动生活选择的深层原因。

为了避免同妻的在线生存与交往行动出现诸如隐私外泄被欺骗等陷阱，必须在虚拟社区日常生活经验的基础上不断反思、不断选择和不断超越。我们除了鼓励同妻群体自由选择个性化在线沟通生活模式以外，还应增加新的生活自救和途径。正如社会学大师米德所说的，尽管人们生活在现在，但他们不只存在于一个"未分化的现在"。[②] 言外之意，借助恰当的自我互动和人际沟通平台可以选择具有新质的生活（如同妻的虚拟日常生活）方式。

第三节 同妻群体的虚拟日常生活描述与分析

作为"个体的再生产"，日常生活是使社会再生产成为可能的个体再生产要素的集合。语言、交谈、交往、行动、理解、解释等人类生存的必要条件是日常生活中不变的部分。哈贝马斯认为，生活世界具有结

---

① 杨宜音、张曙光：《社会心理学》，首都经济贸易大学出版社 2008 年版，第 22 页。

② ［英］帕特里克·贝尔特：《时间、自我与社会存在》，陈生梅、摆玉萍译，北京师范大学出版社 2009 年版，第 77 页。

构性，包括文化、社会和人格三个层次。与这相对应的三种"解释性范式"，满足了社会文化产品、社会整合、人格形成等需要。通过达成理解、协调互动和有效的社会化三个目标，能为同妻社群及个体的新生活提供可能。

一　同妻群体日常生活实践的内容

　　网络的开放性和超时空性消除了现实人际互动中时间和空间的界限，形成了一个虚拟和真实的混沌体。在这个人际关系不具备标注性的混沌体中，互动主体间的交往从直接面对面地交往转向以网络场域为载体的数字化、文本化、符号化交往，它们所具备的非临场性、媒介性和符号性，客观上促使社会交往具有匿名性和安全性，能够更好地保护个体的隐私和个人信息，便于同妻这类群体的集聚和互动。

　　同妻群体日常生活内容主要围绕其"同妻"身份展开，包括身份疑惑、身份适应和身份转变三个阶段。"我是不是同妻"是大部分同妻进入社群首先需要厘清的问题。她们会依据自己的生活事实，提出种种疑问，同妻群中的其他成员会针对新人提出疑问和证据，进行讨论和解答。同妻所依据的生活事实主要与两性相处及性生活相关。事实上，在现实社会生活中，个体很难向他人详尽地描述自己的性生活及其相关细节。但网络的匿名性和人际关系的非标注性能够使同妻突破平日的心理防线，形成一种更加自由的舆论氛围，更容易探讨一些现实生活中"难以启齿"的话题。在提问与回答的双向互动过程中，同妻不断确认自己是否属于此群体。如果确定了自己的同妻身份，会拥有继续留在同妻社群的权利；若不是，会主动退出或被踢出群组，网络社群生活终止。

　　在日益个体化的当代社会，孤独感和不安全感成为人们存在于世界的一种主要形态。无论同妻当初是由于什么原因选择进入虚拟空间，她们期望这种选择能够带给自己更大意义上的"本体安全"。无论通过哪种方式确定自我身份，同妻身份及其所负载的象征意义，都会打破这种"本体安全"，产生强烈的情感上的冲击。现实层面的身份确定，及其所带来的疑惑、苦闷及风险，使得同妻的情感状态极不稳定，互动过程中"生不如死"这些具有极端情感类词语，屡见不鲜。同妻们分享彼此的情感经历，在同情、理解、协调、引导、教育甚至争吵的碰撞中，适应同妻身份，并逐步建立起关于"同妻"的自我概念和群体概念。

自我概念的形成是社会化的结果，在与他人的互动关系中产生，其中首属群体产生最大的影响。某人对于"我是谁"的概念和定义（某人的认同）在很大程度上是由自我描述构成的，而自我描述与某人所归属的群体特征紧密地联结在一起。① 尤其是对于同妻这类具有隐蔽性特点的少数群体，她们需要在同类社群中寻找新的知识，寻找归属感和认同感。归属于某个群体（无论它的规模和分布如何）在很大程度上是一种心理状态，与"茕茕孑立"的心理状态截然不同。② 归属于某一个群体代表着有机会获得某种共享的、集体的表征，它关乎"你是谁"，"你应该如何行事才是恰当的"。同妻在同质性社群的交往行动中，不断地更新自我的社会世界和主观世界，通过交往和互动，满足了相互沟通和理解的需要，并且从中得到生活意义，实现自我价值。

离婚是法理意义上摆脱同妻身份的最主要的途径和手段。关于离婚问题的探讨已经成为证实同妻身份之后最重要的互动内容。以"同妻不让幸福擦肩而过"群组在 2014 年的 10 月 1 日至 12 月 1 日两个月中 46 次互动讨论为例，以离婚为主题的讨论共 27 次，关键字离婚共出现 346 次。但针对该群 94 名同妻的偶遇抽样中，仅有 46 名同妻表示已离婚或正在办理离婚，勉强接近半数。由于孩子、房子、面子等问题造成的"难离婚"，和由于无法举证、缺乏法律保护等因素造成"离婚难"，是同妻关于离婚问题讨论的重要内容，也是困扰同妻进行生活决策的重要影响因素。对于无法走出现有婚姻的同妻而言，同妻身份所带来的痛苦感受和离与不离之间的抉择将会一直伴随着她的生活。当然，很多已经离婚的同妻也没有离开虚拟空间，而是以"过来人"、志愿者的身份继续进行虚拟交往。从同妻到前同妻，不仅需要法理意义上的离婚与法理意义上身份变更，更需要心理层面的身份转换。

从"我是不是同妻"的身份困惑，到"我是同妻，我很痛苦"的身份适应与认同，直至"我该怎么办"的身份决策，既是一个现实生活中自我验证的过程，也是一个网络空间中互动生成的过程。在同妻身份认知与转换的过程中，同妻逐渐形成、融入虚拟社群，通过"类化"

① ［澳］迈克尔·豪格：《社会认同过程》，高明华译，中国人民大学出版社 2011 年版，第 10—16 页。
② 马进：《社会认同是怎样进行的——一种社会认同理论》，《甘肃理论学刊》2014 年第 1 期。

生活经历和情感状态，促进"心理群体"的诞生。也是在身份适应和认同的过程中，同妻不断地习得所在社群的群体目标和群体规范，尝试使用话语的正当性来获得群体规范的认可，用话语的真诚性来表达自己的主观需要。在此过程中，同妻之间不仅能够达成理解、协调互动，更能习得同性恋、婚姻、疾病、同妻群体等不同层面的文化、规则和价值，有效地完成同妻身份的适应及社会化。

二　同妻群体日常生活实践特征

作为一种网络社会衍生出的具体生活方式，网络社会交往是一种全新的、复杂的、包容的存在方式，它包含了网民主体具有的所有个体化和群体互动性的文化特质。① 作为一个中层概念，网络空间中的日常生活实践有机地链接了虚拟世界与现实生活，身处其中的人，必然受到现实性与虚拟性的双重影响。自进入虚拟社群开始，同妻就背负着现实生活中诸多困惑与困境，这使得其交往互动行为具有明显的目的性和目标性。另一方面，同妻在网络互动中可以控制自己呈现现实信息的程度和时机。当同妻对于虚拟日常生活的效果不满意时，她将自由地转换互动的对象、场域，甚至中止或退出生活场域，不需要承担任何责任和风险。因此，在网络群体中，她们扮演着更加本真与自我的角色，更趋向于"虚拟的真实体"。

第一，在虚拟日常生活中，同妻经由各种互动形式所产生的情感特征表现为"最熟悉的陌生人"。"熟悉"与"陌生"这一矛盾关系状态的产生来自于同妻网络互动既联结又隔离的结构特征。"熟悉"在于现实生活中相同的身份和相似的生活经历，便于她们在互动中直视彼此的内心世界，分享较深层次的情感关联。"陌生"在于信息的片面性。由于匿名性和非面对面互动的限制，网友之间只能碰触到片面的信息。即便是相互熟悉的同妻，也几乎不进行线下的互动，这就更难了解对方的全面身份信息。网络互动中的真实性来自于同妻的自我叙述，同妻坚持借助网络媒介的安全性，有选择地展开个人信息，类似于与他人保持接触但又随时可能自由离去的"陌生人"。虽然同妻在网络中展现的个人

① 唐魁玉：《网络社会及其社会本体论诠释》，《哈尔滨工业大学学报》（社会科学版）2014 年第 1 期。

信息比很多趣缘群体网友更为丰富，但她们依旧保持着安全的距离。这种安全的距离，促使同妻在网络互动中更能真实地展现现实生活中的隐私。① 网络与现实空间的隔离性，是同妻群体能够产生深层次的情感联结的重要基础。

第二，同妻社群虚拟日常生活中的互动资源以情感、信息为主，物质资源较少。大部分同妻强调，她们与其他参与者之间主要为精神、情感和心理层面的交流，并不涉及物质上的交换。虽然一些同妻会宣传自己的网店、分享各种打折、优惠和团购信息，抢红包、赠送各种虚拟礼物（如 QQ 空间饰品、虚拟生日礼物等免费虚拟产品）等，但同妻更倾向于将其理解为情感行为。大部分同妻强调并不会与虚拟空间中的群组成员出现金钱的往来，主要还是心理层面和精神层面的交流。很多同妻表示，他们更愿意将网络互动关系维持在情感层面，而不希望这其中掺杂物质层面的东西，保留其社会交往的"纯粹性"。

第三，人类日常生活的社会关系因互联网的出现和使用日趋复杂和多变。网络空间的开放性、安全性、虚拟性和关系性，使得人们在虚拟日常生活实践中可以扮演更多的角色，发展出多种的社会关系网络。同妻网络社群中的互动关系开放性与封闭性并存。由于网络社会的开放性使得同妻群组成员的构成极其多元，虽然同妻群中主要成员为同妻，但这些同妻的年龄、所属地、学历、工作和婚姻状态并不相同。同妻的多元背景促使其网络互动关系更加开放和平等。然而在持续的网络互动中，同妻也会依据各种标准逐渐地结成各种具有封闭性的小群体。为了具体梳理同妻虚拟日常生活实践中的互动网络类型，结合"百度贴吧"中"同妻吧"的具体实际情况，对 2015 年 9 月 1 日至 2015 年 9 月 30 日发布的 226 个帖子进行内容分析，排除广告帖和灌水帖，共 220 帖，分为帮助关系网、情感互动网和信息交流网三类。

整体网络规模和个体平均网络规模情况。（如表 1－1）帮助关系网络共包含 223 个 ID，为规模最大的关系网络，个体网的平均网络规模为 4.912，网络密度 0.0301，网络凝聚度 0.0055；情感互动网包含 204 个 ID，个体网的平均网络规模为 3.094，网络密度 0.0191，网络凝聚度 0.0063；信息交流网包含 96 个 ID，个体网的平均网络规模为 1.886，

---

① 黄厚铭：《网络人机关系的亲疏远近》，《台大社会学刊》2000 年第 2 期。

网络密度 0.0133，网络凝聚度 0.0022。统计数据显示，三个网络的参与人数（ID）并不少，但多数人的参与程度偏低，网络密度和凝聚度不高，整体网络的中心化程度较小，其整体的网络结构呈现去中心化、碎片化、扁平化的松散关系结构形态。

表 1 – 1　　　　　　　　同妻虚拟互动网络关系测量

	整体网络规模	平均网络规模	网络密度	网络凝聚度
帮助关系网	223	4.912	0.0301	0.0055
情感互动网	204	3.094	0.0191	0.0063
信息交流网	96	1.886	0.0133	0.0022

第四，虚拟社会是一个围绕话题，通过文字互动构建的互动空间。在同妻社群的虚拟空间中，网络成员提出自己是否是同妻、如何鉴定同妻、是否应该离婚等问题，针对这些话题与其他网络成员进行社会交往，是最基本的互动关系。同妻虚拟社会交往中的角色扮演，并未脱离和超越现实生活中的社会角色，她们依循自我生活提出的诸多困惑、分享的情感体会和交流的信息经验，仍受制于其现实生活经历和社会关系网络。在"同妻贴吧"中存在大量包含情感互动内容的帖子，分享自身的情感状态和情感故事，还有熟识的同妻之间相互问候等交流活动。查找、获得和传播信息，也是同妻网络互动的重要内容，通过发帖、回帖，同妻分享了关于艾滋病、性文化和同性恋文化的背景知识和相关信息。但同妻的虚拟生活实践中，成员之间的互动并不以信息为导向，而是表现出强烈的社会情感特征，以帮助关系和情感互动为主。情感，是同妻网络社会交往的重要黏合剂，虽然很多同妻之间的社会关系只是陌生人之间的"弱关系"，但这些"弱关系"不断呈现出"强功能"。

第四节　同妻群体在虚拟互动中呈现的生活世界意义

一　同妻群体的集体认同与记忆

所谓生活世界，是一个描述人们日常生活的价值和意义的概念，意指个人在日常生活中可以直接体验到的生活环境，它反映了共同生活的人们对生活意义的共同理解。胡塞尔曾主张人们所处的是一个经由不同主体共同建构成的"互为主体的意义网络"。尽管每个人的意向活动不同，但处于相同的生活世界之中，在场域融合的过程中，可以保障认知的客观性。网络空间作为一种异常复杂的"虚拟生存场域"，决定了网民社会的生活状态和各种面貌，以此来与现实世界的生活实践交互作用。网络空间中的虚拟互动促使"自下而上"地书写某一群体的集体记忆成为可能，促使特定的个体形成群体并构建其社会认同，使其完成意义世界的重构。

（一）群体与群体认同

首先，生活世界的意义在于个体提供一种自然态度面对其身处的世界。生活世界中充满人与人之间的互动。同妻群体的互动过程是同妻借由自身生活事实和他人经验不断确认、反思和应对自身身份的过程。此过程中产生的认同与反思是行动者意义的来源。哈贝马斯强调的"反事实的先在性"是指当你试图进行有效的互动时，你必须拥有"手头库存知识"及对于互动中所建构的"事实"的"反思性"。这就要求你在互动中说出可理解的东西，为他人所理解；提供真实的陈述，为他人能共享知识；真诚地表达自己的意向，为他人所信任；说出本身是正确的话语，以便得到他人的认同。正是由于网络的开放性和安全性，同妻们能够进行这样具有理解性、真实性、真诚性和正确性的互动，她们才能够形成群体，产生共鸣和激励，并促使自身的价值偏向不断强化。社会认同不断产生和固定，展现出一种自我类化的趋势。① 在类化过程中，个体知晓她归属于某个特定的社会群体，获得某种情感和价值意义。经由与其他群体之间的关系，我群体不断得到确认，并在两者边界的明确中具体化。群体成员身份作为一种社会定义，是自我认定与他群认定之间的相互作用。②

其次，"生活世界"赋予主体的共同背景知识和视野，提供对真

---

① Urner J. W., Grube J. A., Meyers J., "Developing an Optimal Match within Online Communities: an Exploration of CMC Support Communities and Traditional Support", *Journal of Communication*, No. 2, 2001.

② 黄少华、沈洪成：《虚拟社区中的权力关系》，《中共杭州市委党校学报》2010 年第 1 期。

假、美丑、善恶、是非等事实的价值观、道德观和审美观，是交往主体
共享的对社会事实和社会生活看法的"观念世界"。在同妻群体的虚拟
日常生活实践中，对于"男同性恋者"的看法和评价分为激进派和平
和派两类。激进派对男同性恋的性行为、交友模式、"骗婚"行为和形
象极其排斥，常用"晕""简直了""不能理解"等语气词表现出对该
群体的消极态度，并用"恶心""有良心的较少""男同的世界很恐怖"
等具有强烈感情色彩的言语，阐明了对于该群体的排斥。认为同性恋者
"约炮""一夜情""NP"的交友模式是非常不道德的。结婚、生子只
是同性恋者为了遮蔽自身性向、传宗接代或养老送终的自私选择，同性
恋与异性恋的差异不仅体现在简单的性取向方面，更体现在交友方式、
亲子关系和相处模式等整体的生活方式上和道德标准中。平和派则认
为，是否选择同性恋的生活方式是个体自由，但"欺骗"女性，走入
婚姻，是"骗婚"行为，并不道德。对于同性恋及其生活方式的道德
评价是同妻进行情感交流的重要方式，在声讨和谴责其不道德行为的过
程中进一步划分同性恋与异性恋者的群体差异，加固自身的"悲情的受
害者"形象。通过同性恋群体与异性恋群体的差异所塑造的边界进一步
明晰，逐渐深入为"男性"和"女性"的社会性别差异边界，关注点
由"同"到"妻"，认为中国语境下，女性在家庭生活和社会生活中，
处于劣势地位。劳动力市场上，男女间收入差异至今仍然不断扩大。[1]
男性更容易在婚姻和法律中获得各类资源，更容易逃避婚姻中的责任和
风险。家庭作为社会保障体制的替代物，一旦不能为失婚个体提供有效
保障，"再婚"就成了个体的唯一选择。[2] 对于再婚而言，同妻认为男
性（即便是男同性恋）更具有选择权，而女性处于再婚市场的绝对底
层。关于"同性恋"或"男性"的"他者"群体的评价与讨论，是同
妻虚拟社群中分享群体价值观念的主要途径，其共享的群体价值观念：
走入同直婚姻的男同性恋者是不道德的、有罪的，应该受到法律的制裁
和舆论的谴责；女性是婚姻和社会中的弱者。

　　再次，同妻社群中共享的群体价值观念成了同妻群组的"共识"，

---

　　① 贺光烨、吴晓刚：《市场化、经济发展与中国城市中的性别收入不平等》，《社会学研究》2015 年第 1 期。
　　② 彭大松：《个人资源、家庭因素与再婚行为——基于 CFPS2010 数据的分析》，《社会学研究》2015 年第 4 期。

促使个体在特定情境下加强了对于自己从属于一个群体的知觉，将我群与他群区分开来，最终形成了关于"我"和"我群"的认知感与认同感，促进女权意识的觉醒，反思女性自我的价值。"我们"关系中体验到的生命流程和共享视域，才是一个"鲜活的人"①。对互动的体验与反思，将行动者转变成为能动者，获得不言自明的、共享的经验知识，建立起稳定的生活世界。至此，同妻的共同特征不仅在于她们都嫁给了同性恋者，更在于她们在确认同妻身份后试图去积极适应或改变这一身份，是"敢于面对婚姻问题""保障自身婚姻权益"的一群人。

（二）个体记忆与集体记忆

同妻在现实生活中区别其他群体的生活情感，在虚拟社区中以个人记忆的形式，不断被提及、讨论，并最终形成一种集体的记忆，加速了群体认同感的构建和凝聚。一般说来，人们对自己日常生活的记忆或叙述方式，往往有很大的不同。同妻倾向于将自身的生命故事划分为困惑、痛苦、涅槃三个部分。共同的生活经历，促使个体化的事件性情感不断发酵，弥漫成为一种群体的可感知的集体情感共鸣，将个体记忆转化为集体记忆。

例如同妻"岚"发表的主题为"浴火重生"的话写道：

> 我想我会永远记住两个日子，一个是和他结婚，在亲朋好友的见证下他是如何道貌岸然地说出誓言，欺骗我走进婚姻。一个是今天，法院的离婚协议书判下来，再一次失声痛哭，我终于脱离了6年的噩梦，开始真实的生活。这6年里，我哭过、闹过、自杀过，我不理解，我不能接受，最后自己像个疯子一样。此刻，这一切终于结束了，我坚信一切都会好起来的。请大家祝福我吧。

对其现实生活经历情感化的描述与感悟，得到了众多同妻对于结婚、同妻生活、离婚这些具体事件的回忆和参与互动，"那些为了不值得的人哭和笑的日子，终于都过去了"，"忘记过去，重新出发"，"所有打不死你我的，终会让我们更加坚强"，"结婚曾是美好的，但离婚

---

① ［澳］阿尔弗雷德·许茨：《社会世界的意义构成》，游淙琪译，商务印书馆2012年版，第232—233页。

才能告别一切"，"我今天也提交了离婚材料"，"祝贺离婚""祝福祝福"。甚至没有离过婚的同妻，也会借助虚拟空间中集体记忆活动，分享集体记忆，字字句句，感同身受。"如果有一天我勇敢地走出离婚这一步，也会失声痛哭"。每个族群都会通过个体所展开的回忆建立起各自独特的集体记忆。这种记忆在主体间性中被构建出来，与其说是内容，不如理解为一种语境、策略或价值。它不是依循个体记忆所简单堆积起来的空洞形式，而是基于集体框架所重建的关于过去的意向。① 很多同妻都曾借助网络叙事对于痛苦的生活经历进行过详尽的诉说，特别是对于自己对家庭的付出、自己遭受到的冷漠待遇等细节描述，已经成为了同妻突出群体的形象和情感特征构建集体记忆过程中常用的基本策略。人类学家认为，集体记忆构建的过程就是叙事的过程。"叙事"是人类表达意思的基本形式，是一种选择性的建构。同妻讲述生命故事的过程就是对已经发生或正在发生的生活事实进行整理、陈述和重新建构的过程。人们叙事是为了表达个性和建构生活，故事是由叙事者周围的人及其他一些重要的事共同建构的，反映了文化价值观和社会目标。在这个"深描"生活经历的过程中各种情节要素联结，形成一个具有意义性的整体，那些能够记忆并再现出来的共同经历是叙事的基本内容。②

"自我，是叙事的产物"，相似的人生经历对于个体价值观念和生活态度的塑造具有重要的影响，当在别人的故事中不断地看到自己的影子时，人们更容易产生共鸣。借助"身份"的叙事结构，同妻的生命故事不断话语化，形成参与者的"记忆共同体"。但是，个体的亲身经历往往是凌乱的、复杂的，通过叙事的结构可以将这些零散的事件整合为清晰、有条理的记忆。具体来说，同妻群体围绕"身份"的迷惑、预设、固定、适应和转换这一时间维度的叙事，构成了同妻故事的基本结构和形态。这种简单化、清晰化的生命历程描述已经超越了每个个体的自传性记忆，而被固定为"同妻"这一社会群体的集体经验。通过对于婚后无性、少性、家暴、无交流、艾滋病等生活境况及其所带来的困境的渲染和重复，同妻个体不断地将具体的、多样的、丰富的个体情

① ［法］哈布瓦赫：《论集体记忆》，毕然等译，上海人民出版社 2003 年版，第 84 页。
② ［美］诺曼·邓金：《解释性交往行为主义：个人经历的叙事、倾听与理解》，周勇译，重庆大学出版社 2004 年版，第 64 页。

感生活记忆转变为一种具有象征意义的"悲情"色彩的集体情感记忆。这种"悲情"的集体记忆既有助于舒缓同妻个体心理层面的愤懑情绪，也有助于塑造"弱势群体"的群体形象，促使其获得更多的社会资源和社会支持。与精英—权力框架下"自上而下"的构建方式不同，这种利用网络空间"自下而上"的集体记忆书写和群体认同，是一种"流动空间的草根化"。①

二　意义世界的重构

我们不得不说，生活世界是一个原初的、自明性的领域，也是人们生活的意义、价值的策源地，人的各种行为模式最终应该从它那里获得理解。② 从某种意义上说，人是一种以追求"意义"为生存本体的高级动物。③ 互联网的应用和普及，促使网络空间成为开展互动、交往等日常生活实践的全新场域，为个体意义世界的构建提供了崭新的时空背景。社群的虚拟互动作为一种社会构建，既依托其所在的生活世界，又反向地促进社群成员对于生活世界的重新理解及对生活意义的追求。对生活意义或者说对"何谓美好的生活"的理解与表述，构成了个体虚拟日常生活的道德框架和意义场域。在构建一个"悲情"的群体形象，书写一段"悲情"的集体记忆的背后，越来越多的同妻在自我与他者、同性恋与异性恋、男性与女性、道德与非道德的二元对立的关系之间试图建立起压迫与反抗的结构关系。寻找妻子、母亲、子女、女人这些社会角色背后独立存在的自我，不断地建立"主体"意识。虚拟互动促进了同妻自我的主体性发掘，使其行为更加开放和富于变化，尤其在社会交往行动和交往结构中发生的变化更为明显。同妻群体的网络互动不断促使个体反思自身处境，反思生活状态，进而逐步在现有的社会文化和社会性别语境中重建自我身份。在与他人对话的关系语境中，不断完成自我的再构建。不仅单纯地回答"我是谁"，而且反思"我将成为谁（becoming）"的主体性问题。社会群体都是制造生活意义的必要场域，只有在群体的社会交往中个体才能不断地感受到自我存在的价值和有用

① 黄少华：《虚拟空间的族群化》，《兰州大学学报》（社会科学版）2013 年第 1 期。
② 夏宏：《生活、世界与生活世界》，《中山大学学报》（社会科学版）2013 年第 5 期。
③ 黄浩：《价值：人的意义世界的生成与发明》，《理论月刊》2005 年第 6 期。

性，并借此重新理解所处的世界。互联网络作为一种技术性手段，具有"祛魅"性，倒逼着个体以信息化的方式重新认识世界。无论是世界的敞开、变革还是自我的体认或成就，都内在地指向意义的呈现和意义世界的生成。人既追问世界的意义，也追寻自身之"在"的意义；既以观念的方式把握世界意义和自我意义，又通过实践过程赋予自我和世界以多方面的意义。①

从现实到虚拟，再重新回到现实，互联网社群技术不仅实际上影响了个体的社会交往、人际交往，为其成员信息资源获得、情感宣泄、心理安慰、精神交流提供必要的场所，围绕某种共同的利益或兴趣将成员们团结起来，凝聚情感和力量，更会产生实质性的互惠和支持行为，推动、促进和放大人们社会的关系网，增强个体的社会资本。无论是工具性的支持还是情感性的交流，网络社群所特有的强大的信息搜索、发布和延伸能力，已经成为"取之不尽、用之不竭"和"随时随地"的社会资本产地。这也意味着网络社会关系可以在现实社会生活中产生强大的动员能力，对于群体的社会参与、集体行动及与群体相关的社会问题的构建、社会政策的制定都会产生相当重要的影响。

网络技术的出现给人们的社会生活带来的最直接的影响就是生活的符号化和抽象化，主要表现为行为的虚拟化和非直观化，它实现了某种程度上的信息自由、言论自由和交往自由，满足了人们对安全和自由的基本需求。作为现实生活的附属或补充，网络生活实践并没有取代现实的生活世界，只是"生活世界"的一类或一部分。在虚拟生活世界里，我们来自于日常生活经验的"库存知识"得到更新，在借助网络互动主动性地呈现自我、塑造自我、理解他人时，不仅依赖于日常生活的"当然如此""像往常一样来考虑问题"，更创造出崭新的日常生活现实，实现对现有生活世界的补充和超越。

综上所述，我们所熟悉的虚拟空间并不是一个脱离现实生活世界的"乌托邦"，网络社群在虚拟空间中进行的互动实践，并不只是虚拟世界中一场"狂欢"或"记录"，它来源于现实生活之中，也必将以"否定之否定"的姿态回归于现实生活，并在此中寻求到生活本身的答案和解释。

---

① 杨国荣：《意义世界的生成》，《中国哲学》2010 年第 1 期。

第二章 虚拟社区中的同妻群体及其生活历程

同妻社群的日常生活与其生命历程是一致的。"同妻"这一概念伴随着同性恋亚文化的不断发展及大众接受异质文化程度的加深而逐渐浮出水面。广义上，同妻被理解为男同性恋的妻子、配偶或女性伴侣。在这个概念中的"同妻"既包括同性恋的合法婚姻中的异性恋妻子，也包括以形婚形式（男同性恋者与女同性恋者结合）① 进入婚姻的女同性恋者，在部分学者的研究中，甚至囊括了男同性恋的异性恋女友。狭义上，同妻特指与男同性恋进入合法的婚姻关系，本身为异性恋的女性，是同性恋者进入同直婚姻（同性恋者与异性恋者的婚姻）② 的直接产物。随着以张北川、李银河等为代表的社会学者的呼吁，大众传媒的集中关注，及"同妻到我为止""同妻联合会""同妻家园"等非营利性质的组织及网站的不断筹建和运行，越来越多的同妻选择站在公开的媒体面前，讲述自身遭遇，呼吁整个社会关注同妻群体。

"同妻"现象的出现和存在有其深厚的个人原因及社会根源，而其作为社会问题进入公众视野，更是体现了这一具有中国特色的社会现象的历史性与时代性交融。

第一节 同妻现象的生成原因分析

一 同妻现象作为社会问题显现的原因

作为一种社会现象，同妻群体虽由来已久，数量惊人，但一直默默

---

① 老藕：《同志群体的形式婚姻》，《多元性别：理论与实务研究》2012 年第 5 期。

② 张强明：《中国"同直婚"法律问题与立法建议之研究》，《法制与社会》2012 年第 7 期。

无声，几乎无人所知。直到 2009 年同妻这一概念才逐渐浮出水面，引起社会学者和社会大众的关注。同妻现象作为社会问题，之所以在此时才得以浮现，有其独特的时代性，得益于以下因素：

市场经济的迅猛发展促使多元文化的产生和发展，为性文化的发育和成长提供了生存空间和话语权。与性相关的科学、社会科学及人权理念不断普及，"性"不再是不登大雅之堂，难以启齿的闺房秘事，而成为一种权利。多个学者根据调查得出结论：中国已经并正在发生一场"性革命"①。以人为本的核心是"承认人性，尊重需要"②。以 2005 年中央电视台《新闻调查——以生命的名义》这期关注艾滋病与同性恋者的电视节目中播放了约五分钟的对于同妻生活状况的采访为标志，同妻首次打破沉默通过主流媒体走进公众视野。至此，越来越多的同妻通过电视节目、网络发帖、杂志、报纸等渠道不断报道同妻群体生活现状及心理状态，引起了媒体、社会学者、社会公众的持续关注。

互联网使用普及，促进了包括性知识在内的各类信息在虚拟空间的传播，具有某种特定特征的人群的聚合，群体内部的互动，与外群体之间的交流，极大地促进了群体成员自我认同的建立。由于传统的家庭教育和学校教育对于性知识、性教育的忽视和缺乏，网络已经成为社会成员获取性知识的最主要的途径。

公民社会思想的传播促进相应的社会组织的出现。"同妻会""中国同妻家园""同妻联合会"等社会组织的建立使得同妻、志愿者、同性恋亲友及同性恋者走到一起，呼吁社会公众关注同妻生活状况，维护同妻权益。

艾滋病传播的风险的刺激作用。"性自由""性开放"的观念的自由扩展也在意味着风险增加。艾滋病携带者有大约 60% 为同性恋者，他们中的一部分在合法的婚姻关系内与女性间的性关系，已经成为艾滋病传播不可忽视的重要环节，对整个社会的健康和安全造成了威胁和危害，迫使主流媒体和相关部门不得不正视同妻现象的存在。

正是上述多种元素的共同作用，使得越来越多的同妻选择面向公众，讲述自身遭遇，维护自身权益，呼吁全社会关注同妻群体。根据百

---

① 张小金：《中国当代性文化的转型》，《学术论坛》2004 年第 3 期。
② 李广武：《性文化建设在构建和谐社会中的意义》，《性健康教育》2010 年第 4 期。

度贴吧统计数据显示，同妻吧月活跃人数约为 231483 人，月发帖量 28315 贴，百度关键字搜索"同妻"可找到约 1630000 个结果。同妻群体的不断发声，同妻现象不断地得到关注，使得越来越多的人思考同妻现象出现的原因。

　　通过网络田野调查的方式，在与 42 名已经进入或曾经进入同直婚姻的男同性恋者、16 位尚未进入同直婚姻的男同性恋者及 97 名同妻的在线深入访谈的基础上，从同性恋群体与同妻群体两个侧面归纳"同妻"现象出现的原因。

二　同妻现象产生的原因

　　作为同性恋群体的衍生群体，同妻群体是同直婚姻的直接产物，一个男同性恋者与女异性恋者结合，进入法定的婚姻关系就标志着一个同妻的产生。

　　（一）男同性恋者个体视角

　　男同性恋走入同直婚姻与同性恋者个体的自我认同及情感需要等因素紧密相关。

　　1. 自我认同困境

　　自我认同也称为自我同一性，是指"综合自身内在感觉、自我意识以及外部评价等内容，回答'我是谁'这个问题的过程"[1]。吉登斯认为自我认同是人对自己的关注、确认、理解和对自己与社会之间关系的把握，[2] 是从自身出发理解社会映射下的自我形象的动态的过程。在这个个人通过与他人的交往，融合各种社会信念和价值观，进而对自我价值进行评价的过程中，任何一部分的偏差和不顺畅都容易造成个体的自我认同的困境。结合同性恋群体的社会地位和社会认知程度可以分为自我认同缺失和自我认同偏差两种类型。由于中国社会文化和性教育缺失的限制，许多同性恋者在婚前并没有建立起正确的同性恋者的自我认同，甚至部分人不知道自己是同性恋者。同时，同性恋者基本上是在异性恋家庭成长的，从小接受以异性恋为主流的文化熏陶，伴随着年龄的

---

　　① 贺雪峰：《公私观念与中国农民的双重认同》，《天津社会科学》2006 年第 1 期。
　　② 肖毓：《现代性视域中自我认同的危机和重建》，硕士学位论文，延安大学，2009 年，第 13 页。

增长，当其发现自身与主流文化相左的性取向时，必然会产生心理层面的不安、焦虑和迷茫。在这样的心理状况下，很多同性恋者急于进入符合主流文化方向的异性恋婚姻，进而摆脱自我认同的困境。

个案01：我好像一直都对异性没有什么太强烈的感觉，身边的男性总会谈论哪个女的胸大或者相约看片儿什么的，觉得他们特别无聊。我比较喜欢动作片、武侠剧、各种肌肉男、兄弟情什么的。比起男男女女的爱情动作，我觉得肌肉男之间带着汗水的各种动作和情感更容易让我兴奋。也处过几个女朋友，偶尔的亲吻或是拥抱还行，但是都没有兴趣发展到最后一步。反倒是和朋友相互打手枪的时候特别兴奋，但是当时根本就没考虑过自己是同性恋，实话说，同性恋这仁字根本就没出现在我世界中。结婚那天，第一次和妻子做爱，我到现在都记得那种感觉，我很快就结束了，特别恶心，想吐。妻子没有工作所以她特别想尽快要个孩子，可是我特别厌恶和她过性生活。我好像越来越控制不住关注身边的男人，偷看男人的身体。

个案02：初中、高中大家都谈校园恋爱，我就每天闷头学习，因为学校和家长都不让早恋，自己也觉得谈恋爱会影响学习。一上大学家里就鼓励我找对象。用我爸的话说叫早下手为强，反正是男生，也没有什么损失。但是我一直提不起兴致，觉得身边的女生没有人能吸引我。有一天在寝室看电影，看到两个男人滚在一起的时候，我震惊得不行了，因为发现自己居然有生理反应。那部片子我翻来覆去看了很多遍，每一次的感觉都很强烈。我想是不是自己大了该找女朋友了，于是找了一些日本的 A 片，可是听着那些女人的声音我根本没有反应。你知道有些东西好像越压抑越明显，我开始做关于和男人的梦，在浴池也有明显的反应。我不知道自己怎么了，特别痛苦。不过，正好赶上找工作和毕业，事儿一多也就暂时放下了。刚开始工作，不熟悉南方的气候和饮食也没再多考虑这个问题。可是不考虑不代表它不存在。当工作渐渐稳定，身边的大妈开始给我张罗介绍对象的时候，我再一次陷入了恐慌，我无法和别人诉说这种恐慌，我告诉自己，你没结过婚，只要你结婚了就一切都正常了。可是，我结婚了，一切根本就没有正常。一切更加混乱了。

个案03：婚前我就明确知道自己是同性恋，我只喜欢男人，可是我没交过男朋友，我不能让自己堕落下去。我要必须结婚，结婚才是我应该做的。

2. 掩饰性取向

一部分男同性恋者对于同性恋身份及自身性取向有清晰的认识，所以会选择异性恋婚姻以作为隐瞒自身身份的重要屏障。[①] 不仅进入异性恋婚姻能够有效地帮助男同性恋者掩饰性取向，即便取得离婚者身份，也有助于男同性恋者掩饰性向及减少来自父母亲友的逼婚的社会压力。因为在通常状况下，对于一个离婚者，人们会默认其上一段婚姻带来的伤害而理解他为什么不选择再婚。[②]

个案04：大学时是师范类学校，寝室的哥们儿都找女朋友，我却一直对女生提不起兴趣，觉得她们事儿特别多，谈恋爱还不如和A这样的哥们儿踢踢球、打打游戏。快毕业的时候，特别的舍不得A，我留在这儿，他回了家乡，刚分开的时候每天都给他打电话、发短信。当我发现发短信、打电话和视频聊天都无法阻止我梦到他和无时无刻不想见他的时候，我慌了。我赶忙找了一个学妹，谈了一个多月就领证了。我不知道我爱不爱我的妻子，她是好女人，可是我还是发疯似的想念A，我想放下在这的一切去他的家乡找他。我对妻子没有任何生理的欲求，唯有的几次，也都是想象着A的脸才能进行。

个案05：我结婚那天就已经做好了离婚的准备，我不想结婚的，可是我不结婚我爸妈我那些七大姑八大姨一天24小时地轰炸我，他们终究能发现我的性取向。结婚只是我的权宜之计，我想结婚再离婚，就应该不会有人怀疑我的性取向了。我知道这样对我的妻子不公平，所以我在房子上写了我们两个人的名字。我能做得真的就只有这么多了。

---

① 庚泳、肖水源：《同性恋婚姻关系的社会学问题》，《医学与哲学》2008年第9期。
② 毛燕玲：《同性恋婚姻之路与亲密关系》，《中国性科学》2008年第12期。

个案 06：我是一名普通的公务员，我不能让别人知道我的性取向，我连和男人出去住都不敢拿自己身份证开房。很多年前，有个前辈向组织坦白了他是同性恋，大家虽然嘴上不说，但是暗地里都拿他当笑话。升职、评职称什么的领导基本都是刻意忽略他。他都在这工作十几年了还是科员。

3. 情感需要

在中国的文化中，婚姻不仅仅是契约或信托关系，它更代表了因血缘而缔结的姻亲关系，形成了一条：婚姻关系—亲属关系—血缘关系的情感传递模式。[1] 由于主流文化的排斥及现实条件的限制，同性恋群体的交友范围比较狭窄，交友方式单一，多呈现出"一夜情"和"游戏"的交往模式；加之父母亲友及社会环境的不理解和不接受，同性恋情长期发展的可能性和成功率极低；同性恋文化中对于相貌、年龄、身高、体重等外在体貌特征的强调，使得部分同性恋者对于衰老和孤独具有强烈的恐慌，这都促使男同性恋者选择进入异性恋婚姻。[2] 同时，也有部分男同性恋坦言，与异性结婚的主要原因是渴望体会父子人伦亲情。由于同性婚姻或恋情并不具备再生产的功能，这就迫使希望成为父亲的男同性恋者必须同异性发生亲密关系。[3]

个案 07：最开始我是坚定信念不结婚的，后来有一个男朋友是个已婚的人，比我大很多。他告诉我，一定要结婚。当你五六十岁的时候，这个圈子不再欢迎你的时候，家庭才是你的归宿。他和他太太相处得很好，虽然没有孩子。虽然后来我们分手了，但是他的话给我造成了很大的影响。我开始反思这个圈子，这种情感模式。特别是处了这么多的男朋友之后，我知道一份持久的情感，在中国同性恋圈太不可能了。

个案 08：同性恋之间能坚持多久？年轻的还好，过了 30 岁能还在一起的太少了。就算你能抵抗所有的压力，对方呢？这就是

<hr />

[1] 陈庆德、刘锋：《婚姻的理论建构与遮蔽》，《吉林大学社会科学学报》2006 年第 9 期。

[2] 毛燕玲：《同性恋婚姻之路与亲密关系》，《中国性科学》2008 年第 12 期。

[3] 庚泳、肖水源：《同性恋婚姻关系的社会学问题》，《医学与哲学》2008 年第 9 期。

现实。

个案09：我交过几个男朋友，每一个我都掏心掏肺的，以为能长相厮守。但是没有一个能走到最后的。我不恨他们，在这个圈子中，就得遵守这其中的法则，这就是一个喜新厌旧的圈子。再说有多少男男女女过了三十岁、四十岁还爱得死去活来的？不过是为了孩子，大家能够相互容忍罢了。其实同性恋之间最大的问题就是没有孩子，没有这个润滑剂，只是凭借着感情的维系，太容易一拍两散了。

个案10：我爱男人，可是两个男人相守一辈子太难了。谁洗衣服，谁做饭？我和好几任男友都同居过，但最后都因为生活上鸡毛蒜皮的小事儿分手了。两个男人能相爱，但是过日子，还得男的和女的。

个案11：我不想结婚，但我想要一个自己的孩子。我不是要传宗接代，男孩儿女孩儿都行。我就是希望有个小人儿跟在我身后，叫我爸爸，爸爸。我打听过领养的手续，两个男人或者一个单身男人根本没有领养的可能，我只能结婚，才能有孩子。等你六七十岁不能动的时候，连个端茶倒水的人都没有，想想都觉得可怕。

（二）男同性恋者的社会压力

在个体选择的背后，每一个男同性恋者个人选择的背后都有深刻的社会文化根源和社会制度制约。

1. 社会文化根源

（1）社会婚恋观念

"修身、齐家、治国、平天下。""成家立业"自古就是中国社会对于男性的社会期待，婚姻被视为从男孩向男人（孩子向成人）转变的最重要的环节，成为人一生当中至关重要的大事。伴随着社会经济的发展、社会文化的多元化，"晚婚晚育""单身贵族"等婚姻观念不断涌现，但"男大当婚"依旧是主流。社会文化作为"各种关系与组织中的象征与规范，这些象征与规范包含宗教信仰、相互感情、亲戚纽带以及参加组织的众人所承认并受其约束的是非标准"①，对于到了适婚年

---

① 李慧波、赵红红：《关于社会生活与社会文化概念问题的思考》，《晋阳学刊》2010年第2期。

龄却还保持单身的成年人具有强大的压力。这就导致一方面，同性恋个体在社会群体的强大的压力之下，为了减少风险和寻求心理上的平衡，改变了原有的态度和意见，采取了社会大众认可的行为方式，在适龄期进入同直婚姻。另一方面，强大的社会压力也使得家长视子女的婚姻为己任，督促、帮助甚至不惜逼迫子女建立婚姻关系。

个案12：你问同性恋，问100个得有99个给你的回答就是社会压力。你30岁了，四肢健全，身体健康，你为啥不结婚？就算别人不问，你爹妈不问，你七大姑八大姨不问？我妈她们姐儿六个，到我们这辈儿十个基本每个差两岁，脚踩着肩膀下来的。我上面那个姐结婚当天，他们就说，大 X，下一个就轮到你啦，别让你下边的弟弟妹妹着急啊。

个案21：对于同性恋来讲，爱情和婚姻本来就是截然分开的。如果你问一个成熟的同性恋，他交往的前提绝对不是婚姻。结婚这种东西，只是小孩子才相信的东西。反正我也不爱那个要和我结婚的人，那我干吗不选择一个家世背景都好一些的呢。

个案22：我进单位的时候，单位的硕士生寥寥无几，所以上头一直把我当作重点培养对象，青年骨干。我妻子她爸爸是国税局的副局长，（我妻子）是我们单位一把手的干女儿，她爸爸和我们领导是拜过把子的队友。能看上我，算是对我工作和前途的肯定吧。再说我就是小家小户出来的孩子，我爸妈都是普通工人。我当时就想就算是为了以后的孩子我也得答应，况且我要是不点头答应，以后在单位还怎么发展？

个案13：我们这个圈子有5个人，其中有两个还是一对。其他四个先后脚都结婚了，我突然就有点儿懵了。以前五个人没事儿就凑个局儿打个牌，唱个歌儿，吃个饭儿，去酒吧玩儿什么的。现在他们四个都得按时回家，偶尔出来聚一下有时还得带着媳妇儿，说不出来的别扭。再加上我妈妈每天都嘟囔我，我就想着一咬牙结了算了。

个案14：我妈怀的前四个孩子都没留住，生我的时候已经32了。等我从技校毕业的时候，她的同龄的老太太们孙子孙女都一大堆了。我妈每天都问一遍找没找到对象，她几乎动员了她认识的所有人给我找对象。

个案 15：等你工作了你就知道，每个单位总有那么几个大婶，她们好像一天啥事儿没有，专职给人介绍对象，只要没成功，她们绝对是不会放弃的。我更惨，我进的是我妈原来的单位，几乎我一进单位就成了重点对象。一个阿姨和我说，小儿啊，你妈是我老姐姐，你是姨看着长大的，姨有好的绝对先介绍给你，给你介绍成了，姨也就能安心退休回家养老和你妈打麻将了。

个案 25：我是一名同性恋，与男友在一起已经 5 年了，因早已到适婚年龄，父母催得特别紧，一谈结婚他俩都挺生气，甚至怀疑我是不是生理上有问题。后来我表明了自己并不喜欢女孩子。父亲听了之后并没有像很多家长一样暴跳如雷，反而劝我不要声张，和自己喜欢的人好好过。母亲却截然相反，她固执地认为同性恋是不道德的，是病，是可以通过医疗手段治疗的。她背着我到医院找心理卫生方面的专家咨询，也不知道是哪个缺德大夫告诉她同性恋是可以治疗的，她就像抓到了救命稻草，给我开了好多保健药，（买了）好多书。我说什么她都不相信，就是说我鬼迷心窍了，甚至还找了算命的给我破劫。我不知道她明天还会想出什么办法来，我觉得自己快坚持不住了。我说不动她，劝不服她，我觉得我快要投降了。

（2）传宗接代

"家庭是中国人基本的认同和行动单位，中国人以家庭为本位，而非以个人为本位。"[①] 在现代性背景下的中国，家族主义主要表现为两个方面：一是传宗接代；一是以养老送终为代表的孝道文化。如果说"男大当婚"是个体生命历程中的重要的组成部分，那么"传宗接代"则被赋予了更为广泛的社会意义。几千年来，儒家文化，特别是其中的孝道文化对中国人的婚姻和家庭观念产生了根深蒂固的影响。重男轻女、多子多福、"不孝有三，无后为大"等观念深入人心。对于成年男性，"开枝散叶"、生儿育女成为其必须完成的社会责任。同时，这种孝道

---

① 杨国枢：《中国人的社会取向：社会互动的观点》，社会科学文献出版社 2005 年版，第 27 页。

文化间接地建立起牢固的家长制的价值理念，"听话"成了表现孝道的最重要的途径，这就促使同性恋者不愿也不能违背父母的期盼和要求，以"不能让父母伤心"为理由进入同直婚姻。

个案16：我是单亲家庭，我爸在我小时候出车祸去世了，还是过错方，为了支付我爸出殡和赔别人的钱，我妈把房子都卖了。我妈要强，一直咬着牙供我上学。我总也忘不了，我们在租的十几平的房子里，娘儿俩住一个床上，她一边拍我一边说，儿啊妈再苦再难也供你上学，给你攒钱买房子，看你娶媳妇。我不能不娶媳妇，我得结婚生子，我得过正常人的生活，我不能这么大岁数还让我妈不省心。

个案17：我有俩哥，可是他两家生的都是姑娘，二哥家还是两个姑娘，都没有能力再生了。我妈每天都在说，老王家传宗接代的任务就靠我一个人了。

个案18：我和家里说了我是同性恋，我不可能结婚，我妈知道之后天天哭，一口饭不吃。我姐和我说：老弟，姐就是个家庭妇女，姐希望你好，希望你过安稳日子，但是姐就问你一句话："你还有多少年，咱妈还能活多少年?"就这一句话，我知道我必须得结了。

个案19：我是家里的独子，我爸他们哥儿五个只有我一个男孩儿，从我记事儿起我奶就天天告诉我，家里的房子是留给我娶媳妇的，就算有一天她和我爷都没有了，这房子谁也不能动都得留给我。我爷临去世的时候说最遗憾的就是没看到重孙子辈儿的。我爷走之后我奶就生病了，我不能让我奶也有遗憾。

个案20：我婆婆婚前就知道他儿子是同性变，所以我告诉她的时候她一点儿也不惊讶。她说我没有用，说我还不如外面的男人，说他家娶我就是为了拢住他儿子，为他家传宗接代的。

2. 社会制度原因
(1) 同性婚姻的不合法性
伴随着社会的发展，我国关于同性恋群体相关的法例和规范正在不断完善。如在2001年4月20日出版的《中国精神障碍分类与诊断标准》（第三版）中就明文规定"同性恋的性活动并非一定是心理异常"①。同时，并无明确的法律条文禁止同性恋恋情及性行为，发生在两个成年人之间的自愿的同性恋行为，几乎不会导致法律制裁。② 但与没有任何一部法律明确歧视和压迫同性恋者相对应的是，中国也不存在任何一部法律明确地承认和保护同性恋者的权益。目前我国的合法婚姻应涵盖以下三层含义：以男女两性结合为基础；以共同生活为目的；具有夫妻身份的公示性。③ 同性恋者因为无法以"男女两性结合为基础"就在法律上关闭了同性恋者组建合法婚姻家庭的可能。关于同性恋婚姻合法化的呼声虽然喊了很多年，李银河教授先后十余次向人大提交同性婚姻提案，但均未被通过。作为同性恋者，走入合法婚姻的途径只有一种，即与异性进入婚姻，共同生活，公示夫妻身份。

个案33：我爸妈在我十几岁的时候都去世了，就一个哥哥在老家。其实我比一般的同性恋幸运很多，我少了很多来自家庭的压力。但是我渴望有一个家，想要有人和我一起生活。两个男人在中国根本没有可能组成一个家。我只有和女人结婚。我在结婚前就想好了，除了不能爱我的妻子，我会给她所有她想要的，我会把她爸妈当我自己爸妈。

个案34：为什么和女人结婚？为了掩饰同性恋身份，为了传宗接代？我什么都不为，我想和男人结婚，政府也得让我结啊。两个男人在一起没有孩子的情感保障，没有法律的保障。我知道圈里有一个老哥哥和他男人过了二十几年，青春、感情都给这男人了，这男人突然得病去世了。什么遗嘱也没有，他被男人的兄弟姐妹撵出来了。他现在连住的地方都没有。

（2）独生子女政策

多年前就有学者提出，计划生育政策导向下的"独生子女家庭本质是风险家庭"④ 的论断。经过案例调查和推算，我们发现，作为独生子

---

① 转引自白云、彭浩《对我国同性恋立法的思考》，《经济研究导刊》2011年第5期。
② 李银河：《同性恋文化》，北京友谊出版社2002年版，第220页。
③ 老蘑：《同志群体的形式婚姻》，《多元性别：理论与实务研究》2012年第5期。
④ 穆光宗：《独生子女家庭本质上是风险家庭》，《人口研究》2004年第1期。

女的同性恋者进入同直婚姻的比例大致为84.5%，其中男同性恋选择结婚的概率大约为89%，女同性恋者选择结婚的概率大约为80%。作为非独生子女的男同性恋者进入同直婚姻的比例大致为75%，其中有兄弟的男同性恋进入同直婚姻的比例为69%，远低于有姐妹的男同性恋者进入同直婚姻的比例（81%）。作为独生子女的同性恋者进入同直婚姻的概率远远大于非独生子女，这是由于非独生子女家庭中兄弟姐妹可以分担一部分父母的关注焦点，使得父母对于同性恋者的婚姻的关注度有所降低。特别是有两个或两个以上男孩的家庭中，父母可以将传宗接代的任务转移给其他子女，这也正是有兄弟的同性恋者进入同直婚姻的比例最低的最根本的原因。

个案30：我有一个姐姐，当时计划生育管得严，为了要我，我妈把正式工作都丢了，还被罚了很多钱。她同时期的同事现在都有退休工资，有劳保，我妈妈什么也没有。有以前的姐们儿给她打电话邀请她一起出去玩儿，旅游什么的，她从来不去。她说她早就和人家不是一个层次的了。如果不是要我，她现在也应该是处级了吧。这是我欠她的，欠这个家的。

个案31：我从十五六岁的时候就确定自己是个同性恋，我确定我爱的只有男人。但是我明白我必须和女人结婚生子。我家就我一个孩子，我爸妈把所有的心血都倾注在我身上了。我不能告诉他们我是同性恋，他们肯定受不了。

个案32：他（指同性情人）说即便最终要结婚难道不可以再拖几年吗？拖几年，他家有两个孩子，他哥哥前年就结婚了，去年还生了孩子，虽然是个女孩儿，但他家里也没怎么逼他。我不一样，我是家里的独子，我家就我一个，没有人挡在我前面。

（3）社会保障不足

处于转型时期的中国社会整体社会保障不足，社会养老体制尚未健全，家庭养老依然是主流的养老方式。由于担心老无所养、老无所依，一些同性恋者决定走进异性婚姻，获得安全感。

个案35：我就是一个体户，钱这东西，今天是你的，明天指不定是谁的。现在我年轻，我三十多岁怎么折腾都行，等我老了不能动了，也有个老婆孩子就有份保障，至少有个人能替我端茶送水，给我喂口饭吃。

个案36：我们小区有一大爷，无儿无女，自己死在家里了一个多月之后才被发现。我可不想变成那样的人。我结婚就是为了要个孩子，男孩女孩儿都行，能给我养老送终，我死了能给我烧点纸就行。

通过与男同性恋多次深入的访谈，可归纳出男同性恋者走入同直婚姻的原因：自我认同困境，掩饰性取向，情感需要，婚恋观念，传宗接代，独生子女政策，同性婚姻不合法，社会保障体系的缺失。其中掩饰性取向和传宗接代仍是绝大多数男性同性恋者结婚的最主要原因。

（三）女异性恋者进入同直婚姻的原因

女异性恋者，在回答为何成为"同妻"时，通常会使用到"骗婚"这一理由。她们之所以选择"骗婚"这一解释，理由是94.5%的同妻表示，她们在婚前并不了解自己的丈夫的真实性取向。

其中89.9%的同妻坦诚，婚前根本没考虑过配偶的性取向问题，10.1%的同妻认为丈夫在婚前为异性恋者，婚后才产生同性恋倾向。

5.5%的女性在婚前知道或隐约了解配偶的真实性取向，在这5.5%的同妻中，63.6%的同妻选择相信自己的丈夫婚后会改变性取向，27.3%的同妻承认婚前接受丈夫为双性恋，9.1%的同妻表示当时觉得无所谓。

现有婚姻法认为"骗婚"指行骗人虚构事实隐瞒真相，依据国家合法的婚姻登记程序，或以婚姻为诱饵的形式，来诈取他人的财物的行为。但对于虚构事实的种类和隐瞒真相的具体内容并未做详细的规定，并且骗婚主要指向对于他人财富的诈取和占用，这就使得大量的同直婚姻并不在法理上符合"骗婚"的定义。同时，虽然大部分的男同性恋者在婚前隐瞒了自身性取向，但高达90%的女异性恋者婚前从未考虑过配偶的性取向，超过半数的女异性恋者相信配偶会转变性取向也是其走入同直婚姻成为同妻的重要原因。

1. 性教育的缺失

中国社会历来存在着"谈性色变"的羞耻文化传统。在这样的文化导向之下，中国性教育始终存在着性生理知识不足、性教育观念陈旧、方法不当、重视程度低、个体对于性教育存在一定的消极态度等问题。主流性教育尚且如此，对于同性恋文化、同性恋性知识的普及更是微乎其微。这就使得社会大众无法客观正确地认识同性恋群体，容易造成同性恋等于艾滋病患者等污名化误解；错误地认为同性恋属于心理疾病，可以通过临床或心理手段进行治疗；或者认为爱可以改变一切，长久相处之后的异性情感可以改变同性恋取向；等等。这些误解客观上干扰了同性恋群体正常的自我认同，同时面对持有这样误解的父母、亲人、朋友及社会大众，同性恋者更倾向于主动掩饰真实性取向进而避免被治疗、被相亲、被结婚。由于性知识的缺乏及其对于同性恋知识和文化的空白，使得部分女性对于同性恋这一概念一无所知，婚前或婚后即便了解到自己的配偶是同性恋者，依然抱着"弯掰直"的心态，希望用自己的真爱感动对方。

个案 26：还差一个礼拜结婚的时候，他向我坦白他是同性恋，说如果我不能接受的话就别结了。他说我是好姑娘，他不想害了我。我当时根本就不知道同性恋什么概念，以为就是和男人之间发生过性行为，我觉得这没什么，谁年轻的时候没犯过错呢？我决定原谅他和他结婚。可是婚后我才明白，他根本对女人没有任何欲望。我已经结婚一年半了，他从来都没碰过我。

个案 27：结婚之前，身边的姐们儿就提醒我说，你男朋友和同性特别亲密，我根本就没往同性恋那个方向想，就觉得他这个人性格好，够义气。婚后他不怎么碰我，依然没日没夜地和他那群哥们儿待在一起。甚至有一次我看到他们赤身裸体地躺在一起，我都没多想，只是以为他们感情好。

个案 28：刚知道这事儿的时候，我和婆婆都懵了，婆婆年轻的时候就守寡，拉扯我丈夫长大不容易，拿我也像是亲闺女一样看待。我俩抱头哭了一晚上，她说她无论如何也不会同意我俩离婚，她会帮我让我丈夫的心回到我身上。可是其实我俩都错了，他的心，从来就没在我身上。

个案 29：如果说刚知道他是同性恋的时候我是心痛的话，现在的我就是心死吧。我用了一切我能想到的手段，讨好他，哀求他，自杀,我甚至还生了他的孩子,可是有什么用呢,他还不是该出去出去,该和男人睡和男人睡。三年前我还能离婚,还能再找一个嫁了,可是现在有了孩子,我只能守着孩子了,我就害怕我们的孩子也是同性恋,我害怕他会有艾滋病,怕他传染给我和孩子。

2. 闪婚文化

在访谈中发现,"闪婚"文化也可以归结为部分女性进入同直婚姻的原因之一。"闪婚"指快速闪电式的结婚形式:男女双方相识后,几乎没有经历彼此相互了解的磨合和交往过程,就建立了婚姻关系。这种现象完全颠覆了以往的爱情模式,不再单纯强调男女双方相识、相知、相爱和相守的过程,向传统的婚恋观念发起了挑战,以"闪电般的快"诠释了速度时代的爱情和婚姻。① "闪婚"作为一种个体行为,反映了社会文化的变迁。女性通过"闪婚"进入同直婚姻主要由于以下两种原因:一是感情冲动;二是心灵空虚。

> 个案 37:我俩从经人介绍到去领证,总共就一个月的时间吧。我在他之前已经看了好几个对象了,不是太胖、个矮,家里没钱,就是性格太差。看到他的时候我真的以为老天终于眷顾我了。我终于等到自己命中注定的幸福了。现在我才知道他是我命中注定的劫难。

> 个案 38:他各方面都特别优秀,"985"学校毕业,公务员,有前途有发展。不光是我,我们全家都一眼就相中他了。七天之后,他向我求婚的时候,我根本没思考就答应了。

> 个案 39:我有一个处了 8 年的男朋友,却告诉我一个月之后他要和别人结婚了。我当时死的心都有,天天在屋里哭,8 年啊,一个女人能有几个 8 年。我丈夫当时和我一起合租房子,看见我哭就不停地劝我,说没有人要我了他就要我。我当时就感动了,再加上想气气我男朋友,就和我丈夫赶在月末之前领证了。后来我才知道他是同性恋,他根本不喜欢我,也不可能喜欢我。

---

① 吴晓旭:《新结婚时代:电视剧闪婚引发的思考》,《影视传播》2012 年第 14 期。

三 同直婚姻：婚姻功能的异化

婚姻在人类社会文化中一直拥有特殊的地位，其特殊性体现在以男女两性的生理差异和人类固有的性本能为自然因素和生理基础。但婚姻不仅仅受到生理和自然的限制，其本质是社会属性。作为人类社会最普遍的现象之一，婚姻关系自其出现就与特定的生产方式和生活方式紧密相连。这就在客观上赋予了婚姻一些普遍的社会功能，概括起来包括经济功能，生理功能，情感功能，纽带功能，合作功能，再生产功能及约束功能。在理想状态下，婚姻应该是这七项主要功能的复合体，其实质是价值属性与工具属性的综合。然而在现实社会生活中，特别是伴随着个人主义、拜金主义、物质主义、金钱至上的观点的出现和流行，婚姻的情感功能、纽带功能等不断被弱化，经济功能突显，甚至在某些案例中婚姻的工具属性完全挤压了价值属性的空间，成为唯一的目标。婚姻异化为改善自身经济地位、社会地位的工具，其本质转变为"个人在一定社会中获得某种社会地位的手段"[1]。

> 个案 23：我丈夫当时能看上我，所有人都挺惊讶的。他是正式员工，有编制，发展前景也好。单位里长得好的，喜欢他的，给他介绍对象的有得是。我就是个临时复印打字跑腿的。他说他就想找一个能安安分分生孩子过日子的，他觉得我挺踏实的，没那么多事儿。他说不和他结婚也没关系，他觉得我人挺好的，想（帮我）活动关系转成正式职工。我以为他就是说说，可是没想到不到半个月他就办妥了。我欠了他太大的人情了，我必须得嫁给他。

> 个案 24：在农村，女孩儿能离开农村的方法就两种，要不就是读书上学，要不就是嫁人。我有一个哥哥一个弟弟，上学轮都轮不到我。从农村走出来就一条路就是嫁人。我 16 岁就出来打工了，我不是为了挣钱，就是想找一个城里的嫁了。我觉得他就是看清楚了我这点吧。知道他是同性恋的时候我作过闹过，他说你不就是想要一张城市户口吗？如果我不是同性恋你觉得我会娶你吗？

---

[1] 林惠祥：《文化人类学》，商务印书馆 2002 年版，第 15 页。

身处于大的社会背景之中，同性恋和同妻双方不可避免都受到了婚姻观念的影响，主动或被动地进入了同直婚姻。同时，由于目前社会竞争压力过大、淘汰速度快，婚姻部分丧失情感功能，衍化为合法而不合理的模式，异化成为掩饰性取向、传宗接代、"长期饭票"、改变生活现状、解决生活压力的便捷途径。

"同妻"现象的出现不是个体的偶发现象，而是深受社会文化、社会制度和社会价值影响和制约的社会现象，是男同性恋者与女异性恋者嵌入于社会文化和社会结构背景中不断互动，进入合法婚姻模式而产生的一种亚文化群体。对于"同妻"群体的关注和研究不能局限于"除了嫁给同性恋者她们每个人都是个案"，而应看到这一现象背后的社会文化与时代特征，从同妻与同性恋者双向出发，才有助于明确同妻群体的社会特性，了解同妻群体生活现状，进而改善其生活困境。

第二节　同妻群体的虚拟互动实践分析

互联网的快速发展和广泛使用，为同妻这一在现实生活中由于地域、文化等原因无法进行群体间社会互动的特殊文化群体提供了一个必要的交流平台和场域，因而虚拟互动对于同妻群体具有极其重要的现实意义。本文选取网络同妻群体作为研究对象，采用人类学中虚拟田野调查的方法，通过参与观察和结构性访谈对同妻群体的虚拟互动过程进行描述分析，认为同妻群体因情感亲和与寻求社会支持等原因进入虚拟互动场域之中，通过同妻与客户端、同妻与同妻志愿者、同妻与其他同妻等不同类型的交谈互动，不断质疑"我是谁"，倾诉自己的痛苦感受，不断反思自身，重建自我的存在价值和生活意义，并在此过程中逐步建构"自我"与"他者"的边界。虚拟互动实践促进了同妻群体对其自身身份的确立和认同，为从虚拟社会工作的层面合理地疏导同妻问题，提升同妻生活质量提供了有益的现实基础。

由于社会文化和社会现实的限制，在我国同性恋群体仍具有较强的隐蔽性，作为同性恋文化的伴生群体，同妻在现实生活中找到与自己处境相同的群体成员的可能性极低，在前期的探索性研究中访谈的87位同妻全部表示：在进行网络虚拟互动之前，由于对于自身同妻身份的质疑或保护，没有在现实生活中与其他同妻交流和交往的经验。这就说明，网络互动成为了同妻群体最主要甚至是唯一的互动途径，其意义和价值可见一斑。

对于同妻群体而言，网络不仅仅是一个信息交流媒介，同时也是社会互动媒介，当前同妻群体网络互动主要发生在三大网络空间：（1）官方网站，如同妻家园；（2）志愿者微博，同妻联合会；（3）同妻QQ群。其中又以同妻QQ群的互动最为活跃。

一 同妻群体进入虚拟互动的动机

"在网络交往所形成的网络社群中，明显地受到经济旨趣的影响，其中可能包括大量以信息作为商品的交易，然而网络最终所能带来的社会变化并不只是建立一个信息市场，而在于形成长久的个体关系和群体关系。"① 通过对于同妻群体参与各种虚拟社区的实证分析，可将同妻参与虚拟互动的动机归纳为情感亲和和获取社会支持两项。

情感亲和是指个体害怕孤独，希望和别人在一起建立协作、友好联系的一种内心欲求。一般而言，人们能够在日常生活中能够进行情感性交往，形成多种亚文化群体，但由于现实生活中性别文化、同性恋亚文化、性文化等种种限制，同妻非政府组织的缺乏，同妻亚文化的"沉默"使得同妻很难在现实中获得这种情感性交往。虚拟社区的平台为虚拟社区成员提供了在网际空间自我叙述的机会。② 网络的匿名性，网络互动行为的自主选择性和开放性为在现实中"失声"的同妻群体提供了一个虚拟性与真实性并存的情感场域，借助网络同妻们可以相互倾诉彼此的情感和经历，共享价值和意义，并由此建立同妻群体的社会认同。

> 当我知道，我不是一个人，有那么多人和我一样的时候，我真的哭了。我突然觉得不那么孤独了，我终于可以找到人说说我心中的疑惑和痛苦了。（1Aa08）
> 我刚刚进群的时候什么也不懂，被一顿臭骂。如果是别的群，你也许早就退了，谁会自己找骂？你永远不会了解那种感触的，当你痛苦得不知如何抉择，不知如何是好的时候，有个人骂你，都会

---

① 祝建华：《网际互动中青年的社会动机因素》，《社会》2003年第4期。
② 刘冬、唐魁玉：《"同人女"群体中的虚拟生活行为析论》，《牡丹江大学学报》2012年第11期。

让你感觉很开心。（1Ab12）

如果不是群里的姐妹们，我想我永远也不会知道自己是同妻，我想我依旧每天都是检讨自己哪里做得不好，为什么 X 就是不爱我，不愿意碰我。当所有的蛛丝马迹被大家七嘴八舌地下了定论之后，我再去看我的生活，原来一切就是一个笑话而已。（0Ab17）

现代社会日常交往的主要目标之一就是尽可能地构建广泛的社会支持网络，进而获得伙伴关系、信息以及意义归属等社会化资源。部分同妻加入虚拟互动的目的是明确地获取社会支持。由于网络本身的匿名性及开放性，使得同妻群体的社会网络的建构更为安全和便捷，其成本较现实社会生活中的社会支持网络的建构更低。虚拟社区中的网际互动为社群参与者提供一种新的跨越时空制约的社会支持网络。

我进入 QQ 群的目的就一个，我就想知道我是不是同妻，我就想知道大家都是怎么办的。别人哪里做得好了，走了哪些弯路，好的我能不能用到，弯路我能不能避免。既然大家都要撕破脸皮了，我就必须知己知彼，运用一切资源打败那个畜生。（1Ab34）

加了这个群之后的一整个周末，我哪里也没去，就在家里不停地和 QQ 群里的其他人说话，我不断地抛出我的种种质疑，她们不断地帮我分析，教我各种鉴别他到底是不是同性恋的方法，告诉我如何搜集证据。（1Ab03）

正是在以亲和动机与成就动机为主的互动动机的影响之下，同妻选择进入互动网络，进行虚拟互动。

二 同妻群体的虚拟互动类型

网络互动以互动性为基础，关注互动参与者相互作用与影响的行为本身，互动过程中相互作用和影响的程度，以及这种相互作用和影响的同步性。这种互动性具有三维结构①：互动参与者与媒介，互动参与者

---

① Liu, Y., P. L. J. Shrum, "What is interaetivity and is it always a good thing?", *Journal of Advertising*, Vol. 31, No. 4, 2002, pp. 53 – 64.

与信息，两个或多个互动参与者。在此基础上，结合同妻群体网络互动实践，可以将同妻群体在线互动划分为以下三类互动关系。

（一）同妻—客户端互动

同妻—客户端互动是指同妻在网络互动过程中对于各种网络客户端（如 QQ、微博、BBS 等）的功能和内容进行操作并得到回应的过程，这是能够进行网络互动的前提和基础，也是网络互动技术与感知层面的问题。

在同妻与客户端的互动过程中，首先要解决的是"可用性"的问题，即同妻可以通过注册和登录进入客户端，通过了解和学习，尝试使用这个客户端的各项功能，这就要求客户端能够提供方便而丰富的各项服务。

> 最先上网搜索"同性恋妻子"时，出现的是各种网站和新闻，但是这些网站注册都需要各种验证，特别是有的网站是需要资格审查的，等他审核完了通知我可以注册的时候，我都忘了我要注册的是哪个了。（0Ab44）
>
> 没太关注同妻相关的微博什么的，还得用邮箱注册，但是会偶尔浏览一下网站和新闻。还是 QQ 方便，随时可以上，而且微博上有的新闻，基本在群里都会有人发一下的。（1Ab12）
>
> 很多同妻都喜欢在 QQ 群里交流，觉得更具有隐秘性，因为微博上……毕竟还有很多同事和同学，不太适合聊"同妻"的话题。（1Ab51）

同时，在"可用性"的基础上，同妻与客户端的互动还要求具有"有用性"。即在互动过程中，同妻可以获得自己所需的信息，比如如何确定自己是不是同妻，同直婚姻是否有法律保障等。"有用性"是互动参与者继续参与网络互动的关键性要素，如果不能提供有用的信息，互动和交流不可能有效地达成。

> 同妻网站，在我最初最彷徨的时候给了我很大的帮助。开始我不确定自己是不是同妻，在现实生活中不敢和朋友或亲人说。我在网上看到了这个网站，注册之后，用了一夜的时间，浏览了所有的

帖子，我第一次知道我并不是一个人，有那么多和我有一样经历的人。（1Aa47）

我更喜欢在同妻家园或者粉红空间和大家交流，能获得很多的法律和心理层面的信息。（0Ab65）

（二）同妻—志愿者互动

同妻—志愿者互动是指同妻在网络互动过程中与志愿者之间通过沟通、交流获取相关信息和有效帮助的过程。志愿者在同妻群体的网络互动中扮演着非常重要的作用，几乎全部的同妻网站、同妻微博和同妻QQ群的创办者都是志愿者。这些志愿者中有一部分人有同妻或同女友的经历，其余的大多数是基于对于同妻生活境遇的同情或关注，利用即时聊天工具或留言板、邮件等方式提供志愿服务。在同妻与志愿者互动的过程中，志愿者的态度、能力、知识甚至是聊天技巧等都在很大程度上决定了互动进行的可能性和有效性。正是在这个过程中，同妻群体不断对志愿者和网络互动本身产生信任感，进而影响自身在现实生活中的各种决策。

我一直很感激 Jane，她是我第一次加入的 QQ 群的群主，在我最绝望的时候，她劝导我，告诉了我很多关于同性恋的知识，鼓励我和家人说这一切，鼓励我离婚。如果不是遇见她，我一定不会如此快地从这段婚姻中走出来。（0Ab17）

非亲非故，但是她们花费自己的时间为我们答疑解惑，给予我们真诚的帮助。（1Aa72）

我曾经遇见过一个很极端的志愿者，她很仇视同性恋，虽然她说她没有同同性恋交往过，但她的很多言论特别的极端，其实我觉得这样不好。我恨我丈夫，但是我相信不是所有同性恋都会像我丈夫一样，用一个女人的青春和幸福为自己的错误埋单的。（1Ab51）

（三）同妻—同妻互动

同妻—同妻互动是指同妻在网络互动过程中与其他同妻之间相互倾诉、交流、帮助的过程。因为有着相似的生活境遇，同妻与同妻之间更容易理解彼此的生活经历和情感纠葛，已离婚或再婚的同妻可以为刚得知自身同妻身份或准备离婚的同妻提供法律上、心理上及情感上的各种指导。通过分享彼此的"故事"，自我认同感与群体认同感不断建立。

> 刚进群的时候，我不敢说话，但是好几个姐妹向我说了她们自己的情况，鼓励我说自己的状况，大家一起讨论解决的办法。（1Ab73）
>
> 虽然已经成功和同性恋离婚，并且我也已经再婚了，但是我还是没有脱离开 QQ 群。在我最无助的时候，她们帮助了我，我也要尽我自己最大的努力帮助和我有同样困惑的人。（1Ab83）
>
> 我要考虑房子、面子、孩子，亲戚朋友每一个人都告诉我现实一些，她们根本不理解我的难处和痛苦，只有在 QQ 群里，我才能说出我最真实的感受，也只有她们才能真正理解我。（0Ab87）

从上述的三种网络互动模式中，同妻—客户端互动是网络互动的技术性基础和前提，是互动主体与互动客体的互动关系。同妻—志愿者互动，同妻—同妻互动，是互动主体与主体之间的互动关系。各类的互动关系交互作用不断地建构和形塑出想象的社会互动场域，在这个全新的社会生活场域中，同妻通过与客户端、志愿者及其他同妻的网络互动，不断形成和发展认同感和信任感，不断地赋予"自我""生活"和"社会现实"新的含义，不断地将"在场和缺场纠缠在一起，让远距离的社会时间和社会关系与地方性场景交织"①，并最终形成了关于自身与同妻群体的社会认同。

三　作为互动过程的社会认同

社会认同理论认为，社会认同是有关某个集体的共同认同，它强调群体成员之间的相似性，及群体成员相信他们之间存在着某种（些）相似的东西，使其与其他群体之间存在差异。社会认同在内在方面指群体成员在主观上所具备的群体归属感；在外在方面表现为社会分类，即社会对于某一社会成员的群体归类和划分。在这个意义上同妻群体在虚

---

① ［英］安东尼·吉登斯：《现代性与自我认同》，赵旭东译，生活·读书·新知三联书店 1998 年版，第 23 页。

拟世界中的社会认同可以被理解为，在网络互动当中，同妻对自己身份
的一种反思性的理解，在与客户端、志愿者和其他同妻的互动过程中不
断追问"我是谁"，不断地通过发现"我们"与"其他人"的差异而明
确自身独特性的过程，① 是一种在与他人对话关系的语境中不断被重新
定义的社会建构，它既是对于个体的群体身份的知觉，也是个体所在群
体中共享的价值和情感意义。

作为互动过程的社会认同，是指历时态地还原社会认同的产生、维
系和发展。在同妻群体的虚拟互动过程中，同妻的社会认同通过类化
（categorization）、认同（identification）和比较（comparison）三种基本
历程组成，② 具体可以描述为"确定自己是不是同妻"的内容的交流及
对于"害群之马"的排斥和驱逐。

（一）我是谁？

不排除有少数的同妻是在现实中确定了同妻身份才加入的网络互
动的，但是对于网络互动中的大多数同妻而言，主要包括两方面的内
容："我是不是同妻？""我是同妻，我很痛苦。"围绕着两方面的动
态互动过程中，同妻的自我认同和群体认同不断地建立。这是一个典
型的关于身份认同的理想模型：身份感知（sensitization），身份迷惑
（identity confusion），身份预设（identity assumption）和身份固定（com-
mitment）③。

1. 我是不是同妻？

这是大多数同妻在进入 QQ 群时最主要的疑问，也是初步互动的最
主要内容。一般而言，在同妻群体中形成了一个不成文的群体规范，即
刚刚进入 QQ 群的新人需要首先介绍自身情况，包括年龄，所在地，是
否有子女，有哪些疑点，是否有证据。针对新人提出的种种关于自身身
份的感知和迷惑（疑问和证据），群内的同妻或志愿者会展开讨论和
解答。

---

① ［美］弗朗西斯科·德里奇：《记忆与遗忘的社会构建》，《国外社会科学》2007 年第
4 期。

② 赵志裕、温静、谭俭邦：《社会认同的基本心理历程—— 香港回归中国的研究范例》，
《社会学研究》2005 年第 5 期。

③ 魏伟：《公开——当代成都同志空间的形成和变迁》，上海三联书店 2012 年版，第
176 页。

表 2 - 1　　　　　　　　　同妻群体网络互动实践内容（一）

HZX	我 27，长春，无子女，我丈夫好像是同性恋，好纠结啊	
	发现了吗？"好像"就感觉不确定了？	QD
	HZX 说来听听。	TT
	就觉得他和他朋友，很那个……	
	暧昧？	QD
	和你关系怎么样？	TT
	对呀，你们关系怎么样？	QD
HZX	他不是很在意我的感觉，也不太碰我，一个月多说 1 次吧。	
	即使不是同①，这样的爱情也不能要的，你会很累的	CYNN
	他都不在乎你	QD
	就是	CYNN
HZX	我记得那次我居然看见他和他的朋友牵着手，抱在一起，我当时只是愣了一下以为没什么。	
	晕。都看到俩男抱一起，你觉得没问题吗？	CYNN
HZX	我就是不知道么。	
	你见过大街上有俩男抱一起的吗？	CYNN
	现在知道了吧。	ELYE
HZX	不是大街上，是在我们住的那，他那个朋友就窝在他怀里。	
	😒私密的地方有什么理由抱一起，还牵着手。	CYNN
	别问了，反正就是同性恋了。	ELYE
	如果你还不相信就去翻他们的聊天记录，还不简单嘛！	CYNN
HZX	聊天记录？聪明！我怎么就没看过呢？今天我悄悄地看看。	
	不要让他发现。	CYNN
HZX	好的。	

　　上述的 QQ 群聊天记录，是在同妻 QQ 群中，非常具有代表性的一段对话。"HZX"作为一个新人提出了自己的丈夫可能是同性恋的疑问，"QD""TT""CYNN""ELYE"等人对于她的种种疑问给予了解答。在这个自我叙述与虚拟社会互动交互发生的过程中，群内其他人不断回答

① 同，在本书中指同妻对男同性恋的简称。

HZX 的疑问，并为其提供信息支持，建议其通过查看 QQ 聊天记录来确定自己丈夫的性取向。大部分的群体成员进入互动网络之后，都会率先抛出现实生活中自己的种种疑问，在疑问被解答的过程中，不断确认自己是否属于同妻群体。若是，会继续进行其他的互动；若不是，会主动退出网络互动或被群主踢出互动网络，互动终止。这是一个自我验证的过程，也是一个互动生成的过程。在这个过程中，同妻个体将自己编入同妻群体中，通过直觉过程的"类化"机制，实现"心理群体"的凝聚功能。

2. 我是同妻，我很痛苦。

无论是在现实中已经确定身份还是通过网络互动确定自己身份的同妻，她们都会面对情感上强烈的冲击，情感交流成为了同妻之间交流的非常重要的内容，在情感交流的过程中同妻的身份和特征被不断地巩固，群体的价值观念不断凸显。

表 2 - 2　　　　　　　　　同妻群体网络互动实践内容（二）

QS	有人在吗，想和大家聊一聊。	
	在。	QD
QS	今天我才知道有同妻这样一个名词。	
	你是吗？	QD
QS	作为其中的一员，我很痛苦。	
	你什么情况说说。	MZZJ
	刚发现的吗？	QD
QS	十年前我与丈夫结婚，结婚时，我年轻美丽，他其貌不扬，我是本科生，他是专科生，我在公司是一个不爱出风头的佼佼者，结婚是（时）他一文不名。	
	刚发现的吗？	QD
	怎么发现他是同性恋的？	MZZJ
QS	三年前一次偶然的机会，他失业了，我给他申请了一个 QQ 号，让他找一下 QQ 群，交一些朋友，希望能找到心灵的寄托，也能找到工作。但是无意中的一天，我发现了有人找他聊天，要约他出去做爱，我当时不敢相信，我们结婚时，他是很爱我的，我觉得很幸福。有许多人都告诉过我，他的各方面条件都照我差许多，他这一辈子都会对我好，我不相信他的背叛。于是我问过他，他直接就否认了。于是我相信了他。又过了一年，我总觉得我的婚姻里缺少些什么，于是鬼使神差地，我又偷看了他的聊天记录，我发现了，他就是一个同性恋，而且是很恶心的那种，有时一起找一两个人出去。	
	乱交？	MZZJ

续表

QS	在我父亲病重，我回家照顾时，他在家里找着各种各样的人，只是因为我给了他一个 QQ 号，他发现了有这样一个群体。后来我直接找他谈了，我不想离婚，孩子还小，而且，最重要的是，我那样爱他。	
	孩子多大？	CYNN
QS	今年六岁了，他说他能改。	
	不可能。	CYNN
QS	他说他也是图刺激。	
	改不了！你能爱上女生吗？	CYNN
	不可能改。	MZZJ
QS	但是他和我结婚时，他是爱我的，他也爱孩子。	
	那你不是后悔死给他 QQ 号了。	TT
QS	他是个顾家的人。	
	我觉得不是 QQ 号的原因。	MZZJ
	我们只是他们的遮羞布。	CYNN
QS	我们结婚时，前几年我们很幸福，我不贪心。	
	我家那个以前也是爱我啊。可是现在呢？	TT
QS	为什么会是这样呢，为什么会变呢，我们刚结婚时，他很爱我的。	
	假象。	CYNN
QS	他发着烧，忍着难受，也会为我做饭。	
	也可能是真的，只不过是过去了。	TT
	你是他吗？你怎么知道？	AM
	我老公说以为结了婚就会改变，谁知是改变不了的。	CYNN
	进过同性恋群……他们说那是责任。	AM
QS	他说他不知道结婚这么好，不知道结婚以前的日子都是怎么过的。	
	他说……他说……	AM
QS	他是真的爱我的，我感觉得到的。	
	我相信，我能理解你的感受。	TT
QS	他病得很厉害的时候，我陪他去医院，楼下有个酒鬼上楼，他很自然地把我护在身后。	
	我相信那时候他是爱你的，但是他们自己可能也不知道他们是同性恋。	TT
	都这么好……你就不需要进这个群了。	AM

续表

QS	你说"我总觉得我的婚姻里缺少些什么"。QS，你觉得少什么？	MRY
	一旦他们迈出那一步就很难收回来了。	TT
	而且他那么爱孩子，当时我怀孕时，吐得很厉害，我说不想要这个孩子了，他都同意。我觉得少了爱。	
	这就是典型的同性恋妻。被伤害还在找理由替别人和自己掩盖。我不怕你生气，我也曾经是你这样，我就是要骂醒你。	AM
	其实我们明白你的感受，可是我们不能帮着你骗自己。	TT

这段 QQ 互动中的 QS 是典型的同妻，她虽然在现实层面接受同妻的身份，但在情感层面无法释放自己的疑惑和苦闷，在情感交流的过程中，"痛苦、难过、生不如死"等词语频频出现在谈话当中。这里需要注意的是，QS 的诉苦并未完全引起其余同妻的同情和呼应，YNN、AM 等通过对于 QS 的各种论断的反驳，如"你是他吗？你怎么知道？""你能爱上女生吗？"等反问分享彼此的情感经历，在同情、理解或引导、教育的不断碰撞中，通过对于"同妻"与"同性恋者群体""男性群体"种种互动的讨论，划定"同妻"身份和特征。

　　其实我们每个人面对的生活各不相同，谁都不能用自己的故事去推论别人的生活，但是这种被一个你爱的人背叛的感觉是相同的，这种付出了一腔热血却发现只是一场骗局的失落和愤怒是相同的，我们可能不能给彼此什么实际的帮助，但我们理解彼此真实的感受。（1Ab56）

（二）"我们"与"他们"不同

沃勒斯坦认为"一个群体的成员的身份可以被理解成为一种社会定义，是成员的自我认定和其他群体对之认定者两者之间的相互作用"[①]。埃里克森认为，群体是经由它与其他群体之间的关系而确定的，并通过两者边界的不断明确而明显化。这就说明社会认同不仅是个人在特定情境下对于自己从属于一个群体的知觉，同时也是特定的情境下个体将我

① 转引自黄少华、沈洪成《虚拟社区中的权力关系》，《中共杭州市委党校学报》2010年第5期。

群与他群相互比较进而区分开来的过程。

在同妻群体的互动过程中，对于男同性恋的讨论是分享群体价值观念的主要途径。同妻们经常会交流关于同性恋者的看法，通过对于该群体共同的评价交流彼此的情感。

表2-3　　　　　　　　**同妻群体网络互动实践内容（三）**

LTT	他们家人认为我耐不住寂寞才离婚，他们家人根本体会不到我和那种人生活在一起精神上的痛苦和折磨。	
	晕，我们家都能理解，都劝我想开点，我们每晚睡觉都是背对着。	XX
	让同性恋佬们孤老而死吧！	MZZJ
	别想那畜生了！	XX
LTT	同意！	
	不说话。	MZZJ
LTT	恶心就是恶心。	
	跟活死人似的。	MZZJ
XX	都一个德行，在畜生群个个都骚得要命	
	畜生群里天天就发这些。	XX
TT	是的。我进一个同性恋群。也是天天发这些。然后还有什么约哪里去开房之类的。	
	是不是G①基本上都是搞完女人有孩子，往后就借口多多呀。	QD
LS	他为什么要孩子？ 我不明白。	
	是啊，一般有孩子之后就不想碰女人了。	HYZC
LS	为什么不给我孩子？	
	他们虽然喜欢男人，也不说明他们就不想要孩子啊。	HYZC
ELYE	给家人交代啊，给自己撑脸啊。	
	很多人的传统观念还是养儿防老。	HYZC
ELYE	就这样还不懂？	
	他们很多页（也）不想老了没人送终。	HYZC

① G，本书中指代男同性恋。

续表

QD	同性恋也有想孩子的吧，难道要孤独到老呀？ 他们也需要传宗接代的呀。	
	因为现在很多同性恋、会找这样一个借口，如果是同性恋的话怎么会有孩子呢？？？？？ 因为在普通大众的观念里面，同性恋是不会跟女人做爱的，所以他拿孩子来做挡箭牌。	ELYE
YR	对的。	
	有几个我们这么专业的呀呵呵，外人只会看表面。	TZ
	同感同感。	TZ
HYZC	他如果没孩子了他父母会怎么做？	
	我以前还认为同性恋不会找女朋友呢， 现在对同性恋了解得不得了！	MZZJ
ELYE	他父母会不会再逼着他结婚生子。	
	他们不会再和女人结婚生子了，很痛苦，所以他们不想再重复。	TZ
QD	同性恋会不会很用心地去追一个女朋友呀。	
	他反正不想在亲人面前暴露他是同性恋的身份。	ELYE
TZ	也会用心呀，因为他们目标很明确，他们要我们生孩子，男男生不了孩子。	
	为了结婚，所以也会用心去追求一个女生。	QD
ELYE	再说到底是不是用心谁都不知道，只有他自己最清楚。 你们现在还不佩服同性恋的演技？还在问这样的问题。	

　　根据非参与性观察，在同妻群体中存在着同妻、志愿者、研究者以及部分打着同妻名义的男同性恋者和男异性恋者。这类男同性恋者和男异性恋者被称为"害群之马"，同妻认为他们扮演着"变态"的角色。同妻群体中的男同性恋基本可以划分为以下两种：一是虽不认同男同性恋进入异性恋婚姻，但是认为男同性恋者有苦衷，骗婚只是少数现象，希望获得同妻的谅解；二是认同男同性恋者应该进入异性恋婚姻，希望在同妻群体的互动中窥探同妻心理，借鉴"其他同性恋"失误的地方，在现实生活中更好地掩饰自己的行为。同妻群体认为这些同性恋者是"心理和生理的双重变态者"。同妻群体中的男异性恋者是"心理变态"的代表，他们通过诱使同妻们讨论性话题，特别是性生活的细节来满足和释放自己的欲望，并希望借助安慰同妻等借口开展网络性爱和一夜情。

表 2 - 4　　　　　　　　同妻群体网络互动实践内容（四）

W	WM 在这群也够久了，可什么都不懂，问些古怪的问题。	
	动物界也有同性恋行为的。	XYT
JWXW	是的，动物界也有的。	
	我觉得是 WM 喜欢看我们说有关于性的话题，我觉得他的言谈像男的。	XYT
W	嗯，同感。	
	不会是同吧。	JWXW
W	说到性他就来劲了。	
	那就踢出去呀！	JWXW
	WM，你自己出去吧，在群里大家都好像不是很欢迎你。认为你有问题，刚才还和 MT 吵呢。	JWXW
W	踢了？？	
	自己走了？	XYT
WZ	这个群里混了很多变态男人。	
	他们还想知道我们的心理是吗？	JWXW
志愿者 S	踢了 WM。 有变态男人混进来大家举报，我来踢。	
	我们已经很痛苦了！	JWXW
WZ	那天有个和我私聊，要我详细地说怎么样自慰。 说自己老公是同，自己不会自慰，要我教。	
	哈哈哈，都疯了！	JWXW
WZ	我不理他，他就一直给我发消息。	
	那估计我也遇上了，说要和我一夜情。	AA
JWXW	把名字说出来，踢出去！	
	踢了。	WZ
W	还有同性恋要我看他视频，他在自慰。	
	都是疯子！	WZ

　　通过对于"他群"的讨论及对于不符合群体界定的成员的踢出，同妻群体不断明确自身的边界。通过持续的非参与观察和对访谈资料的整

理，我们可以发现在同妻 QQ 群中，有这样一些共享的群体价值观念：欺骗女性走入婚姻的男同性恋者是可恨的；无论是婚前还是婚后成为同性恋，都不可能重新爱上女性；离婚是摆脱同妻身份的最主要途径；女性是婚姻和社会中的弱者。

四　作为互动结果的社会认同

任何事件的过程和结果都是互动生成的，社会认同也不例外，既是一种过程，也是一种结果。作为结果的社会认同，集中体现为网络互动带给参与互动的个体的价值导向和反思性行为。

（一）自我重建

现代社会最重要的特征就是反思性，对于个体自身和生活的反思性行为在群体的互动过程中不断形成和展现。它即是个体通过对于群体特征的加工而整合形成的自我概念的方式，也是个体自我概念的组成部分。① 自我的概念源自个体过去、现在和未来的连续性，它不仅体现于时间的绵延，更要求自我对于归属感的感知和体验。

表 2 - 5　　　　　　　　同妻群体网络互动实践内容（五）

MZZJ	很多人看着我们般配，特羡慕。	
	别人看到的假象都是我们的痛苦牺牲换来的。	LTTZ
MZZJ	但幸福不幸福，自己的心知道。	
	干吗为了别人活着。	LTTZ
MZZJ	对，我们要活出自我。	

（二）追寻生活的意义

在《现代性与自我认同》一书中，吉登斯认为，个人的无意义感，即感觉生活没有为个体提供任何有价值的东西的感受，是一种根本性的心理问题。鲍曼认为，所有的社会群体都是制造生活意义的工厂。

---

① ［英］安东尼·吉登斯：《现代性的后果》，刘东、黄平译，译林出版社 2000 年版，第 7 页。

表 2 - 6 同妻群体网络互动实践内容（六）

MRY	M，咋了？	
	没咋……就走在路上……看到都是幸福的成双成对的，我心里头憋屈。	M
MRY	你也可以的。	
	心……很难回到从前了。	M
MZZJ	放心，M，都会好起来的。	
	自己要放过自己。	MRY
HMBB	我有时在想，是我太较真了吗？	
	面对现实，接受现实。试着去理解包容，人毕竟是人，摆脱不了欲望的缠绕，怪就怪现在的环境不好，现在的人们缺少了信仰，没有人能打倒自己，只有自己，所以自己要爱自己，让自己心里舒服点。	MT
HMBB	生命中该来的总会来，该去的总是会去，应该坦然地接受该来，平淡地相送该去，要学会接受我们不能接受的东西。尽管这是生命中一个无奈，但有些事注定是你要经历的，有些结果注定是要承担的，拥有时珍惜，失去时感恩。	
	网上查了，同性恋的形成有多种原因，有天生的，有环境的，他们也很痛苦，现在人们浮躁，没有信仰，欲望泛滥，同性恋就像瘟疫一样，蔓延在我们身边。我们所能做的就是认识自我，做好自我，重塑自我信仰。	MT
MZZJ	嗯	
	姐妹们，要坚强，要无所畏惧，就当是生命的一次考验，我们都可以走下去。只有好好爱自己，才能得到别人的爱。	MT
QD	今晚心情不靓，瑜伽做起来都感觉累。	
	如果痛苦，就去学点什么吧，或去旅游，这个世界还有很多要我们关注的，自己的父母，亲人，世间美好的事物。	MT
TT	MT 心态好好啊！	
	给父母最好的关怀就是快点找到自己的幸福，可惜，感情的事又勉强不了。	QD
MT	我也和大家一样经历痛苦，可能还会继续，但是生命有限，与其痛苦，不如收拾心情，选择乐观。	
	谢谢大家的讨论，启发我思考自己的生活，思考人生的意义。	YMYG
XE	不客气，祝你幸福！	
	一定的，我们都会幸福的！	EYEG
XE	我一直认为，人生就是要不断地超越自己，以前我总是妥协，不好意思，怕人笑话，可是想想，人生就是那么几十年，这么委屈自己太亏了。	

续表

	这番话太有道理了！	YMYG
XE	活着就要幸福，要勇敢些，我们经济独立，怕什么？我们还年轻，一定有个爱我们的人在等我们！	
	是的！	YMYG
XE	冬天过去了，春天还会远吗？妹妹，坚强些，我们共勉！	
	姐姐们，再次谢谢你们！	YMYG

在虚拟社会互动中，同妻群体的社会认同不断产生和固定，展现出一种自我类化的趋势。作为个体"自我身份观念"（self - concept）的一部分，同妻在网络社会实践中通过"类化""认同"和"比较"三种历程完成了认知、情感和评价三维的社会认同，具体体现为：（1）对于自身身份符合群体资格的认知；（2）对于同妻群体情感卷入及其意义的追问；（3）对于同妻群体价值内涵的反思。无论是作为过程还是结果的社会认同都促使同妻反思自身处境，重建自我身份，依据社会现实不断变换生活决策，进而追寻生活的意义。

（三）群体认同

同妻之间在网络空间中的互动和交流，不断地确立了同妻群体的边界，建构、扩展、强化了群体的社会认同和文化特征，扩大了这一弱势群体的现实影响力，引发更多的社会力量关注和帮助这一群体。

他们（指男同性恋）是一群被社会伤害的人，但是这并不能成为他们伤害我们的理由，所有的同妻会团结起来，揭露这些骗婚的人渣的真面目。（1Ab34）

我是一名前同妻，也是一个志愿者，我们会定期将同妻的求助信息或互动信息，整理好在微博上发表，我们希望用这些真实的故事给所有女性一个提醒，给所有同性恋者一个提醒，给社会公众一个提醒，有这样一群人，她们在原本应该和美幸福的家庭生活中苦苦挣扎，她们应该得到社会的关注。（0Aa22）

布迪厄认为，实践是涉及个人的决定的，同时又由超越个人的社会结构决定。由于现实社会文化环境的诸多限制，面对同直婚姻给自己带来的生理、心理等多方面的痛苦，同妻由现实空间转向虚拟场域。出于情感亲和与寻求社会支持等现实目的，同妻们进入网络空间，依托于虚拟场域实现了"同妻—客户端""同妻—志愿者""同妻—同妻"等多种类型的虚拟互动，并在互动实践的过程中通过"类化""认同"和"比较"不断确认自身的身份，形塑群体边界及其社会认同感，因而在此意义上，同妻的虚拟互动具有较强的同质性。这种同质性是其在网络交往活动中不知不觉经过多次的重复与累加，沉积下的行动方式与方法，是同妻虚拟社会实践的基本逻辑。对于同妻而言，其社会认同、自我和生活意义是在现实生活中无法获得或确认的，因此虚拟互动对于同妻群体而言，具有极强的实践意义，它扩展了同妻群体的社会关系网络，填补了现实生活中无法得到满足的情感亲和和社会支持需求，让这些在现实生活中无法寻求到"同是天涯沦落人"的女性们有机会找到和自己"相同身份"的"姐妹"，通过彼此的交流和互动，增强自身社会适应能力。因此，虚拟互动可以看作是提升同妻群体抗逆力和社会适应能力的一种策略性手段。

但在该群体互动过程中也存在对于同性恋极其相关文化的误解和污名，甚至存在敌视和仇视同性恋者的现象。因此，需要社会工作的介入，引导该群体建立和谐有效的互动机制。基于同妻群体互动的虚拟性特征及其文化敏感性，社会工作的开展应依托于网络空间，不断加强网络社会工作，增强同妻群体网络互动的规范性，进而提升其社会适应性和自身抗逆力。网络社会工作者应运用"叙事"的方式让同妻宣泄出心中的疑惑、躁郁及心理负担；倾听同妻的讲述并协助她们学习同性恋文化、性文化、法律常识及艾滋病常识等相关知识，促使其树立起正确的认知方式，帮助同妻挖掘其潜在能力和优势，增强生活自信心，以积极的心态勇敢面对不幸的婚姻，重新构建生活意义，提高自我认同感。

第三节　在婚同妻的婚姻生活经历

事实上，现有关于同妻群体的学术研究并不丰富，多作为同性恋研究的附属物，从同直婚姻的危害、同性恋及其相关群体的生活现状、艾滋病隐性传播途径等方面对于同妻群体的生活现状进行了简单描述。现有研究中存在以下问题：（1）对于同妻生活境遇的研究"客体化"现象严重，忽视了同妻作为其日常生活经历的主体地位；（2）以静态的视角关注某一时点上同妻的生活场景，忽视了其生活本身的动态性和关系性；（3）概化了同妻概念，没有对于不同类型的同妻进行明确的区分，这在极大程度上限制了对于同妻问题的挖掘。同妻群体可以被划分为在婚同妻和离婚同妻两类。离婚同妻指确认同妻身份后，解除法定的婚姻关系，摆脱同性恋者妻子身份的同妻，也称前同妻。在婚同妻指确认同妻身份后，并未解除和脱离婚姻关系，而是与同性恋丈夫仍保持法定婚姻关系的同妻，也称现同妻。由于生活选择的不同，在婚同妻与离婚同妻的生活经历体现出极大的差异，不能一概论之。本节以在婚同妻作为研究对象，试图通过现同妻自身的描述，了解其在确认自身同妻身份后仍选择继续婚姻的原因及经历。以下将逐一列出在婚同妻访谈记录中呈现出的主题。

一 不可置信的感受

在描述自己婚姻生活的过程中，8 名同妻都表示自己有被欺骗的感觉。当她们婚后得知自己的丈夫是同性恋时感到了从惊讶到绝望等不同程度的被欺骗的感觉。其中个案 6 由于事先了解丈夫有外遇的事实，所以惊讶的感受较低："我们之间多多少少地默认彼此在外面的应酬，但是知道我的情敌是男人的时候还是愣了一下，有点儿不相信，这种事情发生的概率那么低，居然能让我摊上。"GW01、GW05 和 GW07 对于丈夫的同性恋身份没有任何准备，通过 QQ 聊天记录发现这一事实。GW01 说自己"不敢相信，守着他的电脑呆坐了一个晚上，绝望、失控，不知该如何表达"。GW05："难以置信，一遍遍地重看聊天记录，希望自己看错了。"GW07 更是"愤怒，极端的愤怒，当场就把电脑砸了"。GW02 和 GW04，在现实生活中虽然不能确定丈夫的同性恋身份，但多少发现了一些端倪，同时，这两位同妻的相同经历在于她们都是由丈夫面对面告知的。GW02："很震惊，或者说是很悲哀，感觉之前很多的事情突然就有了答案，觉得自己很可笑，我费尽千辛万苦取悦他，讨好他，试图得到他的回应，在他眼里我不过就是一个跳梁小丑吧。"GW04 评价丈夫是一个很脆弱和内向的人，说："结婚之前我问过他是不是同性恋，他否认了。我们结婚之后第二年的 4 月 1 号，我还以为他是在和我开玩笑，他说完就跪下了，一直在哭。我有生以来第一次感觉心凉了。"GW03 和 GW08 的表现是最为激烈的。GW03："无法置信，大哭大闹，闹过自杀。"GW08："崩溃、绝望、哭，一宿一宿地哭，哭着睡着，醒了接着哭，后来就是失眠，抑郁症，想过无数次自杀。"

二　我只是一个工具

几乎所有的同妻在诉说完发现自己的丈夫是同性恋时自己的感受之后，都会反思自己的婚姻生活，为自己在婚姻生活中定位。同妻们认为在与同性恋的这场婚姻中，自己不是一个妻子或伴侣，而是一个工具。有的同妻认为同性恋丈夫进入同直婚姻的目的就是为了掩饰同性恋的身份。

GW01 和丈夫结婚一两个月后，就遭遇了家庭冷暴力，半年之后遭遇家庭暴力，怀孕的时候也被打过好几次，女儿生下来了丈夫也不高兴，在得知丈夫是同性恋时她正筹划再生一个男孩：

> 在不知道他是同性恋之前，我一直很困惑为什么别人家都过得好好的，只有我的婚姻这么失败，直到我看到他的聊天记录，说女人都是债，不论大的还是小的，如果不是为了掩饰自己的同性恋身份，他连一眼都不会多看我们。

由于 GW04 比她的丈夫年龄大，工作好，所以他们婚姻在筹划时就遭到了家人的强烈反对，婚期 GW04 曾尝试分手，但其丈夫以自杀相逼，最终二人结婚了。

> 婚后我觉得非常奇怪，只有我们两个的时候他就有一种难以接近的冷漠。但是在人前他却对我特别的热情，出门挽着我，当着朋友的面亲我，抱我。我和朋友有意无意地透露他是同性恋的事儿，他们都说我瞎想，说每次看见你们都很亲热，他肯定不会是同性恋。我当时真的是哑巴吃黄连，有苦说不出。

还有同妻表示，自己在婚姻生活中是一个传宗接代、生儿育女的工具。GW03 认为孩子的出生是她婚姻的分水岭，孩子出生后，丈夫就将她完全排除到了自己的生活之外：

　　看到他的 QQ 聊天记录时我问他你是不是婚前就确定自己是同性恋，他说是的，我问他为什么还要和我结婚，他说他喜欢孩子，他需要一个家，需要一个人为他洗衣服、做饭、生孩子，而我就是这样一个工具。

GW07 的丈夫在 GW07 发现自己的同性恋身份后，主动要求离婚。

　　我想他是觉得我的价值榨完了，他结过婚没有人会怀疑他是同性恋，又有了一个儿子，现在他没有必要再养着我，把他的钱分一半给我花，每天问他去哪了，和谁出去了。

GW08 在反思这场婚姻的时候说道：

　　我要是他也会找个女的结婚啊，一分钱不花找一个人替你洗衣服、做饭、伺候全家老小，替你生儿育女。在这场婚姻中我就是一个生孩子的工具，就是一个端茶递水的老妈子。

GW06 的家庭背景比较优渥，父亲为厅级干部，她认为自己是丈夫事业和生活的垫脚石：

　　没有我爸，没有我舅舅，他就是还是那个一穷二白的大学毕业生，我就是他改变命运、一路向上爬的工具。

三　不愿或不能离婚

面对自己的丈夫是同性恋的事实，8 位同妻还保持着婚姻关系，并未选择离婚。有两位同妻表明自己主观上不希望离婚。GW02 认为离或不离最大的问题不是同性恋，而是自己曾经的付出。

　　即便他给的一切都是假的，但是我的感觉是真的，这就够了。也许离婚了我还会遇见更好的人，但是我已经不是那个最好的自己了。我觉得过去的我，过去的我们，过去的经历像是一段心魔，掌控着我，让我无法挣脱。

GW06 承认自己有外遇，并没有考虑过离婚。

> 这个年代哪个有点儿权势的男人没有小三儿、二奶，只不过我的小三儿是男人而已，那又能怎么样？你再找一个男人就能确定他不搞三搞四了吗？

GW04 认为自己对于丈夫仍有情感，离婚之后双方都无法获得新的生活。

> 即便他是同性恋，我依旧很爱他，他总说他会改回来的，他不想爱男人，他想爱我。他因为我提出离婚而自杀过。有时我觉得自己是他的妈妈，我比他坚强，比他有能力，我如果走了，他这一辈子就真的完了。

还有同妻主观上希望离婚，但碍于父母的压力、经济压力、社会舆论压力或家庭责任等原因不能离婚。GW01 没有和父母、亲友说起过自己是同妻这件事。

> 我害怕别人知道我是同性恋的妻子，我害怕别人拿有色眼镜看我，我害怕自己被他传染上那种见不得人的病。当初是我死命要嫁给他的，现在我要离婚，会被亲戚朋友笑死的。

GW03 讲述了一次她和丈夫打架的经历。

> 他拿烟灰缸砸了我的头，当时就流血了，我喊道：你就是个畜生，我要和你离婚！他恶狠狠地和我说，我现在就和你离婚，不会有人相信我结过婚，我还能是个同性恋，但所有人都知道你是个离过婚的二手货。

同时，GW03 认为她的父母不会支持她离婚。

去年过年时我有意地和我妈提起一个熟人离婚了，我妈说连个日子都过不下去的人还能干什么？有什么不能将就将就的？我想也是啊，将就一下孩子，将就一下他，将就着就这么过吧。

GW05 认为离婚的代价存在着男女性别的差异，女性要比男性付出更高的代价。

离婚说起来很简单，两个人签个字扯个证就完事儿了，可是之后呢，他还是那个道貌岸然的成功男士，他照样可以找一个年轻漂亮的放家里装门面，然后在外面和那些人妖们勾勾搭搭，我呢？我找一个离婚的还是丧偶的？还是嫁个七老八十的？这个社会就是这么现实，就算他是个同性恋，但只要他还有一张男人的皮，他就是比女的要容易得多。

GW07 是军婚，虽然她手里掌握了丈夫和别的男人上网聊天、开房的记录，但由于法律上和经济上的问题而无法离婚。

我咨询过律师，我有的记录和图片在法庭上都不能算是正当的证据，如果要离婚，我需要赔他十几万块钱。我从结婚之后就没工作，一直在家里带孩子，我哪有那么多钱赔给他？我姐姐支持我和他离婚，说帮我先拿钱，可是她哪有多少钱？还不是帮我去借，我自己已经过得很不好了，我不能再拖累她啊。

GW08 确定表明自己绝对不会离婚，甚至抱着一种破釜沉舟的姿态。

如果离婚了孩子是他的、房子是他的、车是他的，我什么都没有。我就是不离，我就要拖着他，他们那个圈子也很看年龄的，过了四五十看谁还搭理他，就这么拖着吧，反正我是豁出去了。

同时，不能或不愿离婚的一个主要原因在于孩子，几乎所有的同妻都在访谈中表明，她们在婚姻中的任何一项生活决策，都以孩子的成长为第一前提。有些同妻和丈夫在孩子问题上取得了共识。GW01 说：

> 我俩都认为单亲的家庭都不适合孩子成长，如果我再嫁或他再娶，后的终究不如亲的，不论他再怎么畜生，他还是孩子的亲爹，他对孩子还是要比别人对孩子好。

GW02 的孩子 4 岁，身体比较孱弱。

> 孩子是我们两个唯一的共同的主题，为了孩子我们都愿意舍弃自己的幸福，都愿意放下自己想要的生活。虽然这很痛苦，但是为了孩子这些都是值得的。

GW06 的孩子不生活在她和丈夫身边，而是生活在 GW06 父亲处。

> 我是觉得这样对孩子更好，我爸是一个很严格的人，他能比我俩更好地教育孩子。我俩的共识是无论我俩之间怎么样，我们都很爱这个孩子，他延续了我俩的未来。希望我们可以给孩子创造更好环境。

还有同妻认为离婚会对孩子造成伤害，或者无法接受离婚后需要离开孩子。GW04 丈夫的家族在本县经济、政治地位颇高，所以离婚后孩子会判给夫家。

> 他法院有很多认识人，肯定不会把孩子判给我的，我不能把孩子交给他，他不会管孩子的，孩子是我的命，我吃点苦遭点儿罪无所谓，我不能让孩子受一点儿委屈。

GW05 认为自己初中毕业，文化程度过低无法教育孩子。

> 他说男孩子必须有父亲，没有母亲比没有父亲还好点，还说史书上说的，我不懂这些，孩子跟着我确实不如跟着他，若是离婚我又怕他照顾不好孩子。

GW08 认为孩子是其丈夫控制自己的砝码。

他说离婚可以，他可以什么都不要，但是孩子必须跟他，否则免谈。他知道俩孩子是我的命根子，当时知道他是同性恋的时候，我气得回了娘家，他给我打电话让儿子一顿喊我，我当时就心软了，立刻就订了票就回去了。

GW03 与 GW07 在看待对丈夫是同性恋对于孩子的影响这一问题上表现出了极大的差异。GW03 认为，

我生了他我就要养他，我不能让他也像他那个死爹一样变成同性恋，去祸害别人家姑娘。

GW07 则体现出了更好的自我调适态度和能力。

有段时间，我看见两个男的比较亲密都会觉得他们是同性恋，我儿子在和小伙伴儿玩儿我都会冲过去把两个孩子拉开。我越来越清晰地意识到我这样不行，我必须自己先调整好才能把他教育好。我抑制住自己的恶心去学习关于同性恋和心理方面的知识，尝试了解和谅解他，我现在知道他应该一辈子都会爱男人、和男人发生性关系，可是我不能歧视他、不能恨他，我不能让我的孩子觉得他的爸爸是个羞耻，我不能让我的孩子活在恨里。

四　生活态度的变化

对于是否继续与同性恋丈夫保持婚姻关系，是否继续在同一屋檐下生活，同妻们采取了不同的生活态度。GW06 认为生活就是演戏。

我们彼此默认在外面有别人。不都说人生如戏全靠演技吗？其实这就是这个社会的事实，只要表面上过得去，在人前显贵不就够了吗，哪有那么多的和和美美。不过都是一场戏，想演成苦情的还是喜剧的都是你自己做主，跟和你搭戏的人没什么太大关系，把自己的无能迁怒到别人身上这才是真正的可怜。

GW08 和 GW02 则抱着混日子的态度，GW08 对于自己本身的生活
没有期待和希望。

> 希望孩子能好好学习，身体健康，就足够了，至于我个人，就
> 是混日子吧，过一天算一天，这么多年不也这么走过来了吗?

GW02 则认为自己已经麻木了。

> 不像刚开始那样心痛、纠结或是难过和不甘心了，我年轻的时
> 候喜欢看言情小说，做梦都想成为书中的女主角，拥有一个爱我
> 的、我爱的人。可是这几年生活的磨砺让我渐渐懂了，书里的那些
> 不过是世人的美好期盼，张爱玲有句话怎么说来着? 短的是人生，
> 长的是苦难吧。生活总要继续。

还有同妻将生活诉诸宗教等精神寄托。GW01 说:

> 算卦的大师说，我到 36 岁就一切都好了，家庭、婚姻、事业
> 都会有新的起色，也许你会觉得信这玩意儿挺傻的，但是这是我唯
> 一盼头。

GW03 选择信主，认为同妻的身份是原罪的一种。

> 我和他我们都有罪，我会宽容他，善待他，我照顾孩子，照顾
> 老人，我会去天堂，他会下地狱。

GW07 信佛。

> 我网上查了，同性恋的形成有多种原因，有天生的，有环境
> 的，他们也很痛苦，现在人们浮躁，没有信仰，欲望泛滥，同性恋
> 就像瘟疫一样，蔓延在我们身边。我慢慢地在学佛，感觉自己澄明
> 了很多，如果这是我前世造的孽，那么今生我注定应该赎罪，如果
> 这是为了来世修的福，那我感谢他给我的机缘。因果循环，报应不

爽，所有人都需要经历痛苦，可能这痛苦会伴随你一生，但是生命有限，与其痛苦，不如收拾心情，选择忍耐，保持乐观。

GW04 和 GW05 表现得比其余个案更为乐观。

　　你知道四川跳楼的那个同妻吧，真的是太傻了，为了一个男人何苦呢？我相信没有过不去的坎。我不会自杀的，我要好好地活着，婚姻有时会是一种责任，他是同性恋这件事反而让我重新看待生活。我希望我能好好地工作，好好地照顾他、好好教育我们的孩子。

GW05 加入了网络中的同妻互助小组，平时有空就上去和大家唠唠，不能解决什么实质问题，但心里不那么难受了，更有勇气面对生活了。

这四个主题并不是对在婚同妻婚姻生活的某一场景的截取，而是同妻动态生活过程的展现。从确定同妻身份到做出继续保持婚姻关系的生活决策，在婚同妻婚姻生活过程中存在着深刻的社会文化问题。

首先，面对他者文化的冲击与反应。"不可置信的感受"的产生在于同妻确认自身身份时所面对的最大冲击不是来自"我的丈夫有小三"，而是来自"我的小三是男人"的震惊。"同性恋"作为一个离普通中国民众的现实日常生活依旧有些距离的词汇、影像和文化，当其赤裸裸地突生于家庭生活中时，对于"他者"文化的无知与恐慌加剧了背叛感和震惊感。这就使得其丈夫的外遇和出轨具有了一种异质文化的符号意义。人类学家认为"他者"是指与自身不同的人群及其文化，既是一种客观存在的异质性，也是一种社会建构的结果。在一个以"异性恋"为运行机制的社会文化环境中，同性恋者扮演着"他者"的形象和角色，"异性恋"通过塑造"同性恋"这样一个与自身对立并低于自身的文化影像，来确定和巩固以自身为中心的价值与权力秩序，这就使得"同性恋"具有一种病理化和罪名化的趋向。① 自身为异性恋且受到异性恋文化规训多时的同妻在情感上和心理上，自然不可能接受"出轨"的"他者"这样一位婚姻伴侣。这从同妻对于丈夫的"畜生""不要脸的"的污名化称呼中可见一斑。同时，许多同妻或其亲友在得知自己丈夫是同

---

① 周宁：《历史的沉船》，北京学苑出版社 2004 年版，第 3 页。

性恋的第一反应是如何"挽救""治疗"或是"改",这也体现出整个社会对于同性恋文化的无知与误解。这无疑加剧了同妻与同性恋者之间的沟通障碍,造成了婚姻关系维持和解体的双重困境。

其次,基于性别文化的资源缺乏。根据中西方文献研究表明,由于性别差异,在婚姻家庭生活中男性与女性在资源占有方面并不平等,多数女性存在着资源的缺乏,这种缺乏不仅存在于物质层面,也存在于精神层面。通过8名同妻对于自身生活经历的讲述和意义理解,可以发现,同妻生活中主要存在着情感资源缺乏和经济资源缺乏的困境。从发现丈夫是同性恋者后的各种情感波动到将自身定义为传宗接代、生儿育女、掩饰身份等目的性的工具,同妻身份所带来的情感伤害是对其生活最直接也是最猛烈的冲击。同时,各项生活决策,如是否离婚、孩子归属等问题很大程度上受到同妻在经济资源缺乏的限制,这种经济资源的缺乏既来自于家庭内部的资源分配,很大程度上也来自于社会文化中女性性别的劣势,即贫困的女性化趋势。因此,对于在婚同妻而言,在婚既是一种权宜之后的主观选择,也是一种被动的生活现状。婚姻作为经济共同体的功能性掩盖了情感的伤害和文化的震撼。处于转型时期的中国社会,婚姻法尚未对同性恋者进入异性婚姻及其离婚制定相关规定,同性之间的性行为并不构成婚外恋的事实,加之取证、论证困难等客观现实,同妻在诉诸离婚时存在着诸多的制度阻碍。同时"如无重大过错,军人不得离婚"、婚姻赔偿、孩子抚养权等法律方面的阻碍也成为同妻不得不持续"在婚"的重要原因。同时,纵观同妻婚姻生活的整体经历,其社会支持的来源相对单一,仅来自家庭内部和亲友支持,各类妇女组织和非政府组织的严重缺席,制约了同妻婚姻生活决策的多样化和可能性。在一定程度上,维持婚姻关系的主要原因在于家庭经济共同体的维护。

最后,孩子在婚姻中的稳定作用再一次得到彰显。在中西方的婚姻研究中,生育行为既有利于婚姻的稳定和发展,也会对婚姻造成负面消极影响;孩子既是婚姻效用也是婚姻成本。有学者从中国文化和生活实际出发经过实证研究得出结论:在中国,孩子对于婚姻关系稳定的维系作用明显高于婚姻成本。[①] 8名在婚同妻的生活决策均以孩子为核心,

---

① 叶文振:《孩子对父母婚姻的影响及其制约因素》,《福建论坛》(经济社会版)2008年第8期。

无论是与同性恋丈夫协商彼此让步，还是不顾自身考量的付出，孩子在同妻婚姻生活中超越了自身情感、物质等因素，占据最主要的地位，这也再一次验证了费孝通教授关于婚姻家庭的观点。费孝通认为中国婚姻家庭的本质并不是两性关系和个人性生活的开始的仪式，而在于传宗接代，即婚姻的前提是亲子关系，婚姻的基本意义在于社会为孩子确定父母的手段。①

但是，同妻们并不认同自己是"先验的""可怜的弱者"，仅关注其生活现状及悲惨经历的描述，研究中同妻不断强调自身在理解和反思日常生活经验时凸显的能力和智慧，表明其自身正用"弱者的武器"不断地反思、反抗着生活中的压力与挫折。同妻的个体性经验背后孕育了丰富的普遍性特征，展现了同妻婚姻生活经历中抗逆力形成和发展的基本脉络。

在婚同妻所面临的风险性因素包括情感伤害、心理压力、经济资源缺失、社会支持单一、社会网络碎片化、家庭地位不对等、家庭结构松散趋势、家庭冷暴力、家庭暴力、艾滋病、性病、污名化等，这些来自内部和外部的风险性因素带来的生活压力和心理压力不仅是同妻生活的困境和阻碍性因素，更是激发其生活动力的压力源，促使同妻们运用各种保护性因素不断抵御风险，保持生活的完整性和延续性。这种保护性因素体现为内在保护性因素和外在保护性因素两个方面。内在保护性因素包括同妻本身内在的良好生活品质，如乐观、积极向上的生活态度、善良宽容的个性等，及同妻本身处理问题的能力和技能，如建立和利用社会网络资源等。外在保护性要素根据来源的不同可以包括现实中的社会支持，如来自家人、朋辈群体、社区、工作单位、非政府组织及政府的支持，以及来自网络的社会支持，如网络互动小组、同妻家园、同妻QQ 群等。在风险性因素与保护性因素不断的互动生成过程中，同妻不断反思和重构生活态度，促使自身抗逆能力不断形成和展现。我们对此的解释，在很大程度上还依赖于网络价值的发挥和实现。②

面对同妻身份，不论是选择变被动为主动，以积极的生活态度，体

---

① 转引自潘允康《试论费孝通的家庭社会学思想与理论》，《天津社会科学》2010 年第 2 期。

② 唐魁玉：《网络文化价值与网民的核心价值观》，《学术月刊》2012 年第 11 期。

味生命的价值，还是选择刻意模糊和淡化生活意义，用一种消极的生活态度面对人生，都展现了女性的抗逆能力和自我调适能力。她们通过对于自身身份的确认与生活经历的反思，不断在现实的日常生活中，攫取所需资源，对生活意义进行了解读和重释。在此意义上，同妻身份的确立既是被欺骗与绝望的标签，也为同妻提供了反思生活的契机，促使她们增强对于生活的适应能力。

第三章　同妻群体的性别文化
人类学阐释

　　毫无疑问，虚拟社区中的同妻群体的生命历程的考察，还有待于性别文化人类学的印证和阐释。本章研究主要采用虚拟人类学的研究方法，结合深度访谈法和田野调查法，基于 2012 年 9 月至 2013 年 6 月期间同妻网络社群中，10 万多字的同妻日常交流内容和访谈记录文本分析，丰富了虚拟田野调查这一研究方法的实践经验。

　　本章以性别文化作为分析框架，分析了同妻群体承受的三方面压力：性别制度压力、社会性别资本压力和社会舆论压力。其中性别制度压力主要包括生育制度压力和法律制度压力，社会性别资本压力主要包括房子问题、财产问题和再婚问题，社会舆论压力包括家庭责任和面子。据此，我们分析了同妻群体对上述三种压力进行的反抗。对生育制度压力的反抗行为主要包括温和型和激烈型反抗；对法律制度压力的反抗主要体现在寻找证据、争夺抚养权和脱离军婚；对社会性别资本压力的反抗主要体现在净身出户和争取财产计划上；对社会舆论压力的反抗主要体现在证明自己、隐藏身份、利用舆论和讨檄男同四个方面。在反抗性别文化压力的同时，同妻的反抗行为也打上了性别文化的烙印。

　　通过对同妻反抗性别文化压力的行为分析，丰富了性别文化的理论内涵。同时发现，同妻是人们的观念受性别文化影响之下的典型产物；同妻对性别文化压力反抗的程度，取决于同妻个人对性别文化观念的内化程度和其所受到的来自于个人、家庭、社会等各方面压力的强度；同妻的反抗行为是个人情感、道德等因素与理性思考综合作用的结果；解决同妻问题不仅需要同妻个人性别观念的改进，更需要社会性别文化的进步，需要社会中的每个人与政府、立法机构、大众媒体等各方合力推动相关法律的完善和先进性别文化的构建。

第一节　同妻群体的性别文化意义

一　问题的提出

伴随着社会经济的迅猛发展，当前中国社会生活的广度和宽度在不断扩展，中国民众的社会认知也在不断开放。许多从前"难登大雅之堂"的社会问题，正在不断地被争论和关注。"同妻"问题，正是其中的一个典型。她们作为男同性恋者的异性恋妻子，是法律关系上的妻子。如果说同性恋相对异性恋来说，属于弱势群体，那么同妻就是更隐秘的弱势群体。在如丹麦、荷兰、西班牙及美国部分州等很多国家和地区中，同性婚姻受到法律保护，并不存在同妻的问题；与国外的同性恋者不同，国内很多男同性恋者迫于传统世俗观念和社会舆论的压力，不得不选择与一名女性结婚、生子，婚姻生活自然并不幸福。种种因素，决定了他们成为"弱势群体"。

正如前文所述，同妻作为一个庞大群体，其生活状态是什么样的呢？在不知情的情况下走进了与男同性恋者结合的婚姻，丈夫的冷淡甚至暴力、威胁，无性婚姻，或者感染艾滋病的风险……加之家人朋友的不理解，很多事情是同妻不能向他人诉说的。本章我们将以女性主义的视角，进一步关注和阐释同妻在面临婚姻困境时是如何进行反抗的，以及她们的反抗形式都有哪些。

二　性别文化研究的意义

希望通过对同妻群体面临的社会压力及其对这些压力的反抗行为分析，引起学术界乃至整个社会对这一弱势群体的关注，以此引起立法部门和公共管理部门的重视，为同妻群体维权提供理论依据。此外，通过对性别文化的分析，丰富这一理论框架的内容和维度，为性别社会学研究开辟一个新的分析路径。

（一）现实意义

诚如上文所述，同妻是"弱势中的弱势"群体，以李银河为代表的学者正在呼吁将同性恋者合法化，以中国的现状来看，似乎这条路还要走很远：公众对同性恋者的态度仍存在较大分歧，民众难以达成共识，舆论的力量仍然渺小，官方关于同性婚姻和同性恋者的异性婚姻的法律法规就难以出台。这样一来，同妻在通过法律途径维护自己权利时就很难找到相关的法律依据，自身的合法权利往往诉诸无门。

长远来看，我们希望通过本研究，能够引起公众及媒体对同妻的关注，使更多的国人对同性恋者有足够的认识和了解，从而以客观的态度看待同性恋者，在整个社会中达成一种共识，然后推动有关同性恋者的立法工作，从而从根本上消除产生同妻的社会根源。

从眼前来看，则希望更多的人尤其是媒体、法律从业人士投入到支持、声援同妻的群体中来，尽快完善同性恋者的异性婚姻的相关法律法规，帮助同妻维护自身的合法权益。

（二）理论意义

一是对性别社会学的学术积累：本研究以女性主义的视角，不局限于以往男女两性绝对区隔或者绝对相同的分析方法，将"文化反抗"引入性别社会学的分析框架之中，为性别社会学研究提供一个新的分析维度和思路及有益的补充。此外，同妻研究也为婚姻中的性别关系研究提供新的案例。

二是对虚拟社会人类学研究的经验积累：在网络信息时代中对传统人类学的田野调查法的新发展和应用，在被观察者互动的过程中他们清楚地知道观察者"在场"，这一点是不言自明的，研究者又可以根据研究需要随时向个体提出问题、进行交流，而在网络空间中的交流因为不用面对面，减少了环境因素的部分干扰，使得调查可以随时随地进行，调查内容的整理也更加准确和快捷。因此，这种在网络空间中进行的虚拟人类学田野调查方法是对人类学研究方法的一项良好发展和应用。

三 性别研究视野下的同妻婚姻问题及文化张力

国外研究前期主要集中于性别社会学理论渊源即女性主义理论的发展上，后期主要集中在对性别权力等问题的研究上。

（一）性别社会学理论渊源：女性主义

性别社会学是用社会性别视角研究两性在社会运行和发展中所形成的角色、地位、作用等问题，并借用社会学的方法来研究两性社会问题，如就业、教育、参政、婚姻家庭等问题。性别文化是性别社会学研究的一个重要视角和框架，性别社会学来源于西方 20 世纪六七十年代的女权运动，其理论渊源于女性主义理论。

女性主义（feminism）一词源于西方，自 19 世纪末产生于法国之后，至今在西方国家共经历了三次浪潮，第一次浪潮从 19 世纪 40 年代工业革命开始到 20 世纪 20 年代中叶，自由主义女性主义是主流。第二次女性主义浪潮从 20 世纪 60 年代持续至 90 年代初，激进女性主义、马克思主义女性主义、社会主义女性主义是当时的主要流派。第三次女性主义浪潮起于 1995 年，第四届世界妇女大会召开，至今仍在发展，后现代女性主义居于至关重要的地位。① 女性主义在五四运动时期传入中国，最初被译作"女权主义"，直到 1995 年以后，我们将其翻译为"女性主义"。

经典的女性主义理论的一个主要争论点围绕男女两性地位展开，它们普遍认为，女性的地位应该是与男性平等的，但事实并非如此，因此女性应该争取平等权利。

自由主义女性主义的代表人物玛丽·沃斯通克拉夫特（Mary Woll-stonecraft）强烈批判了传统的女性观，拒绝承认女性在理性和理智上低于男性，而表示男女在道德水准上相同，都能够自由、理性地选择品德，两性在价值上的平等决定了两性在权利上的平等。② 她从男女两性的道德和价值观上入手，论证了男女两性本质上是平等的。

波伏娃认为，男女两性在婚姻面前的地位是不平等的，女性从来没有实现过与男性地位的平等，"婚姻相对于男人和女人来说，含义是完全不同的。男女两性确实是彼此必需的，然而必需却从来没能使之产生平等的地位。我们可以看到，女人从未成为一个等级，从而无法与男人的等级在交换、订立契约等方面平起平坐"③。波伏娃从实然性的角度上阐释了男女并没有实现真正的平等。

从对女性地位的总体看法上，倍倍尔的一个重要观点是：女性的地位是衡量一个民族文明程度的最好尺度。④ 也就意味着，女性的社会地位有赖于社会的发展程度，而其又是社会传统、经济形势、社会整体价值观等多方面综合作用的结果。

福柯指出，控制与自我规范经过深化，转化成了标准化与正常化，

---

① 刘翠玉：《试论女性主义性别平等观》，《广西社会科学》2007 年第 2 期。

② V. Bryson, *Feminist Political Theory*, The Macmillan Press LTD, 1992, pp. 22 – 23.

③ Simone de Beauvoir, *The Second Sex*, Beijing：Xiyuan Publishers, 2009, p. 175.

④ August Bebel, *Die Frau Und Der Socialisms*, Central Translation Publishers, 1995, p. 105.

社会用一系列的规范约束人的身体，正常行为与反常行为经过话语来界定；经过以上过程使人达至遵从规范的目的。① 后现代女性主义借用福柯的这种观点，认为女性就生活在这种压力之下，需要服从纪律、遵从规范，自己训练出可以自己掌控的身体。② 他们都传达了女性在社会生活中受到了来自传统社会制度上的束缚，女性所受到的规范约束比男性更多的意思。

由于国外很多国家和地区在法律上允许和保护同性婚姻（same-sex marriage），但同时又有一部分地区对同性恋者存在偏见和歧视，比如美国，有的州签署法令允许同性婚姻，而有的州则没有。因此在学术上就出现了许多对同性婚姻是否合理的论证，其中大多数是从法律的角度出发的。而玛丽·安妮·凯丝（Mary Anne Case）以美国为例，从女性主义原教旨主义的视角出发，认为反对宪法允许同性婚姻是一种性别歧视，之所以有人赞同传统的异性恋婚姻，是由于性别角色分化和女性从属地位的传统的影响。③在 20 世纪 80 年代晚期在美国形成的酷儿理论（queer theory），批判性地研究生理的性别决定系统、社会的性别角色和性取向。它源自同性恋运动，但不久之后除了关注同性恋，还关注少数人群，接着便打破了性别两分法，对男权文化提出了挑战。酷儿理论很重要的一个观点是，认为性别认同和性取向不是"天然"的，而是通过社会和文化过程形成的。

克瑞希达·海斯（Cressida J. Heyes）以变性人为案例，认为女性主义者如果都能承认自我认同身份，而不是反社会和反政治，便可以达到潜在的团结。④ 这其中包含了希望一部分激进女性主义者妥协让步的建议。亚当·以塞亚·古瑞恩（Adam Isaiah Green）着眼于性研究中的"自我"，提出酷儿理论与社会学不是还原的关系，社会学有其自身的

---

① Foucault, *The History of Sexuality Volume*, New York: Vintage, 1980, p. 134.

② Ramazanoglu, C. (ed.), *Up against Foucault*, *Explorations of Some Tensions between Foucault and Feminist*, Rout ledge, London and New York, 1993, p. 191.

③ Mary Anne Case, "What Feminists Have to Lose in Same-sex Marriage Litigation", *UCLA Law Review*, Vol. 7, 2010, pp. 1199-1233.

④ Cressida J. Heyes, "Feminist Solidarity after Queer Theory: The Case of Transgender," *Signs*, Summer 2003, pp. 1093-1120.

分析维度。[①]

(二)文化反抗及性别权力问题

文化反抗(cultural resistance),也叫文化抵抗,在美国人类学家维勒博看来,它拓宽了我们对生活的制度加以挑战的视野。塔玛拉·萨佛(Tamara Shefer)等人在南非西开普省展开了人类学调查,发现伴随着传统的家务劳动与外出取酬务工的分工,传统的男性占主导、女性屈从的地位仍然存在,同时女性的性别角色权力在逐渐扩大,为改变性别权力关系而充满敌意的反抗非常明显。[②] 女性对男性传统地位的性别反抗随着社会生产发展和社会分工的变化而不断增强。

斯可瑞德海瑞·黛塞(Sreedhari D. Desai)等人研究了职场中的性别革命(gender revolution),对718对已婚者进行了调查,发现传统婚姻中有工作的丈夫与现代婚姻中的丈夫相比,不喜欢女性出现在工作场合;有很多女性的组织进展更不顺利;女领导相对没有吸引力;以及优秀的女性雇员往往缺乏晋升的机会。[③]

在福柯看来,权力的反抗可以用两种方法进行:一是发动社会底层人员反抗,使他们的意志得以表达出来;二是给予个人追求个性的权力,使其不受权力控制、不在被权力管束中成为与他人一模一样整齐划一的人。[④]

(三)性别文化与同妻婚姻问题研究

魏国英认为,性别文化是一种生存方式和物质与精神财富,它由男女两性创造,以文化形态存在,它包括人类社会创造的性别意识、道德观念、理想追求、价值标准、审美情趣、行为方式、风俗习惯等。男性文化和女性文化的共同发展是当代性别文化的核心理念。[⑤] 黄桂霞则认为,性别文化是社会对男女两性及其关系的观点和评价,及与这种观点

---

① Adam Isaiah Green, "Queer Theory and Sociology: Locating the Subject and the Self in Sexuality Studies," *Sociological Theory*, Vol. 3, 2007, pp. 26 – 45.

② Tamara Shefer, "Gender, Power and Resistance to Change among Two Communities in the Western Cape, South Africa," *Feminism & Psychology*, Vol. 18, 2008, p. 157.

③ Sreedhari D. Desai etc. *Marriage Structure and Resistance to the Gender Revolution in the Workplace*, http: //ssrn. com/abstract = 2018259.

④ 汪民安、陈永国、马海良:《福柯的面孔》,文化艺术出版社2001年版,第158页。

⑤ 魏国英:《性别文化的理念建构与本土特征》,《内蒙古大学学报》(人文社会科学版)2003年第7期。

和评价相关的性别规范和组织结构。因此从文化的观点出发，性别文化代表了不同性别利益关系的话语和制度，不仅仅是简单的男女两性关系。① 王金玲通过考证"性别"和"文化"两词的内涵与范畴层次，对"性别文化"一词进行了界定：由社会或一部分人共同认可的与性别有关的价值观和意义体系，以及使其实体化的物质载体和行动。此外，她分析了中国内地的性别文化，将其分为四个层面：本土传统的性别文化；被国人接受并加以本土化的现代西方社会的性别文化；马克思主义中国化后形成的性别文化；当代国外文化影响下形成的性别文化。② 吕红平等学者对性别文化的定义为：性别文化是指反映两性特征、需求、行为、关系的价值观念、伦理道德、知识能力、风俗习惯、制度规范等方面的意识形态及其表现。③ 综合其他学者的观点，我们认为，性别文化是整个社会或大多数人对男女两性及其关系的价值观念、评价和意义体系，以及相应的性别规范和组织体系，代表着不同性别利益关系的话语和制度。它包括两性在价值观念、伦理道德、风俗习惯、制度规范等方面的表现。

国内同妻的问题被接受和认识的时间较早，其中大多是从大众传媒的角度，访问同妻来讲述她们的故事和遭遇，或发表作者个人的看法，却没有在社会学理论方面对其进行理论建构。围绕着同妻的相关问题，目前社会学领域的研究主要集中于以下三个方面。

首先，同性恋者的异性婚姻研究。目前国内社会学界对同性恋的异性婚姻研究还比较少，但非常具有价值。有学者以婚姻功能为视角，分析我国大多数同性恋选择异性婚姻的原因是社会文化的深刻影响，其原因包括掩饰性取向以及衰老、感情孤独的需要，由于缺失合作功能、约束功能、生理功能，往往也导致同性恋者的异性婚姻中情感功能、心理功能的弱化。同性恋者的异性婚姻在法律意义上是完整的，却没有相应完整的家庭生活，实际上是一种典型的亚婚姻，"同性婚姻除了不具备

① 黄桂霞：《性别文化的去向——从权力文化到平等性别文化》，《中华女子学院山东分院学报》2005年第3期。
② 王金玲：《性别文化及其先进性别文化的构建》，《浙江学刊》2003年第4期。
③ 吕红平、丁娟：《中国性别文化概论》，中国人口出版社2011年版，第5页。

再生产功能，其他功能和异性婚姻没有本质区别"①。

还有学者认为，同性恋者介入异性婚姻是"自我选择"的结果，拓展同性恋者生存的文化空间有助于发展社会性别多元意识，这是改善同性恋者境遇的更好的途径。② 据此，男同性恋者选择异性婚姻未必是因为父母家人的压力，有可能是因为他个人做出的"理性"选择。当然，这属于比较"非主流"的观点。

其次，与同妻相关的性社会学研究。中国研究性社会学的著名学者潘绥铭曾提出，同性恋者应以自己和他人对等的权利作为动力和前提，在不能侵犯他人权利和爱情为原则的前提下，从事性行为。③ 但是，中国的男同性恋者由于各方面的原因，选择了与异性结成婚姻，违背了以上所说的"人权道德"。

史同新等人是研究男同性恋艾滋病问题的著名学者，他们研究了同性恋的婚姻之后，得出同性性行为仅是一种生理需求，同性恋者不愿维持稳定的同性恋关系，因此其性伙伴和数量很难固定、多数为偶然的，这就增加了 HIV/STD 在人群中传播的危险性。此外，他们还分析了在中国 MSM 人群结婚的最大目的是减轻家庭和社会对其施加的压力。④ 除了男同性恋者要遭受艾滋病的威胁之外，他们的妻子也是受害群体，而她们却是最无辜的受害者。

最后，同性恋法律规制研究。也有学者就同性恋的法律规制问题，从法律角度论证了同性婚姻的正当性，建议对同性关系予以法律认可，减轻同性恋者的社会心理压力，使社会对同性恋者的偏见逐渐消除。目前国内在法律方面还较少研究同性恋婚姻（同性婚和异性婚）的立法问题，说明同妻维权的道路殊为不易。

综上所述，整体上来看，国内外对围绕同妻的相关问题研究的侧重点各有不同。在理论研究方面，国内的研究基本上以国外的研究为导向，却很难将其与中国的具体实践相结合，少有中国化、本土化的研

---

① 庾泳、肖水源：《同性恋者婚姻关系的社会学问题》，《医学与哲学》（人文社会医学版）2008 年第 9 期。

② 魏伟：《圈内人如何看待同性婚姻？——内化的异性恋正统主义对"同志"的影响》，《华东理工大学学报》（社会科学版）2010 年第 4 期。

③ 潘绥铭：《性的人权道德》，《甘肃理论学刊》2008 年第 7 期。

④ 史同新、张北川、李秀芳等：《婚姻状况对男男性行为者的艾滋病高危性行为影响研究》，《中国艾滋病性病》2008 年第 5 期。

究。在具体问题研究层面，不同的社会又有不同的问题，如西方国家更多关注同性恋婚姻的合理性论证，而中国还处在同性恋是否可以得到认可的阶段，其中伴随着社会传统道德的影响、艾滋病的传播等问题。但是西方新的研究成果又在吸引着研究者的眼球，很多人一方面盲目追赶新的研究潮流，却难以将理论成果运用和指导中国的社会实践，导致其研究失去了社会生活的基础。围绕婚姻家庭问题，性别文化理论研究的一个脉络是，必须承认男女在任何方面都应该是平等的，然而事实却并非如此，因此女性要通过各种途径如建立一套反抗男权制的独特话语体系，争取以平等为基础的各项合法权利，也就是应然性与实然性之间的关系。关于男女两性"二分法"遭到了一些学者的质疑，比如有学者建议从后现代视角打破二元对立的界限，追求"真正"意义上的男女平等。与国外对同性恋者的研究程度相比，国内的研究较多集中于对男同性恋者的研究，主要探讨其社会成因和性接触及艾滋病传播问题，理论支撑较少，对同性恋者的异性婚姻等中国化的社会问题研究较少。应该说，虚拟人类学研究是人类学研究方法在互联网技术发达的今天的又一创新。

四　理论框架及研究方案

本章基于对同妻群体的虚拟人类学研究，分析在性别文化之下同妻群体面临的性别制度压力、社会性别资本压力和社会舆论压力，详细解读了同妻群体对这三方面的压力进行的反抗行动。同妻群体受到性别文化压力的压迫，同时她们对性别文化压力的反抗行为也打上了性别观念的烙印，同妻群体的行动过程始终被置于性别文化这一框架之下。

本章的研究框架如图 3-1 所示：

由于同妻的身份敏感，在现实社会生活中很难发现和找到她们，而虚拟网络空间有着隐身性、匿名性的特点，在网络空间中发现同妻的交流社区就变得容易一些，因此本研究采用虚拟人类学的研究方法，在虚拟网络社会中进行田野调查。笔者结合虚拟田野调查法、文献法、观察法和深度访谈法展开调查研究。

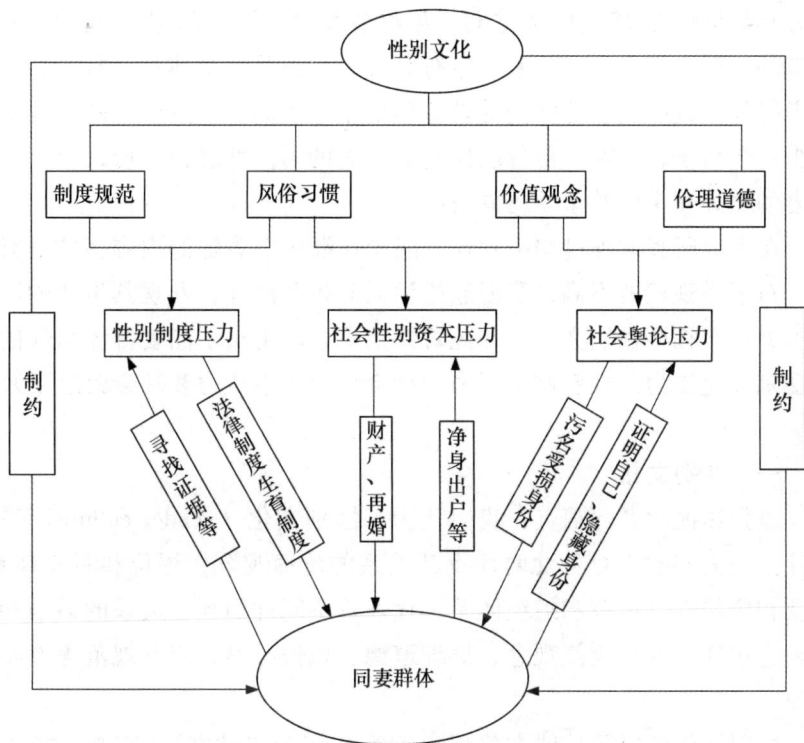

图 3 - 1　同妻对性别文化压力反抗行为框架图

第二节　同妻群体对性别文化压力的反抗

当有很多人得知同妻所面临的现状之后，都不禁反问：为什么不离婚呢？通过实际的田野调查和研究，我们发现，情况并不是人们所想象的那样简单，不是离婚就能解决所有的问题，离婚也不是想离就可以离，一切取决于同妻群体所面临的压力。结合对研究资料的分析，笔者将性别文化作为一个分析框架，阐释同妻群体面临的外在压力。通过对性别文化的内涵的解读，将同妻群体面临的压力分为性别制度压力、社会性别资本压力和社会舆论压力三个维度。

那么，我们在本章所探讨的身处三重压力的同妻群体的构成和文化情境是怎样的呢？

以 T 同妻群为例，群内活跃成员的年龄分布于 23—52 岁之间，大部分年龄集中在 25—35 岁之间，年龄最大的成员为 52 岁。同妻的职业有教师、医生、会计、作家、银行职员、公务员、个体户、打工者、无业者等等，说明同妻群体的受教育程度相对较高。半数以上的同妻育有至少一名孩子，且绝大部分已经确认丈夫的男同性恋者身份，一小部分同妻的丈夫还未向其承认男同身份。

在虚拟田野调查过程中发现，同妻在社区中表达的内容多数是对生活、对家庭现状的不满，我们通过话语分析和演绎，发现其生活的压力根本上源于社会性别文化，在此背景之下，衍生出了同妻群体面临的三种性别文化压力：性别制度压力、社会性别资本压力和社会舆论压力。

一　性别文化

综合其他学者的观点，我们认为，性别文化（gender culture）是整个社会或大多数人对男女两性及其关系的价值观念、评价和意义体系，以及相应的性别规范和组织体系，代表着不同性别利益关系的话语和制度。它包括两性在价值观念、伦理道德、风俗习惯、制度规范等方面的表现。

性别文化区别于其他文化现象的特征在于"性别"，它不仅指生理性别（sex），还包括建立在生理性别基础上的用来指称"风俗、价值及行为的综合的"社会性别（gender）。[①] 性别文化的内涵可以从四个层面进行分析：价值观念、伦理道德、风俗习惯和制度规范。

性别文化在价值观念上主要体现为对两性社会价值或角色分工的评判标准不同。即便到了现代社会，男女两性的劳动力价值和人力资本含量仍然未能等价，家务劳动和生育行为这些社会价值并没有被纳入市场进行货币化衡量，因而女性的综合价值实际上没有得到合理评价。劳动分工与性别分层两种因素相互作用，是造成两性社会价值评价差异的原因。

性别文化在伦理道德层面主要体现为对两性社会角色的伦理道德约束和伦理道德评价及其差异性。通过对男女两性及两性交往及其关系不同的道德约束机制，社会性别角色得以维持和再生产，实现了社会的价值认定。

---

① Edwin S. , *Cultural Constructions of Gender*：*Encyclopedia of Sex and Gender*, Kluwer Academic/ Plenum Publishers. 2003, p. 3.

具有性别文化内涵的风俗习惯主要体现在日常生活中的仪式、禁忌和非正式规范层面对两性的要求和角色设置上，其功能在于维护两性社会结构及其秩序的稳定与再生产。

性别文化之下的制度规范主要是指正式的法律法规和一些成文的乡规民约，用于指导、规范和约束社会及家庭中的男女两性行为及其交往。

性别文化的核心是将人类分割成男女两性，并赋予男女两性不同的角色内涵，标识出不同的文化指令，规范出不同的行为逻辑和发展路径，享受着不同的社会发展成果。在性别文化这张网之下，男女的社会角色、社会分工及在社会运行中所起的作用是不同的，大众媒介对男女两种不同性别也形成了刻板印象：男性应该是独立的、有闯劲的、积极主动的、以事业为中心的；女性应该是温柔的、恭顺的、忠诚的、以家庭为中心的。

二　同妻群体面临的性别文化压力

性别文化作为意识形态和上层建筑，通过内化作用于个人思想观念，进而影响社会行动，通过外化影响其所处的社会环境，从而强化社会性别结构和制度。个体通过内化性别文化规范，将其纳入自我认识体系，使个体行为方式符合社会期望。在这一过程中，性别文化作为一种外在压力迫使个体接受和认同，个体的主观意志被忽略，直至将其内化。接着，已经形成的价值观念和意识体系会转变为物质或非物质的内容，进一步形成性别文化外化的产物，个体不得不开始经历第二重的性别文化压力。

同妻 T4 的丈夫感染艾滋病且已经确诊，但她在这时因为担心丈夫彻底被他人和社会抛弃，反而不再选择离婚，而是一边照顾对方，一边在外面寻找情人约会。她在与其他同妻交流中表示，现今社会中"女人当男人用"，一方面痛恨"男人犯贱"，"对男人死心"，另一方面却说"下辈子要做男人"。这名同妻前后矛盾的话语实际上凸显了她对自己的女性性别产生了不满，也就是说，在她的观念中，社会建构的作为女性的性别不能享受到与男性平等的地位和待遇。这也源于社会对不同性别有着不同的规范要求，作为女性，同妻 T4 不会像丈夫一样"犯贱"，但同时又羡慕男性可以"犯贱"，在她的潜意识中，社会对男性和女性的规范并不一致，相比男性，制约女性的规范更多。同时，她对自身作为女性这一社会事实表现出了不满，她的能动性则体现在她的反抗行为上，也就是自己也去寻找外遇。

同妻 T4 所面临的性别麻烦只是同妻群体中的一种形式，每个同妻都遭遇到了不同情况的困境。同性恋丈夫对妻子实施家庭暴力或"冷暴力"，抑或对其恶言相向、冷嘲热讽，甚至以让妻子"净身出户"为由百般恐吓威胁，同妻所遭受的身心痛苦高于常人。同妻在努力改善自身状况的同时却发现"现实"问题难以逾越，要么付出更大的代价获得解脱，要么接受"现实"，隐忍度日。

同妻口中所述的"现实"，笔者看来，来自于性别文化之下的种种压力，在此压力之下，家庭中对男女的社会角色分工和要求不同，加上传统"男主外女主内"观念的影响，性格软弱的女性更容易感受到两性的不平等和性别刻板印象对人们观念的影响，正如同妻 T17 所述：

> 婆婆说让我去食堂上班，我说我不去，不喜欢，她说给自己家干多好，非得出去挣工资，能挣多少。我说，这不是挣钱不挣钱的事，我出去我开心，你儿子也挣不了多少钱啊，让他去食堂刚好锻炼下。她说男人就不能去食堂，做饭天生就是女人的事。她想让我去下面，后面炒菜缺人了，再去后面炒菜，你说我婆婆狠不狠。我感觉他们都看不起我，连我自己给自己都做不了主，没主见，又狠不下心。我每多见他妈一次，我就越有花钱的欲望，太感谢他妈。

上述材料中婆婆的性别刻板印象与传统的思想观念有关，而它是伴随着传统的社会分工而产生的，由于最初的社会分工依据男女不同的性别而产生，因此人们也逐渐接受并习惯于男女不同性别的职业角色分化，这种分化是社会分工导致的。职业角色分化使得男性获得了更多高薪的就业机会，而女性则只能从事报酬较低的职业，这一点已被人们认可和接受，作为一种潜在的惯习迫使人们接受，同妻 T17 从中感受到了这种观念施加于自身的压力。

除自身因素之外，同妻所感受到的外部压力，根据性别文化的内涵，可归结为性别制度压力、社会性别资本压力和社会舆论压力三个方面。

（一）性别制度压力

有学者对性别制度做了如下定义：性别制度是通过对人与社会性别相关的社会行为做出系统性规范并限制和约束，建立相应的性别秩序和性别的社会结构。[1]

从横向上看，性别制度贯穿于社会生活的各个领域诸如经济、文化、教育、婚姻、道德、风俗习惯等之中，它与政治制度、经济制度、社会分工制度、婚姻家庭制度等社会制度相互作用，共同构建了一张制度网，网罗了人们生活的方方面面。

从纵向上看，性别制度可以划分为国家、社会、家庭、个人四个层面，国家通过强制性手段如各种法律来规定和建立性别秩序，社会以传统、风俗习惯和伦理道德等形式建立起性别规范，家庭对男女两性提出了性别要求和性别分工，而个人则通过自我约束和自我修养内化了以上三个层面的性别规范。社会、家庭、个人三个环节呈现隐性状态，渗透于人们的社会生活之中。

根据性别制度的纵向特征，同妻群体所面临的压力可以归结为国家法律层面和隐性层面（社会、家庭、个人），主要体现为生育制度压力和法律制度的压力。

一是生育制度压力。费孝通先生在《生育制度》中提到，社会成员为了集体的新陈代谢，必须通过社会规定的程序组建家庭，完成生育以满足补充人口的需要。传宗接代，是每一代青年的重要任务，这种观念深深扎根于中国人观念当中。男同性恋者迫于父母和社会的压力而与异性结婚，多是由于父母对其施压，要求其完成传宗接代的任务和职责。而生育孩子的职责最终还是要落到生育者——妻子身上，多数同妻在生完孩子之后就遭到了丈夫的冷落，是因其完成了父母要求的生孩子的任务，T7、T23 等多名同妻都曾面临或正面临着长辈催促生孩子的状况。

同妻 T7 讲述：

> 我现在想起来有点怪，有一次他妈给他儿子说，有媳妇多好，将来生个娃，男的有什么意思。我那会儿不知道他有这爱好，根本

---

① 吕美颐、郑永福：《性别制度与社会规范》，《郑州大学学报》（哲学社会科学版）2009 年第 2 期。

没放在心上，现在想想真后悔。他们的爱情只是对于男的，不是自己的老婆。他保证不会承认的，家里人，父母的压力，还有他部队的战友。我倒希望他承认，那还干脆。我给我家里人说了，爸妈觉得这毛病能改，还让我俩继续过哩，家里人是农村的，思想观念很传统的。我觉得我家的对我一点激情都没有，打算离了。他们家里现在催着我和他儿子要小孩了，没事就催，哎，好难受啊。我自己害怕这样的人，好气愤。

从以上内容中可以看出，同妻 T7 的父母和公婆虽然知情，但仍然认为同性恋倾向是"毛病"，并且"能改"，进而催促她生育小孩，同妻 T7 既"难受"又"害怕"，还"气愤"，但更多应是无奈。在思想较为闭塞的农村地区，人们对于婚姻中生育功能要求更强烈，同妻 T7 的家人来自农村，思想观念传统，在她的家人看来，结婚之后生小孩是自然而然的事情，即使孩子的父亲是同性恋也不能影响孩子的出生，同妻 T7 面临的生育压力可见一斑。

同妻 T23 讲述：

我还以为很亏，41 岁才知道老公是同，没有机会重新来过了，现在看你们（其他同妻，笔者注）这么年轻都不离婚，守着艾滋同①，我觉得我不亏。他总是冷眼看我，一般他说怕我时，我就会难过地离开他房间，他从来不去我房间。我家的在婚前就和男人同居 10 年，他说现在会改，我觉得比原来好多了，原来我不知道真相的时候，那日子才叫苦：我家的一直和我 AA 制，非常强势，我做什么他都不高兴。一天到晚冷着脸，我稍微表现出想亲热，他就骂我贱，说什么女人好色，又瘦又黑，一直和我分房睡，我去他房间，他就会裹着被子说怕我。我从来不敢对他提什么要求，成天看他脸色，现在我终于不用看他脸色了。我儿子 12 岁，正处于青春期，我不敢（离婚），怕影响孩子。我是因为怕他，不敢查，怕他生气，怕冷战，因为他在外面也没有桃色新闻。他现在不敢再那么欺负我了，和我说话的语气也温柔不少，我刚开始都不习惯，看

---

① 艾滋同，指患有艾滋病的同性恋。

他那么小声和我说话，我都有点受宠若惊。我家 G 在我生了孩子后，态度就像这个孩子是我和别人偷情生的，孩子一哭，他就骂"死哭鬼"，他就发火，要把孩子拎了。我那时特别不明白，哪有男人对自己孩子这样，现在才知道，生了孩子他任务完成了。

同妻 T23 的压力来自于同性恋丈夫，而他又背负着家庭的压力，将生孩子作为"任务"来对待，因此即使有了孩子，对孩子的态度也并非一般父亲所为。他将压力间接转嫁到妻子身上，并且取得了成功，然而他的成功却建立在妻子痛苦的基础之上。

虽然婚姻与生育并不存在必然的联系，但婚姻有生殖和抚育孩子的功能。同妻们感到自己被"骗婚"，是因为只有婚姻才能够以合法的形式使其生育，但实际上，这是披着合法外衣的违背道德的行为。

二是法律制度压力。目前，婚姻法尚未出台对同性恋异性婚姻离婚的相关规定，为同妻在诉诸离婚时增添了制度阻碍。且法律规定如无重大过错，军人不得离婚，而调查中 T7 和 T21 的丈夫均为军人，T21 尽管遭受强势丈夫的辱骂、恐吓和威胁，却无法办理离婚手续，不得不忍气吞声。而婚姻法中对孩子抚养权的规定，也是同妻需要考虑的一项重要因素，T8、T18 等多名同妻均面临着此类困难而暂时不能离婚。

同妻 T8 讲述：

> 我在工作，和老公一个单位的，知道之后我选择了继续（维持）婚姻。怕离婚伤害孩子，害怕面对以后的生活。现在没有以前的激情了，不过还是会怀疑他，日子也不好过，会比正常夫妻辛苦许多。他曾经想和我离婚，并把责任全推到我身上，说我不像女人。那时候我们俩关系几乎到了冰点，那时我还不知道他的事。后来我知道他是同之后，他又坚决不离婚。他自己说，以前想离婚是怕我知道他的真实情况，怕我觉得他恶心；现在我已经知道了，他不想离，想好好过日子，但同时他还想那个男人朋友，如果不是那个男人家里闹得厉害，他不会主动放下的。你说我们有坚守的必要吗？我们一方面在过日子，一方面还得有随时被离婚的心理准备。

在对同妻 T8 的访谈中，以及许多同妻的口述经历，我们可以发现，她们之所以成为同妻，是因为丈夫的"骗婚"，为了拿她们来掩饰他们是同性恋的事实。一旦被妻子发现，他们又会像 T8 的丈夫一样坚持不离婚，丈夫不同意离婚是同妻们挣脱不幸婚姻的第一阻碍。

同妻 T7 讲述：

> 他在部队，（我）去部队待了两个月，想想觉得挺恐怖的，我在那，他还背着我偷偷看 GV①，有时候一天都和我说不了几句话。还有莫名其妙的人给他打电话，有两三次，他都背着我接。过了两年都这样，一辈子，太遥远了，要和这样的人过下去，太恐怖了。

军队是一个典型的男性群体，较容易产生和发展男同性恋者，他们的妻子除了要承受一般"军嫂"的压力之外，还要承受丈夫爱其他人不爱自己而缺少最基本的婚姻关爱的事实。且相关法律规定，军婚在一般情况下不得离婚，同妻挣脱这样的婚姻并非易事。

同妻 T21 讲述：

> 说实话，如果未来我有可能遇到一个好男人，我会离婚，或者孩子大学毕业后，我 50 多岁了，我也要离。孩子才 8 岁，我家的是最恶劣的，前面因为我找他，他嫌我影响了他的好事，拉我离婚，把 5 个月的男孩小产了。我还经常鼓励女儿对他说"爸爸，我爱你；爸爸，我想你"——孩子不喜欢他，也不愿意这样说，但是我想让孩子有个完整的情感世界。你知道吗？我因为他，曾经中过风，半个嘴脸都瘫痪了，他没有看过我一次，都是我妈妈陪我看的医生。因为闹离婚，我腿跌折过，他没有陪我看过病，是我弟弟弟妹陪我住的院，我妈妈照顾的我。他曾经拖着他前妻在大街上打，我家的外形很阳刚，但是却是 0②。

同性恋丈夫同样都在部队上，但与同妻 T7 相比，同妻 T21 的遭遇

---

① Gay Video 的简称，是指专门以男性裸体或男男性爱为卖点的色情影片。
② 数字"0"即"受"方，在同性情侣中，大多为承受的一方。而英文字母"O"则是指代女同性恋。

令人触目惊心，甚至难以相信，因为上述遭遇一般只出现在影像作品中，同妻 T21 的不幸却是充满了血的代价。她的不幸在于，人们习惯上认为婚内夫妻的吵闹甚至动用武力的情况均属于日常可接受的，不必诉诸法律加以解决，而实际上，同妻 T21 所遭受的家庭暴力足以严重到对其丈夫进行法律制裁的程度。

孩子的抚养权问题也是许多着手离婚中的同妻面临的一大问题，有了孩子且想离婚的同妻比其他普通人更难以争得孩子抚养权，正因为上文中提到的孩子本身就是生育制度压力下同性恋丈夫及其家庭的最终目的和产物，在"任务"完成了之后，很难将孩子拱手让人，即使对方是孩子的母亲。

前同妻 T18 讲述：

> 他说我的事都是我父母做主，让我跟父母商量好，自己想好了再做决定。他说他叫我一起过是不可能了。他说离婚女儿跟他，说如果女儿跟我，以后嫁人不好嫁。还说我有什么要求就提出来，看他能不能满足我。我说既然这样了，我们也不可能了，我们就离婚吧。他说可以，让我先想好。我说你只要把女儿给我，其他我什么都不要。他说："你做不了决定，你家还有你父母给你做决定。你不要钱你父母要钱的。你先跟他们商量好，我国庆前比较空，有什么要求你提出来。"说女儿是他家姓的，他自己会带，说我要是带女儿也不好嫁人。我今天被他说得好像真的是我的错，因为他的确口才比我好，思路比我清晰。而且他口中的很多话，我记得不是那个意思，他却说得有模有样，我今天被他弄得思路全没了。而且很多过去的事过去的话我都不大去记在心里了，但是他条条框框说出来有条不紊，他好像没有一点错。他一直嫌我没主见。他哥是那种有几个钱，也是个混混儿。社会上人一召集就很多，正月曾经发生了一起。我怕到时他们叫那些来我家捣乱怎么办，我怕他们影响我家人。
>
> 他不给我女儿，我说你这样我不放心把女儿交给你，他说事实证明一切。他说你什么都没有还要女儿，你拿什么养她，他说女儿永远是他家人，他家姓，等等。钱他不可能给，我跟他要钱只会多条罪名。我没有证据，他家还说我造谣了。

　　像前同妻 T18 所讲述的，她的丈夫更加巧言善辩，在协商孩子抚养权的问题上，她争取到机会的难度增大了。并且她还有夫家亲属影响娘家生活的隐忧，争取孩子抚养权的行动也将被束缚手脚。

　　由于相关法律规制还不够完善，同妻在离婚时面临着一系列的困难和阻碍。压在同妻身上的生育制度压力和法律制度压力使其在不幸的婚姻中苦苦挣扎。

（二）社会性别资本压力

　　前文说过，在简德罗·波提斯看来，社会资本是不依赖于个人，而依赖于个人与他人之间的关系的能力，这种能力是在社会结构中调配资源的能力。与丈夫相比，多数同妻将因缺乏社会资本的调配社会资本的能力，而使自己的生活境遇艰辛。此外，具备一定的社会资源，是获得更多社会资源的前提条件，而如果丈夫以"净身出户"相威胁，离婚后同妻的生活会"雪上加霜"。

　　据此，我们提出了社会性别资本（gender capital）的概念，即社会个体在调配社会资源时因不同的性别而掌握的不同能力和男女两性所具备的不等的人力资本，[1] 及因此导致不同性别的个体所拥有的不同的社会网络和社会支持系统。男女两性所拥有的社会性别资本是不同的。[2] 社会性别资本这一概念为我们提供了一个潜在的强有力的解释，推进我们理解复杂性和不同的机制。[3] 与社会资本可以提供社会网络和社会支持类似，[4] 在社会性别资本视角下，女性的社会网和社会支持系统范围较小，在社会中能够调配社会资源的能力也较低。

　　社会性别资本在不同的领域具有不同的形式，它既可以体现在身体上，也可以体现在思想领域；它既可以以实际物质方式呈现，如拥有社会性别的个人获得的收入，所能享受到的教育、就业机会，可以将其归结为外显型社会性别资本；同时，上述个体所拥有的社会支持网络和潜

---

　　① 邓峰、丁小浩：《人力资本、劳动力市场分割与性别收入差距》，《社会学研究》2012年第 5 期。

　　② Tristan S. Bridges, "Gender Capital and Male Bodybuilders", *Body & Society*, Vol. 15, 2009, p. 83.

　　③ Anne Ross & Smithand Kate Huppatz, "Gender, Work and Organization", *Gender, Work & Organization*, Vol. 9, 2010, pp. 547 - 566.

　　④ 张敏：《性别差异与社会资本不平等性探究》，《前沿》2008 年第 9 期。

在的机会，可以归结为内隐型社会性别资本。根据对同妻群体的田野调查发现，她们所面临的社会性别资本压力亦可以划分为上述两个层面：外显型和内隐型。

第一，外显型社会性别资本压力：婚内共同财产分割。根据"中国社会结构变迁研究"课题调查，有关学者指出，由于社会分层结构、特别是工业化的现代社会分层结构的变迁和调整，男女两性群体的社会经济地位依然不平等，男女两性获得社会资源的机会在不同的领域中也并不相同，女性群体的地位被边缘化的现象在教育和就业领域表现尤为明显。虽然城市社会中，男女两性获取的文化资源逐渐趋向于平等，但在经济资源和政治资源获取上男性的机会仍然多于女性。在就业机会上，不仅职场中存在"性别歧视"现象，且生育孩子的女性二次就业相当困难。

随着地价上涨，现代城市中的房价也水涨船高，房产成了家庭中至关重要的财产，掌握房产权的一方在财产关系中掌握主动权，相反，另一方则处于被动地位。房子问题是很多同妻在考虑离婚中权衡的重要因素，如同妻 T2、前同妻 T9：

同妻 T2 讲述：

> 现在户口什么都过来了，但没有了房子就什么都没了。卖房他只给我 7 万，因为首付当时是他家里给的，三十万这样吧，房贷也还没还完。我没他赚钱多，他觉得理所当然。是啊，还要付房贷，我又没工作，看病还要花钱。他不知道我知道他是同，我们一直也没什么夫妻生活。我对他还有感情他对我却没有，现在是他要非离不可，还不让我和他家里说。他要离婚还说是我的不是，还要多分财产，我大声点说话说我是泼妇，昨天还想打我，把我家里人也要骂进去。我说你才是泼妇，还受过高等教育的呢，他好像就顿住了。

房产在同妻 T2 丈夫手中，一旦离婚，她能得到的赔偿不足以满足日后生活的需要，离婚的损失大于婚内的收获。

前同妻 T9 讲述：

进入天涯的同妻部落，看了她们的文章，她们经历的痛苦我全部经历过，再回过头来回想起妖孽（指她的同性恋丈夫）的点点滴滴，确认他了。现在那妖孽是默认了，要求与我保持现状，就是他在外面找我不管，我在外面找他不管。但我是与妖孽2005年就离婚了，只是现在住在一起的，我的问题很简单，等我的房子租期满了，我就收回来自己住，离开妖孽，还有他得补偿我钱，妖孽的房子是我拿钱装修的，他现在得还给我装修房子的钱。

前同妻T9一直与同性恋前夫住在同一所房子中，只因为等待收回她自己的房子，两人的关系貌合神离。虽然她已经脱离婚姻，但由于住房的原因，不得不应前夫要求而"保持现状"。

同妻T20讲述：

我一个人带着孩子住，分居一年半，孩子给他他又不负责，不会当爹的人，所以孩子现在跟我在一起，我觉得我家孩子以后也可能是同。如果我用了我一生的心血却换来两个同，我活着还有什么意思！如果我有房子我也可以要孩子，不然以后我们娘俩住哪里？他从去年到现在都没给过我一分钱，如果他三五几个月又不给我钱我也没办法，总不能经常去起诉啊。所以我才拖着，要不然早离了。反正我先这么找着，如果有合适的我就离婚去，到时候看看孩子怎么办，实在不行我也只能带着孩子。感觉孩子就是特别没有安全感。

同妻T20得知丈夫是同性恋之后毅然带着孩子与其分居，但是没有住房使其离婚后居无定所，再加上丈夫断绝了经济援助，起诉离婚的费用尚且不够，离婚只能暂时搁置。

除了住房以外，婚内共同财产也是离婚时需要分割的部分，缺少社会资本、赚钱机会较少的女性对婚内财产的依赖性更大一些，而其丈夫以此为要挟，使其家庭地位逐渐恶化。

同妻T6讲述：

我已经起诉离婚了，他父母知道了，他就离家出走了，最可恨的他父母宁愿起诉也不把我的钱给我，那边律师应该帮我交了，但是起诉只是判离婚，没有共同财产，儿子归我。律师说分开打好一点，因为我们没有夫妻财产，抚养费什么的要找到他人才可以，我家房子是因为拆迁，我和儿子户口分了90平方米。我家的人走了，没有有利证据，只有他发的信息。

有房产而没有婚内共同财产，同妻 T6 面临的境况并不乐观，婆家在财产上极尽苛刻，丈夫又负气出走，孩子抚养费没有着落，她的经济压力不小。

同妻 T21 讲述：

他如果不是同性恋，他也接近完美了，许多女孩子喜欢他但是我知道他看不上她们，脾气暴躁，挑剔得很，经常骂我：你死了吧，怎么还不死？但是我只是笑笑——其实我心里死过无数次，在流血。因为我惹不起他，他会打人的——但是我不能让他打我，因为我可以给他留下财产，他说留下女儿。

他说，我离婚就净身出户，还逼我与孩子断绝母女恩情。他还威胁我，说我在外面有许多情人。一旦我和孩子离开了他，他真的一无所有，所以他唯一要保住的就是自己的金钱。我不给钱他就疯子般摔东西、疯子般骂人，妖魔般撒气，就让我净身出户，就到我学校闹，要败坏我名声。我把所有的钱用在家里，……图得一时的清静——别疯子般骂人——他在外面勾搭不上男孩子也会在家里发火。我家的人是一进门就黑脸，从来没有对我笑过——笑脸就是在结婚前有过，连正视我都不敢，手都没有拉过，新婚俩月后就变脸了，不让我打扮，不让我买化妆品，打扮就骂——这么老了，勾引谁呢？

我家的房子是他的名字，首付是我的钱，我的工资本、贷款，他不写我名字，他就是一个畜生，我惹不起他。

虽然同妻 T21 掌握有一定财产，但其丈夫以各种形式威逼，使她不得不将有限的钱财用于家庭开支息事宁人，以换取片刻安宁。而丈夫的吝啬和冷漠则以限制同妻 T21 花销的形式显现出来。

同妻面临的外显型的社会性别资本压力主要体现在物质财产方面，如房产和其他共同财产等，这些主要源于同妻家庭地位的低下，又没有足够的赚钱能力。

第二，内隐型社会性别资本压力：再婚压力。很多同妻考虑到自身没有可以使离婚后自身和孩子生存所需的费用，或者工作不够稳定而放弃离婚计划或者暂时隐忍等待离婚时机。她们的选择是经过了很长一段时间考虑而做出的理性化的选择，因为她们都意识到女性凭一己之力很难养活子女和自己，T20讲述，"如果我要孩子，第一我没有房子，第二我能力不够，第三我也没人帮我带孩子，第四我如果再找（结婚对象）都好难"，作为年轻母亲，同妻意识到自身所面临的经济压力远远超过同性恋丈夫，因为男女在掌握社会资源的机会上是不平等的。

"男人四十一朵花，女人四十豆腐渣"，这句俗话生动概括了随着年龄增长，男女两性在社会生活中受欢迎程度的不同。在受传统观念影响时间较长的社会中，一般认为，女性在离婚后比男性更难以找到适合的新伴侣，年龄越大难度也越大。就像同妻T12所面临的矛盾心境：

> 我就是离婚了，也没什么好日子过。我都快四十了，找谁？即使现在马上可以结婚，适龄的都没了。给人当后妈我哪里肯？就是有适龄的，保不准又是一同。

再婚质量也可看作是个人社会资本的一个组成部分，在此意义上，同妻T12非常清楚她所掌握的资源较少，在选择时也更加被动，在此情况下对离婚一事将会更加谨慎。

女性在劳动力市场上经常会被排斥到次要劳动力市场，这是由于社会给予她们以不同于男性的角色定位，劳动力市场中的职业性别隔离也较为严重。加之人力资本较低，她们掌握的社会性别资本也低于男性。内隐型的社会性别资本不容易被人察觉，并且不像外显型社会性别资本压力可以用货币等实物形式表现出来，它主要体现在女性在劳动力市场、再婚市场等方面的弱势地位上。

（三）社会舆论压力

社会舆论是一定范围内社会多数人整体知觉和共同意志的外化，通过各种形式公开表达对某一事件或人的见解、态度、情绪等。国内社会文化中对女性和男性的性别要求和性别规范是不同的，女性离婚会被亲友"另眼相看"，因为她违背了从一而终的传统夫权观念，即使在倡导男女平等和新文明的今天，这种观念仍然在人们潜层意识中留有印迹。为了不招致非议，保全个人和亲人在他人面前的尊严，一般情况下，同妻会屈从于上述默认的性别规范。

因为婚内男同性恋者害怕社会对同性恋者持有不认可或拒绝态度，因而即使向妻子承认了自己的同性恋倾向，也要求妻子为其保守秘密。而尤其是处在农村地区的同妻则考虑到离婚之后工作场合与亲朋和邻里之间的闲言碎语，为了保全自己和孩子的"面子"，不仅没有公开丈夫的性取向，甚至放弃了离婚的想法。

另外，在国内文化中，同性恋取向和行为，属于背离社会规范和群体意志的越轨行为，同性恋文化只是作为一种"亚"文化出现在公众视野中，长期以来，异性恋的文化仍居于统治地位，人们对同性恋的偏见、歧视都导致了这一群体遭受"污名化"的后果。戈夫曼认为，污名作为一种社会性状，使其拥有者在其他人眼中丧失其社会信誉或社会价值。[①] 提起同性恋，人们容易联想到"艾滋病""变态"等字眼，丈夫的同性恋倾向使得同妻被迫获得"受损身份"，也连带地会成为社会公众和舆论议论的对象，与艾滋病高危人群联系在一起。即使离婚后再婚，如果被发现前夫是同性恋者，许多男性也因为对艾滋病的恐惧而拒绝与前同妻结婚。同妻在网络社区中交流时，有人曾提到过这一点，也成为想要走出男同婚姻樊笼的同妻们面临的一项阻碍和压力。

首先，家庭责任。许多同妻不公开丈夫是同性恋的事实是因为担心孩子受到外界舆论影响，或者因为同妻的长辈们碍于面子而不希望公布此事。同妻 T5、T11 均是考虑到孩子可能受到的影响而隐忍为丈夫保守秘密。

（T5）我老公在外有好多男人，但他不允许我找，同的爱情太短暂，我感觉同的爱情都靠不住，那个人只看钱。他说他不怕，可能他摸透我脾气了，知道我不会……让全世界知道，我是为孩子着想，怕影响孩子。我在老家坐月子那会，他约不同的网友来我家，我妈跟他妈说了，估计他妈都没理解，农村哪有这事。法律对咱们这

① ［美］欧文·戈夫曼：《污名》，宋立宏译，商务印书馆 2009 年版，第 2—6 页。

些同妻也没有保护啊。我自从知道我家的是，别说他不想碰我，我也不敢让碰。我 33 岁了，现在还不知道怎么办！孩子小啊。……我家的对我特别不好，还打过我，差点没打死我，有时候真想把他杀了，但是我不敢，我是为了孩子才不把这件事说出去，我怕孩子以后受影响。我当时冲动地想让全世界都知道，可是冷静下来，才发现错了，别人知道了有什么用，只会笑话。

（T11）孩子留恋父亲，我还不敢对外宣布，这都是那死人造的孽，宣布怕对儿子有影响。

同妻 T5 以及下文中前同妻 T18 两人都提到家在农村，而农村地区由于传统的地缘关系形成了人与人互相熟知的乡里社会，在这一传统社会中，各家的事情都会作为他人茶余饭后的话题来谈论，即流言蜚语，而人们也都清楚"人言可畏"的道理，尤其是像同性恋这样稀有罕见的话题，如果公开定能成为当地的一大爆炸性新闻，惧怕流言的压力，担心子女受到影响，使得同妻们缄口不谈这一事实。而同妻 T7 则是因为公公担心儿子是男同被人发现，给身为同妻的儿媳施加压力。

我公公还嫌我给我妈说他儿子的事情了，说这种事不要给别人说，让我和他儿子自己商量。现在不挑明了，现在闹不好，过年亲戚多得很，我过完年，闹，直接闹离婚。他爸那样说我，还不让我给我妈说，也不管管自己的儿子，看自己的儿子在外面做的什么事情，还怕传出去，到时候很多人都知道。

这里是同妻的婆家人担心社会舆论的压力而将其责任归咎到同妻外传身上，所以她感受到的压力是间接的。

其次，面子问题。中国人都讲究"面子"，似乎面子就等同于做人的尊严一样不可丢失，否则就像受到了奇耻大辱一样不可忍受。而过于爱面子，就成了虚荣。

前同妻 T18 讲述：

我父母都住在农村的。我们两家所在的村子很近。所以很多话都传来传去的，我怕人多口杂啊。我感觉温州这边的男青年出来面

子最重要。不但是所谓的面子，脸面也很重要。我没有证据，他家
还说我造谣了。我家这边乡下，说那些床事别人怎么看？不笑死
我？农村人挨得近，什么都拿出来说，而且村村挨得近，亲戚
又多。

同妻 T21 一直强调自己和娘家人是"正统人家"，受过严格教育，
都是"文人"，因此任凭丈夫为所欲为，他们也无可奈何。

他什么都不怕，还以跳楼杀孩子勒死威胁我，掐过我脖子，摔东
西狂吼，污蔑我在外面有多少男人，其实我是正统人家教育出来的。
原先的妻子因为受不了同他离了，他还污蔑人家是在外面有外遇。他
说自己改了，但是离不开男朋友帮助。家里藏着大量片子——好恶
心，我对同相当排斥，因为害了多少人，而且害的多是好女人，因
为他知道那些厉害的女人不好惹，我佩服厉害的女人——那些勇敢
的女人，我是懦妇，我为自己感到羞耻。

我早就想着上电视了——脸部打上马赛克——我想着要好好揭发
一下那些无耻之徒所做的好事。我想着要拯救那些年轻的女孩子——
不要你被一个男同文质彬彬的外貌所欺骗。我们帮助他们出柜——以
后也别残害其他的女孩子。但是又有许多男同威胁女人，或者要杀人
或者要污蔑妻子有外遇，或者要妻子净身出户，或者要搞臭妻子的名
声使得她只要离婚就不能在当地生存，我们这位就是这样的鸟，所以
我在心里骂他畜生。房子是我买的，他大爷般住着，孩子我养着，他
的父母我孝顺着，他的人情往来我打理着。

我是教师，我是第二次婚姻，我是爱面子的人，爱虚荣，别人
都以为我活得好。他爱虚荣，爱面子，爱干净，有品位，做过军
人，现在是小领导，一米八的个子，说话腼腆，相貌堂堂，男子气
十足——谁能够看出他是同性恋？而且是女人的心理角色——他称
呼他的那一位是"亲爱的老公"。为了掩人耳目，他在外面还故意
招惹女孩子，主要是年轻的傻女孩子。他故意逗她们，告诉外面的
人"不是有人说我是同性恋吗？看看，我还玩女孩子！我正常!!"
我是绝对好女人，优秀的人民教师，追求完美，但是命运给我开了
多大的玩笑啊。诅咒命运的时期已经过去了，现在是冷静解决问题

的时期——我自己得找到出路，我不能被这样的无耻之徒憋死。我从来没有对他说过一句难听话，我对他像对一个病孩子，我想，那么多品行不好的学生我都教育过来了，我还教育不好一个他吗？

我一个人很无助，叫天天不应，叫地地不灵。爸过世了，妈老了身体不好。我们家都是文人，弟看不起他也不想惹他。亲戚也是文人，我弟气得不行，可怎么办呢，揍他？这种无赖，我们家人哪里是他对手啊。可是我真的很懦弱，我恨我自己。

加上同妻 T21 的教师身份，并且承认自己爱慕虚荣，为此被丈夫抓住了把柄，威胁搞坏她的名声，为了防止此类事件发生，她不得不在胁迫下生活，即使出钱出力也换不到同性恋丈夫的好脸色。

无论是因为担心孩子受到社会舆论压力的影响，还是个人害怕承受社会舆论的压力，同妻群体背负的是社会的偏见和误解，也就是社会污名的压力，而它们具有极大的杀伤力。

通过以上分析，同妻群体面临的性别制度压力、社会性别资本压力和社会舆论压力，均源于性别文化形塑下的性别观念、风俗习惯、传统道德等使个人内化的作用结果。三重压力都属于同妻群体所承受的外部压力，这些压力紧紧束缚了她们内心的个人选择。

第三节　同妻群体对性别制度压力的反抗行为分析

由于性别制度内含于人们日常生活观念之中，且逐渐演变成了性别规范，从而对同妻群体构成"制度"层面的压力。为了摆脱婚姻的不幸，争取个人幸福的问题上，同妻们勇敢地走上了反抗之路。

一　对生育制度压力的反抗

子女是一个家庭血缘的延续，在计划生育政策倡导的"生儿生女都一样"观念影响下，男女平等的观念相比传统农业社会时期已有较大改观，人们放松了对后代的性别要求，但只结婚不生育的丁克家庭还未被普遍接受，多数家庭的老一代人仍然希望下一代人生育第三代人，以"延续香火"。在家庭中，女性一直承担着生育的责任，在中国传统社会生活中，生育一直是妻子的天职，这一点也被人们普遍认可和接受。因此，多数中国的男同性恋者或面临家长压力或出于自身情感需要，对女性伴侣提出了生育的要求。面临男同性恋的丈夫及其家人的要求，同妻们是选择妥协还是针锋相对？通过对同妻口述内容的分析，笔者将其分为温和型和激烈型两种反抗行为类型。

（一）温和型反抗

作为妻子，女性就必须履行生育孩子的责任和义务，大部分同妻都接受了这一观点，即使得知丈夫是男同之后，许多同妻仍然没有摒弃这种观点，以下面 5 名同妻为例：

> 他父母早就应该知道他是那样的，我爸妈觉得已经结婚了，说能改，他父母就催着要小孩了。不敢过一辈子，结了婚才两年对我都这样，感觉都过了大半辈子一样。不生，他对我只有敷衍，别的什么都没有。打算离啊，没敢直接说啊，先拖着了。他们不知道我心里是这么想的，生小孩又不是一个人的事情，没怀上那有什么办法。就算他是双性恋，但他不会放弃同性恋的生活的。有听过女同变好的，从来没有听说过男的有变好的，改变他的取向，做梦。

同妻 T7 离婚的想法很坚定，但没有向任何一个家人明确，且根本不愿意生小孩。当被催着生小孩时，她并没有直接拒绝，而是推托说"没有怀上"，以"生小孩不是一个人的事"为借口，间接地拒绝了生孩子。与下文中很多同妻一样，此举只是为了给自己争取足够的时间做离婚准备，但同妻 T7 也并未表示明确的计划。她并不寄希望于改变丈夫的性取向，她的行动止于温和，一是因为其丈夫并没有承认自己喜欢同性，她不能以此为理由直接拒绝生孩子；二是因为直接拒绝将会遭受来自各方更大的压力，反不如"曲线救己"来得更有成效。在一个对生育后代有着天然要求的传统家庭中，已婚妇女拒绝生育行为违犯了传统生育制度的要求，在生育后代这件大事面前，家庭中丈夫是男同这一事实被淡化了，没有比生孩子更大的事了。

作为生育责任的承担者一方，传统生育制度使同妻 T7 无力直接拒绝双方家长的要求，转而采用迂回的"战术"，一句"生小孩又不是一个人的事情"，轻松将责任转移到丈夫身上。在双方家长和其丈夫施加压力的背后，同样是传统生育制度和生育观念在起作用，因为没有后代将是他们难以接受的结果。

同妻 T22 与丈夫注册结婚后不久便发现了丈夫的同性恋倾向，但仍然没有取消婚礼，最终婚礼如期举行，但婚后她内心的心理斗争并没有结束。

> 之前老公天天和一个女的晚上在一起打牌。只要那个女的一句话他就去。我还天天吃她的醋，不让他去，后来他就天天待在网上和那些男的聊上了。现在才知道吃醋的对象都搞错了。后来，我就要他出去和那个女的打牌，他都不去。他说没兴趣打了。我如果没扯证，也早就分手了，在我不知情的时候就会分，因为觉得和他结婚不是我要的那种生活。现在才明白是什么原因他才那样冷漠，不过已经都扯了结婚证了。我觉得没有什么进退两难的。既然俩人一直没有怀孕打算，就暂时不退出。我不会和他生小孩子的，我没幻想会和他过一辈子，没想过会和他好一辈子的。我也想很快退出，可是我的工作，我的家人，分之后我就没办法待在这个地方了。我觉得我不怕和他一起生活，我害怕我一个人去外边流浪。

同妻 T22 没有直接跟丈夫坦言自己不会生孩子，只是在同妻群中向其他同妻诉说内心的想法，由于害怕离婚后孑然一身，失去工作和家人的陪伴，使得她一方面怀揣离开丈夫的信念，另一方面又不知在眼前的情况下应如何面对问题。由于没有整理清楚，也没有找到合适的出路，因此同妻 T22 面对丈夫及其家人催促生育时并不能直接表态，她的反抗体现在意志力上，却不能见之于更多实际行动。

在前文中我们知道同妻 T23 生完孩子之后丈夫对她的态度发生了急剧变化，面对对方相差千里的态度，她的反抗只停留在口头上的诅咒：

> 我家 G 借口睡眠不好，一直和我分房睡，我都没有往那想。平

时对我看得特别紧，我和哪个男人说句话，都会让他大发雷霆，我就以为他很爱我，只是因为自己性能力不行，才特别吃醋的，为了让他安心，我断绝所有应酬。他后来对我说，他觉得自己特别幸运，找个性冷淡的老婆，他这个问题一点压力没有，他哪里知道我一直压抑自己，只能帮他瞒着，有儿子了啊。我原来一直以为他害羞不善于表达感情，哪里知道人家感情不在你这里啊。他们多么自私残忍，我家的说我是一生唯一的女人，我听了很惊悚，他睡过的男人数都数不清。

　　我家 G 每周都回家，郁闷死我了，我多希望他找到真爱啊，他有了真爱，就会顺利同意和我离婚啊。我的 G 原来那么强势，现在全软了，狗一样讨好我。只当死了老公，而且得病死了、花光你所有钱也没治好，这就是同妻的苦！

同妻 T23 把丈夫比作"狗"，说他"自私残忍"，当自己的丈夫"病死了"，这样的言语虽然尖刻，但是仍停留在口头上，她并没有采取进一步的实际行动表达对丈夫的不满，并且无奈地将其概括为"同妻的苦"，这样的反抗行为亦不能作为激烈型的反抗来看待。

同妻 T5 在同妻群中公开说希望有人帮忙介绍"情人"，以报复丈夫。

　　谁给我介绍个情人啊！要懂得浪漫的，要有内涵的，要男人一点的，谁给我介绍个，把我家的报复了吧。

女性相比男性更加感性，看到丈夫在外面"寻花问柳"，她也忍不住想以极端方式报复对方。但只是说说而已，并没有真正实施反抗。与此同时，同妻 T5 还自愿为同妻群中的其他成员支招：

　　你和他说，为了孩子，不离婚，毕竟都是孩子亲人，要求他不要出去乱，容易得病。要求他好好过日子，把钱全交给你保管，为小家庭规划未来。要诚恳，让他信，能哄多少是多少，反正有孩子了，你也不着急马上退出，就先凑合着过日子吧。

为其他同妻出谋划策的同妻还有很多，虽然"旁观者清"，但如果T5处在她给出谋划策的人的位置上，也可能会依上述方法行事。另一方面，上述内容很可能来自于她的经验积累，有了一定的经验之后，才能拿出来与他人分享。总之，这一支招行为也可作为温和型的反抗行动来看待。

通过网络田野工作可以发现，由于性格软弱因素和权衡利弊的结果，同妻的温和型反抗行为多停留在意识和口头上，形式是多样的，如背后叫骂丈夫、为其他同妻支招谋划等等，而对真正解决自己问题的实际行动相对较少。这类同妻之所以采用温和型的反抗行动，是因为她们并没有与丈夫及其家人就丈夫是同性恋者这个事实而发生正面冲突或摩擦，因此可以认为她们所面临的生育压力较小，其反抗行为也就较温和。

（二）激烈型反抗

与上述反抗类型不同，同妻的激烈型反抗的形式更加多种多样，以下面两个个案为例，同妻T2图眼前的一时报复之快，同妻T22则为了更大的报复计划，都采用了极端的反抗方式。

同妻T2同样也没有生育，尤其是得知丈夫是同性恋之后，就故意与其怄气，更加拒绝生孩子。

> 以前我不知道我家的是G时我也说过，可以没有性，不能没有爱，抱抱也觉得幸福，谁知道，看着那冰冷的背都不知道哭了多少次了。我们家的来不得强的，以前都是我哭他睡得香，后面我知道了我就气他，他气我睡得香。
>
> 我家的就是还没孩子，就说得到了惩罚了，屁啊！这哪叫惩罚。都大半年没有同房，上一次要分被子，结果他一夜没有睡，过年估计就要分床了。
>
> 刚得知我家的被催要孩子了，现在愁得不行。却又还在我面前摆酷不理我，我还不理他了，好玩了。孩子是肯定不会生的了，生了孩子我就一点用途也没有了。

从前"我哭他睡得香"，到现在"他气我睡得香"，同妻T2以这种方式报复了丈夫一把。眼看着丈夫"愁得不行"，同妻T2感觉"好玩",而且表示"孩子是肯定不会生",使其丈夫在父母催促生育压力之下陷入两难境地。

由于丈夫拒绝使用避孕措施,同妻 T22 只好偷食长效避孕药来拒绝生孩子,相比之下,她的反抗行为更加激烈,甚至出现副作用、伤及自己的身体也在所不惜。

我刚吃了第一颗避孕药。一般情况下怎么会吃这种药呢,是被逼无奈。他很想要孩子。长期的,一个月吃一颗,一共 4 颗,吃了后,要半年之后才能怀小孩子,不然小孩子是畸形的。就吃一次吧,总比要人流好吧,只是说一个月会来两次月经了。吃了药,晚上会有早孕的反应,等下回家,他妈肯定会以为我有了,哈哈。我要明年都怀不上了,他们家肯定以为我没得生了。以后,我都不跟他了,我打算吃避孕药就表示我和他没以后了。让他知道我有吃药,也会休了我吧,哈哈。到时,和他摊牌时,就把这事告诉他,让他也知道,我有防着他呢,心里都清楚呢,他以为一直把我骗得好好的。有时,一想到那天,当我把他的事在他们家曝出来,再把我防着他吃药的事说出来,你想当时那个场面,会有多精彩,想想就很期待。等我先有离开的资本,还得先忍着。刚吃了的药,现在有反应了,不知道要怎么办,好虚,好像大姨妈来的那种痛痛的感觉了。刚网上查了一下,这种副作用太大了。

他很喜欢小孩,看到人家的小孩就抱着不肯放。有小孩子了,他心里又多了一个重视的人了,我又要排后一位了。他说,如果以后有小孩,我不能打一下,如果我打了小孩,他就要打回来,小孩会是他的命。我其实不是因为他是同性恋才这样伤心的,如果他现在外面有女人,这样骗我,我也受不了的。因为我以前看中他,就觉得他单纯,不会有什么心机,才没选另一个有很多社会经历的男人,现在他让我世界观都变了。

生孩子的事和他说了,一年之后再谈,就料到他坚持不了这么久。这一年中总会有大吵的时候。以前我们每次吵架都是直接吵到要离婚,因为只要他两天没理我,我就要离婚过不下去了。

同妻 T22 说"我打算吃避孕药就表示我和他没以后了",鲜明地表明了自己的立场，而且她也享受这个报复的过程，期待着当着所有人的面公布吃避孕药这一事实，以达到惹怒给予她生孩子压力的丈夫及其家人的目的。并且其丈夫曾表示若有了孩子将会把爱放在孩子身上，就像"小孩会是他的命"，考虑到自己将更加缺少丈夫的关爱，更坚定了她不要孩子的决心。后来她直接向丈夫说明一年之后再谈生孩子的事情，希望通过延期来折磨丈夫，以得到丈夫更多的关爱。她的反抗行动激烈到了奋不顾身的地步，即使自己受伤害也要一方面筹备"离开的资本"，另一方面要在此期间获得丈夫更多的关怀，缺少应有的家庭温暖和关爱是其中重要的一个因素。

上述案例中，激烈型反抗虽然使同妻获得了报复的快感，但背后隐藏着更大的代价和付出，在伤害他人的同时也使自己受到了伤害。她们的反抗行为之所以极端，在于她们的丈夫都已向妻子明确了自己是男同的事实，双方之间已经发生了正面的激烈冲突，同妻所面临的生育压力明确被提上日程，同妻心理上受到的打击使其奋起反抗。

应该说明的是，反抗类型是温和还是激烈，只是相比较而言的。一般说来，同妻对生育制度压力反抗的程度，取决于同妻个人所受到的来自于家庭生育压力的强度。同妻的反抗行为是个人情感、道德等因素与理性权衡其所面临的生育压力而综合作用的结果。

二 对法律制度压力的反抗

在第二章中，同妻面临的法律制度压力主要体现在离婚存在重重障碍、难以获得孩子抚养权等方面，而离婚的障碍包括缺少离婚诉讼的证据、军婚难离等，同妻们就这些方面展开了战斗。对法律制度压力的反抗不是对法律的反抗，而是拿起法律的武器，结合其他方法维护自身的合法权益。

（一）寻找证据

为了寻求自己的幸福，多数年龄较小的同妻都会选择与丈夫离婚的出路。由于许多男同性恋不同意与妻子离婚，迫切希望脱离婚姻的同妻不得不一方提起诉讼。虽然婚姻法中没有关于同性恋异性婚姻的相关规定，但同妻们依然努力搜寻丈夫是同性恋的证据，希望能够在离婚诉讼官司中获得更多赔偿。她们寻找证据的方法多是通过互联网交友工具、移动电话、图像视频资料等方式。同妻 T2 的方法是故意给丈夫布局。

> 我用另一个 QQ 号套出来了他的底细，他一直没和我承认。我坚持离婚，让那个该死的自己去犹豫吧。为此我已做了最坏的打算。开始我说他已不爱我，没感情离婚算了。况且我们一直没要上孩子，这是离成婚的基础。就这样，我们明里暗里地又折腾了一阵子。通过 QQ 方式，我知道他总是口是心非，这日子没法儿再过去下了。我下决心离婚，再也不当他的棋子了。

由于丈夫不肯承认自己是男同，同妻 T2 通过匿名网络社交平台腾讯 QQ 假扮作男同，与自己的丈夫开始了"网恋"，套出了丈夫对妻子的真实想法，通过这个过程获得真相、累积证据。并且她呼吁婚姻法中应该对准予离婚的条款中加入同性同居这一条，这样就解决了离婚诉讼时无法可依的难题。

同妻 T3 为了诉讼离婚，在搜集证据过程中逐渐成了电脑高手，学会了破解各种软件密码。

> 我打算起诉离婚和私下协议同时进行，因为协议目前进入僵局了，发现半年来，一直扯皮，离婚都离不掉。他拖你啊，他不在乎时间啊，反正他死要钱啊，他自己都说过了：我要钱不要命。问题是我拖不起啊，我要去找第二春的，谁给同性恋陪葬啊。我打算一边起诉，一边跟他继续周旋，如果能在诉讼期内，协议掉，那就最好，不然，省得浪费起诉时间。我跟他爹妈、妹妹说了，他领导，我也说了。我有证据的，我有照片，有聊天记录，有电话录音，有视频，都是他跟基友的时候拍的，接吻，做爱，都有的。我发现他是同以后，不动声色收集的，花了我一个多月的心血啊。我破解密码的，我现在是电脑高手了，他的聊天记录我都监控到了，他们的聊天对话，妈的，太恶心人了，太可气了，真的是贱人啊。而且电脑上锁，文件夹加密，都被我破解了。我这边是弄出好多聊天记录，看得我簌簌发抖啊，太恶毒了，太恶心人了，极度愤怒。

同妻 T3 做事更加冷静，发现后"不动声色收集"，她不见得需要获得财产赔偿，希望能够尽早脱离这段婚姻，因此成了电脑高手。即便如此，但收集到的聊天记录也令她难以平复怒火，她的反抗行动过程虽然冷静，结果却同样出乎意料，到了让她"簌簌发抖"的地步。

许多同妻都不约而同地在用尽各种方法寻找证据，以期在离婚诉讼中获胜，她们将其看作"战斗"，实际上是与同性恋丈夫博弈。在这种无声的反抗中，她们的胜算有多少，谁也无法估量，因为刚刚出台不久新的《中华人民共和国婚姻法》中仍然没有同性同居等具体的明文规定，同妻这一群体需要并呼吁法律的完善。

在法律制度尚不完善的情况下，同妻为了脱离婚姻仍然坚持采用各种方式搜集证据，本质上是对传统性别规范和制度导致的法律制度漏洞的反抗行为，这种行为的特点是"以法制法"，即利用法律武器维护自身的正当需求。

（二）争夺抚养权

母亲对孩子的担心是人伦常态，孩子抚养权也是许多同妻在涉及离婚问题时重点争取的对象。上文中讲到，男同性恋骗婚的一大目的就是生孩子，所以他们和家人决不会轻易将孩子交给母亲抚养，这是同妻很难争取到抚养权的重要原因。同妻个人的力量渺小，通过家人的帮助才会增加夺取抚养权的可能性，如同妻 T18：

> 他说我父母和其他家人插手太多了。当时我们吵架，我爸妈叔婶都插了话。他最后总结说是我家人给他开了批斗会。我不想再伤父母的心。在生孩子问题上，我一直挺矛盾。但机缘巧合，我还是有了一个女儿。

同妻 T18 性格柔弱，最后还是离婚了。不过，女儿最终归丈夫抚养，在这场争夺抚养权的斗争中她以失败告终。结局令人叹息，但是反抗总归有胜负之分。同妻由于个人处境的艰难，个人力量的薄弱，很难在与一个家庭的斗争中取胜，因此像同妻 T18 相似的案例不在少数。同妻 T18 在争夺抚养权斗争中，并没有得到其父母的支持，原因在于其父母考虑到离婚后女儿出路的问题，如果没有孩子她获得再婚的机会将会更多，并且以女性个人的经济力量不足以使孩子得到更好的教育和照顾。失败的事实证明女性在对法律制度施加于自身压力反抗时的无力。

孩子该归谁抚养？不仅需要考虑个人情感因素，更应该考虑现实条件。在现实生活中，有孩子的单身母亲比单身父亲更难找到合适的配偶，在于一是性别文化之下传统性别观念对男女两性的要求不同，二是男性已经掌握或将会掌握的社会资源在总体上大于女性。

（三）脱离军婚

军婚在普通婚姻家庭中所占的比例处于少数，但在同妻家庭中却占了较大比例，是因部队中的男同性恋者较多，因而在同妻家庭类型中也是一种较为典型的婚姻状态。

婚姻法中明文规定，在役军人的配偶如果想离婚，须得到军人的同意才可以达成。然而通过调查发现，有很多军人婚姻中，身为军人的丈夫为了掩饰同性恋身份的需要，根本不同意离婚，同妻T7就处在这样的婚姻中。

> 他是当兵的，在部队十几年了，2011年下半年发现他QQ总是看同性恋空间，不过他说是他好奇，随便看看，没放在心上。去年9月份我去部队探亲带了电脑，可以上网，发现他经常看同性恋视频，还单独有个QQ，上面全是同性恋网站，还有男的裸体图片。我用个男的QQ加了他，验证消息里面输入"你是0吗"，他回复我是纯0。我说他是同性恋，喜欢男的，人家不承认啊，他和男的聊天可热情了。我问他喜不喜欢女的，人家直接说对女的没兴趣，问他结婚幸福不，他说，就那样，一个字累。我的世界都是灰的，我还希望不是，用男号和他聊天，他给我个手机号，总让我给他打电话，那个号就是我老公用的那个号码。

同妻T7采用的方法与上文中同妻T2的方法如出一辙，虽然事实已经很清楚，但她的丈夫截至访谈时仍没有承认，这样一来，起诉离婚增添了更多法律阻碍。但她仍没有放弃要离婚的希望，一边搜集证据，一边等待丈夫摊牌，同时间接拒绝了丈夫及其家人生孩子的要求，虽然在脱离军婚这一道路上仍有很漫长的路要走，但她的反抗仍在继续——一切在不为人知的情况下悄悄进行。

同妻 T21 的遭遇可谓凄惨，与同性恋丈夫 11 年的婚姻生活使她头发花白，受尽家庭暴力折磨，不过后来她还是下定决心与丈夫大战到底。

> 没有法律保护，我弟就是律师，我们该为自己做些什么，我都快要被逼死了，我真想一刀捅死这个畜生。大多勇敢的同妻是净身出户，搞不过他的，他不要脸，咱要啊。我都想过报警。
>
> 我有主意了，其实一直有主意，就是不坚定，现在坚定了。得一步步实施计划，这个人是无赖，不能直取，得智取。我不哭了，明白了，还是得迂回。把孩子先转移，安定好孩子，再开始一场大战啊，得准备好。这些天很淡定，打定主意离婚，不怕他了，财产尽力争取。

11 年来婚姻生活的折磨使她最终爆发，坚定了反抗的决心。在此之前她曾经历了极度的绝望，以至于"真想一刀捅死这个畜生"，"想过报警"，表明她对丈夫已经恨之入骨了，她自己也多次坦承这一点。经过理性考虑，她决定要"智取"，采用"迂回"战术，保全孩子的同时尽力争取财产。

脱离军婚比脱离普通的婚姻法律难度系数更大，因为除非军人犯重大错误才有离婚的可能性，单单是同性恋倾向算不算"重大错误"呢？法律上并没有具体界定。即便如此，同妻们仍然没有放弃反抗的努力，无论对方有多么强势，还是克服了内心的恐惧迎难而上。同妻 T21 隐忍11 年之久，才最终决定要对自身所遭受的悲惨遭遇进行反抗，而这 11年的过程中她都最大限度地去忍受，不仅是因为军婚难离，也是因为传统之下人们所秉持的不可轻易离婚的观念，导致其隐忍度日多年。

明知其难而为之，法律制度的压力重重压在了同妻身上，但同妻没有退缩，证明同妻反抗军婚的决心重大，在自身强烈意志的推动下，同妻的反抗行为呈现结果导向型的特征。

同妻群体对性别制度压力的反抗，主要体现在对生育制度压力和法律制度压力的反抗，其中对生育制度压力的反抗主要有温和型、激烈型两种类型，对法律制度压力的反抗主要体现在寻找证据、争夺抚养权、脱离军婚三个方面。通过对各种形式的反抗行为分析，可见同妻群体对性别制度压力的反抗打上了性别文化的烙印。

第四节　同妻群体对社会性别资本压力的反抗行为分析

在性别文化统治之下，男女两性能够获取的社会资本不可同日而语，这体现在就业资源、经济资源、再婚资源等方面。虽然法律赋予了男女平等的劳动就业权利，但传统性别意识中"男主外，女主内"的思维至今没有完全消除，社会赋予两性不同期待的现象依然存在，两性间的就业机会的不均衡性和性别歧视仍然存在，尤其是从前专注于家庭的女性"二次就业"更加困难。

同妻群体中的女性多处于生育期，低劳动参与率限制了她们获得经济资源的能力，同时女子要"从一而终"的传统世俗观念使得离婚后的同妻难以找到适合的配偶。在三重压力之下，一些同妻没有退缩，为挣脱性别枷锁而展开了战斗。

一　净身出户

净身出户，指在婚姻关系结束后，其中一方放弃全部婚内共同财产。虽然它没有任何法律依据，但这一词汇对于大多同妻来讲再熟悉不过。她们常常受到来自同性恋丈夫及其家人如果离婚就要净身出户的威胁，面对身无分文流离失所的生活，失去了赖以生存的经济基础的女性获取社会资源难度更大。即便如此，同妻在尽力争取财产的同时，本着一定要脱离婚姻的目标，即使净身出户也在所不惜。

前同妻 T18 自认为性格软弱，在争夺女儿抚养权的问题上言辞争辩不过丈夫，最终在 2012 年底离婚，净身出户，女儿归丈夫抚养。虽然这违背了婚姻法中有关婚内共同财产分割的规定，但前同妻 T18 却获得了自由，结束了丈夫成为同性恋这一事实对自己心理的折磨。但从总体上来看，她仍是这段悲剧婚姻的受害者：得知丈夫是同性恋后心理上受到的创伤，离婚后又失去了女儿的抚养权、被迫放弃财产。在前同妻 T18 这段婚姻关系中，她与丈夫在家庭中的地位不平等，连带的二者所掌握的资源也不等价。由于前同妻 T18 的性格较为弱势，她对这段不平等关系的最大反抗就是脱离这个婚姻，当然，反抗的代价是离开女儿、放弃财产，这样的代价对她来说是高昂的。

相比之下，同妻 T5 要幸运得多，她不仅可以得到孩子抚养权，还有可能获得一半房产。

> 我跟我家 G 提出离婚了，他同意，只是他不愿意出抚养费。能同意离婚就不错了，现在就是卖房子，一人一半的钱。最起码心里舒服了，真希望快点离清。我也不想再找人了，我对男人失去信心了。我伤心透了，离了再说吧，现在还是麻烦事，我家的不拿到卖房子的钱他是不会离的，写的我俩的名字，G 都很精的，不会吃亏的，我能平等地分到一半就不错了。我是忍够了，为了孩子也要离婚，我期望我能顺顺利利地离婚。

是否能够拿到一半房产还不能确定，但肯定的是同妻 T5 可以与孩子相守，即使这样，她也仍然"对男人失去信心了"，"伤心透了"，曾经遭受丈夫家庭暴力的她由于丈夫态度的好转而安心度日，当丈夫再一次实施暴力时她毅然提出了离婚，所幸得到了对方同意。虽然没有得到抚养费，但她在反抗的过程中获得了成果——可能得到一部分房产，即使最好的情况是得到一半，但总算避免了净身出户的危险。而她本人则是抱着"能平等地分到一半就不错了"的态度，说出了离婚的最重要原因是"为了孩子"，也就是说，即使分不到财产，但为孩子考虑的话宁愿冒着净身出户的风险也要离婚。

当然，由于每个同妻自身经济条件的不同，甚至有的同妻做到了让对方净身出户，同女友 T10 就属于类似的情况。

> 他说不要我和他的家人讲，还说如果我讲的话，问我要怎么样，要我给一个帮他保守秘密的承诺。然后就说到我们一起买的房子，要怎么分，他时时刻刻都在为分手的事情做准备。他家里很穷的，他妈妈被他爸爸抛弃，把三个小孩带大不容易，所以他的那部分钱，我会退给他，但是房子一定要归我。
>
> 他求我给他机会，让他证明自己真的爱我，证明自己不是（同性恋）。我跟他说，如果他出去找，被我发现证据，就让他净身出户。我家那位现在简直把我当老佛爷了，做饭、洗衣、洗碗、拖

地，一样都不要我插手，嘘寒问暖，我想吃什么就买什么，连吃的东西都送到我手上，他都同意和我签一份婚前协议，如果以后他出轨了，他净身出户。他说他现在真的是很依恋我了，只有我和他妈妈，能够让他觉得宁静，他不知道离开我以后，他要怎么生活，如果没有他妈妈，他觉得自己不如死了算了。我还是坚持和他分手，我都觉得自己好残忍啊。

虽然同女友 T10 没有与前男友结婚，但是两人曾一起购买住房，产生了财产关系。从她讲述中可以发现，两人在这段关系中并不平等，女方掌握着更多财产，她的地位明显高于前男友地位，甚至前男友同意签署"婚前协议"，若违背协议便要净身出户，不过最终她还是坚持分手，即使觉得"自己好残忍"。同女友 T10 通过退换前男友的买房所出的资金而获得了两人的共同财产，相比其他已经走进法律婚姻的同妻，她所面临的财产纠纷更加简单和容易解决，因为没有涉及到法律诉讼和孩子抚养权等复杂问题，这也是她在对社会资本压力反抗中取得胜利的重要原因。

通过以上分析，我们可以发现，利用净身出户这种方式结束婚姻关系实属同妻的无奈之举，若非在家庭中地位低下、没有一定的经济基础或者为了孩子的利益，同妻们一般不会做这种最坏的打算。这也凸显出一部分女性在家庭中仍没有掌握足够的主动权，婚内同妻在社会经济中的地位有待进一步提高。

同妻作为弱势群体，失去了婚内的共同财产，也要面临再次寻找配偶的压力，但她们仍旧义无反顾地脱离了与男同的婚姻，无论对外显型还是对内隐型的社会性别资本压力，这种行为本身都是直接的否定。

二　获取财产计划

不希望净身出户的同妻为了争取更多的财产，经过慎重考虑，决定采用更加理性的方法达成目的，因为发现获取财产一事不可能一蹴而就，必须从长计议，计划好实施细节方能在这场无声的反抗中取得最终胜利。

（一）求职

同妻群体作为弱势中的弱势群体，掌握的社会资源也相对较少，由于自身条件所限，她们能从事的行业、职业上受到一定限制。此外，如今职场上普遍存在着"性别歧视"现象，女性在求职中难以找到合适的高薪职位，为同妻的"二次就业"又增加了一层压力。

在传统社会性别分工模式的影响下，特别是市场经济条件下劳动力市场性别不平等竞争的影响，女性的劳动参与率低于男性。有调查显示，24 岁前两性劳动参与率差别不大，25—39 岁女性劳动参与率明显低于男性，40—59 岁女性劳动参与率更是随着年龄增大进一步拉大了与男性的差距，说明生育期青年女性的劳动参与率明显低于男性。①

部分同妻在婚后成了全职家庭主妇，离开职场多日，与家庭之外的工作场合脱节较为严重，此种情况的家庭中往往丈夫掌握着经济权，即使要离婚，同妻能分到的财产并不可观。考虑到婚后的生活和现在处于生病之中的情况，同妻 T2 还是冷静下来，仔细计划，外出寻找工作先取得经济独立再考虑离婚事宜。

> 我们家的要离婚就说是我的不是，还要多分财产，我大声点说话说我是泼妇，昨天还想打我把我家里人也要骂进去，我说你才是泼妇，还受过高等教育的呢，他好像就顿住了。我也要去赚钱了，要把房子要过来，不然家都没了。他很急，我拖着看吧，我以前也和他说过，没爱了要房子干什么，现在知道了就不想便宜他，说出来了又舒服一些。现在还得假装讨好一下，没工作得他给钱……我刚找到工作，上了半个月班了，等手上工作稳定后再找他离吧。以前是他急，现在他不急了，我倒不想拖了。还有就是我的病还没好，也想等好了再说，反正也不急着找。

虽然已婚女性因为社会资源较少，从业劳动参与率不高，尤其对于全职家庭主妇来说，再次进入职场尤为不易。然而同妻 T2 经过一段时间的努力，最终还是找到了工作，成功迈出了对社会资本压力反抗的第一步。在接下来的过程中，同妻 T2 可以一边工作积累经济基础，一边安心养病，直到病好再做离婚打算，可谓一举两得。类似同妻 T2 这种情况的同妻也都进行了长期打算，先取得经济独立，然后逐渐争

---

① 吕红平等：《社会性别与人口发展》，中国人口出版社 2005 年版，第 194—195 页。

取属于自己的合法财产，包括房产和共同财产等。女性求职成功的路径也较为有限，处于社会阶层上层的女性由于获得了更好的教育，因而在求职中更容易获得成功。[1] 这与女性在社会中所掌握的性别资本多寡有关。

性别文化对就业的影响是显著的，[2] 这一点已被相关研究证明过。同妻外出求职是展开对社会资本压力反抗的一个重要开端，也是一项重要的反抗行为，虽然压力重重，但她们还是冲破了其中一层，开辟了一个新的局面。缺乏社会资源和经济资本，就去努力获取，这是同妻们经过理性思考并勇于将其付诸实际行动的结果，也是在重压之下奋起反抗的重要内容。

（二）经济独立

由于个人性格和环境的不同，有工作的同妻与丈夫感情破裂之后并不向对方要求经济援助，而是凭一己之力获取独立的经济地位，如同妻T20。

> 如果我要孩子，第一我没有房子，第二我能力不够，第三我也没人帮我带孩子，第四我如果再找都好难。所以我曾经都去了民政局了，想到孩子以后就这样跟他不负责任的爸了，我又心软了。这样我有时候没空带孩子，就叫他带，我也要养活自己的啊，总不能等着叫他给钱。我也不问他要钱，我也不给他打电话。

因为同妻T20要自己养活自己，并且不主动向丈夫要经济资助，因此专注于工作，于是将抚养孩子的责任分担到了丈夫身上，这是合情合理的要求，使其丈夫不能推脱。但是她并没有离婚，坦言自己曾"去了民政局"，但担心孩子跟着父亲得不到全面的照顾，因此摒弃了离婚的念头。目前她不与丈夫联系的状况来看，他们的婚姻处于名存实亡状态。为了养活自己，她将更多的时间用在了外出工作赚钱上，从而获取独立的经济地位，增加自身生存的社会资本。

---

[1] Paular England, "The Gender Revolution: Uneven and Stalled", *Gender & Society*, Vol. 24, 2010, p. 149.

[2] Pamela Campa, "Alessandra Casaricoy and Paola Profeta. Gender Culture and Gender Gap in Employment", *CESIFO Economic Studies*, Vol. 1, 2011, pp. 156–182.

从时空上看，争取自身经济独立地位是同妻对社会资本压力反抗的第二步，只有获得了一定的经济基础，才能获得发言的权力。在市场经济环境下，掌握经济主动权就掌握了决策主动权，此时传统"男尊女卑"的性别文化观念退居幕后，经济独立的女性同样可以得到其他人的尊重。

（三）主动出击

在获取了一定经济基础、拥有独立经济地位之后，同妻 T3 离开了不幸的婚姻，将能争取到的婚内财产全部拿走，并且不给丈夫留下任何可以保留的财产：

> 律师说，我可以把能搬的搬回来，不能搬的砸掉。我是不要赔偿了，先离了再说，也无所谓净身出户，因为我们结婚后，因为他举止不对，他把敬酒的见面钱都拿走了，金额都不告诉我，我就起戒心了，后来家用我就不出钱，自己的收入自己掌握。我问他要红包，说应该给我，他说红包跟我无关的，这样我就起戒心了，后来家用就不出钱了。

同妻 T3 是幸运的，是因为她早已对丈夫起了戒心，早做准备，"自己的收入自己掌握"，使得在离婚时将自己的财产损失最小化。这是同妻在反抗社会资本压力时的第三个境界，她在离婚后"把能搬的搬回来，不能搬的砸掉"，虽然决绝，但却给丈夫奋力一击。从不出钱给家用开始，她的行为就是对社会资本压力说不，所以最终她在这场反抗中获得了胜利。

能够做到主动出击的同妻并不多，除了主观因素之外，还与其个人所处的环境相关，同性恋丈夫的行为、是否有孩子这两项因素起了较大作用。若没有孩子这一牵挂，同妻就较容易在职场、人际关系中获得更多资源，对社会资本压力的反抗也就更得心应手、更加顺利。

我们也可以将同妻对社会性别资本压力的反抗看作是处于"底层政治"的反抗，作为社会中的底层群体，同妻群体因制度性弱势和利益受损而发出了如上所述的许多非制度性行为，这种行为结果是由"社会断裂"造成的。"社会断裂"使得在社会性别资本压力之下的同妻群体为了争取更多的资本而付出更多的努力去弥补受损的利益，她们的行为超出了制度理性的范畴，因此这种反抗行为在旁观者眼中就显得愈加非理性，但实际上却是同妻理智反抗行动之下破坏性的报复行为。

本节分析了同妻群体对社会资本压力的两种反抗行为：净身出户和从长计议，净身出户可以是同妻自己，也可以是其配偶；争取婚内财产的反抗按时空逻辑分为三个阶段——求职、经济独立和主动出击。在反抗过程中，同妻们都做出最大努力来获得经济自由或者人身自由。

第五节　同妻群体对社会舆论压力的反抗行为分析

同性恋文化在国内文化中一直处于亚文化的位置，若被发现是同性恋则会被周围的人另眼相看，由于受到传统性别观念影响，多数人对同性恋者持有不同程度的偏见，只有少部分人为其摇旗呐喊。这也是许多同性恋者选择与异性结婚的一个重要因素——为了掩饰自己的同性恋倾向，原因是害怕遭受他人异样的眼光和不理解，虽然他们是传统性别观念的受害者，然而他们的配偶即同夫、同妻们也成了间接的受害者。同妻群体作为一个典型的女性群体，并没有就此屈服于丈夫给她们带来的不幸婚姻，而是以各种方式对使她们成为受害者的丈夫展开了报复。在这个过程中，她们在主观上是为了报复同性恋丈夫或宣扬"同性恋危险"，在客观上是利用社会舆论对害怕社会舆论的丈夫的反抗，却间接地强化了个体和受众对同性恋的偏见，因此她们对社会舆论压力的反抗行为打上了传统性别观念的烙印。她们本身也被这种观念所统治，在这个樊笼中，她们与同性恋丈夫都是受害者，并且又互相给对方带来伤害，酿成了一幕又一幕悲剧。

同妻群体对社会舆论压力的反抗行为主要分为四种类型：一是通过自身努力证明自己的能力避免他人说闲话；二是隐藏自己的同妻身份以免使自己的孩子和家人受到他人舆论的影响；三是对同性恋丈夫害怕社会舆论这一点"以其人之道还治其人之身"，利用舆论通过各种方式使他"丢脸"；四是借助网络社区宣扬同性恋行为的弊端甚至"同性恋危险"，提醒人们警惕同性恋者。

一 证明自己

很多同妻不能离开婚姻是因为爱"面子",怕别人说闲话,这是典型的受到传统女子应"从一而终"婚恋观念的影响,而他人也是受此种观念驱使才抓住了同妻的话柄。但闲话里面也分为很多不同的点,每个人的情况不同,话题中心也就不同。同妻 T2 害怕的舆论压力在于经济上的不独立:

> 现在我做什么都没心情,希望很渺茫啊,我想看自己能不能在事业上有所为,有了成绩离婚也不怕别人说了。

如果在离婚时没有经济来源,没有自己的事业,很容易被别人称为"不够聪明"甚至"傻",仅仅为了这一点同妻 T2 也要去寻找属于自己的一份事业并且要做出成绩才不至于给他人落下话柄。仅仅是为了不让他人说闲话而拖延离婚时间,去证明自己的价值,这本身是有积极意义的。然而从出发点来讲,她的行为意识受到他人舆论的左右,将对舆论的害怕转化成证明自己价值的动力,是她对舆论压力反抗行为的实质。

面对舆论的压力,人的行为更容易走向极端,然而证明自己这一点却富有积极作用,它促使同妻努力突破自己,为自己独立的生活开辟新的道路。然而,在强大的舆论压力之下,更多同妻的反抗行为更加激烈甚至极端。同妻的此种反抗行为可看作是对"污名"的反抗,因为有了一定的"社会身份"(social identity)之后,人们才有可能逐渐地认同自己,从而忽略之前加之于同妻头上的污名。换句话说,同妻希望通过争取到社会身份来淡化自己的受损身份。

二 隐藏身份

在与同妻交流的过程中发现,许多同妻并没有向外界公开丈夫的同性恋身份,主要是顾及孩子的面子,害怕周围人的眼光和闲话,以下是笔者与同妻的对话:

> 研究者:如果怕别人说的话,有没有做过一些事让其他人不去议论自己呢?

　　同妻 T23：保密身份。

　　研究者：但是如果身份公开了呢？

　　同妻 T23：谁会公开，我们老公？有孩子的，更不会公开。

　　研究者：如果想离婚呢，会不会选择公开呢？

　　同妻 T25：孩子和亲人是我们活下去的动力，一切不利于他们的事情，我们死都不会做，你明白了吗？

　　研究者：嗯。

　　同妻 T25：所以为什么很多同妻都不愿离婚，就是这样。

　　同妻 T23：离婚也不会公开他。因为，孩子以后要做人！

　　同妻 T25：嗯，到死也不公开，这会让家族的每个人蒙羞。

　　同妻 T23：如果没有孩子，我会公开他。

　　同妻 T25：孩子是我们永远的痛。一日夫妻百日恩，何必做人做得太绝。同妻都是善良的女人，同（性恋）找老婆倒是眼光都非常好。

　　就像同妻所说，不利于孩子的事情死都不会做，因为公开丈夫同性恋会使得孩子不光彩，以此为出发点，即使要离婚也不会公开这个秘密。但如果没有孩子的话，情况可能就不同了，因为要防止其他女性再次上当受骗。

　　在这里，有孩子的同妻要保护孩子不受舆论伤害，没有孩子的同妻要通过舆论使得丈夫不能再次"骗婚"，从中可见舆论压力对同妻既有负面压力，又可以成为同妻报复丈夫的工具。同妻为了免予社会污名损害自身或子女的社会身份，便采用了隐藏自己同妻身份的做法，而只是在虚拟网络空间里与具有相同身份的人群交流。接下来将会具体阐述同妻是如何利用社会舆论进行反抗的。

三　利用舆论

　　同妻对其同性恋丈夫个人的反抗往往用这种方法，她们认为既然对方好"面子"，那我就让其"丢面子"，在与丈夫决裂时使他颜面尽失，以此来发泄心中积累多时的不快甚至恨意。在她们看来，造成自己一切不幸的根源在于其丈夫喜欢同性却又与自己结婚甚至生子，所以要对他进行惩罚。在这里，这些同妻们忽略了一点，即丈夫也同样是性别文化压力之下的受害者——同性恋行为作为社会越轨行为，同性恋者遭到社会排斥，喜欢同性而不得不与异性结婚——这部分同妻受此文化压抑却浑然不知，以为她们的伤害仅是个体造成的。

同妻 T2 在互联网上假扮男同性恋者与其丈夫成了"男朋友"，故意与他邀约，然后以妻子身份破坏他的"约会"，故意让他在同事面前"没脸"。

> 他和我约好晚上上网，又怕同事知道我对他好，不想让我去他单位，我就偏要去他单位，要让他的同事们知道他的不是，以后离婚了让他没脸。不是什么话都可以和朋友说的，我在大路上我都哭过，我们家的为这事还打起人来了，我就更不想轻易放过了，哎！你无情时就不能怪我无义了，被我抓到脸在那里叫得要命，真是无语。

同妻 T2 从假扮男同性恋与丈夫在互联网中聊天开始，就已展开了她的反抗行动，在此期间她的丈夫曾经被她"抓到脸"，行动还将继续，到最后她准备"离婚了让他没脸"。行动的目的和策略体现了利用周围人对男同性恋者伤害妻子的行为产生负面印象，进而产生不利于他正面形象的议论，使他在社会舆论中成为众矢之的。因此同妻 T2 的反抗行动是借助社会舆论的力量，对害怕社会舆论的同性恋丈夫的反抗。

同妻 T3 的反抗就更加激烈，为了报复丈夫，她还专门咨询了律师，对于丈夫的报复胸有成竹。

> 我刚刚问律师了，我打对方的话，是不可以的，打成轻伤，我要坐牢的，但是皮肉伤就没事，我打算抓破他的脸啊，那么爱好看的人，让他破相，死要脸的人，让他难看掉。我做好准备了，我一定要他死得很难看，我要离婚了，肯定先把他脸抓破的，妈的，让他贱。

想要打丈夫一顿但有违法律规定，知道自己的丈夫注重仪表，于是同妻 T3 决定抓破丈夫的脸，让他"破相"，对"死要脸"的丈夫进行报复，并且在同妻群中扬言要他"死得很难看"。其丈夫注重仪表说明他在意他人对自身的评价，因此周围人的舆论对他有一定程度的影响，同妻 T3 抓住丈夫的这一弱点，等待离婚时对其进行报复，也就是"以其人之道还治其人之身"。

上述两个同妻的反抗行为都是对其丈夫个体的反抗，仅限于二者之间这一小范围中。正如上文所述，她们的行为属于直接向她们施加压力的载体进行报复的形式，被报复的对象除了自身同性恋倾向之外，忽略了对组建起的家庭应负的责任，导致其妻子将所有的责任归咎于他们身上。这里的同妻在受到伤害后将所有的愤怒转向丈夫身上，这本身无可非议，甚至属于人之常情，但是她们并没有反思造成不幸的根源在哪里，因为传统性别文化的观念早已渗透到人们的血液中，使得行动主体无法察觉。因此，同妻利用了周围人嘲笑的态度，将其化作尖刀扎在男同丈夫爱慕虚荣的自尊心上，使其受到伤害而达到报复的目的。

四 讨檄男同

有些同妻在利用社会舆论这条路上走得更远，她们将对丈夫的痛恨扩大到对整个男同性恋群体的痛恨，在网络社区中公开发文，提醒人们防范男同性恋者，极言同性恋的危害。在她们的行动中，同性恋者被看作社会的"异类"，是不正常的变态行为，有违社会规范和道德要求，因此号召人们要远离同性恋人群，这些同妻在自身获得了"受损身份"之后，在反抗给她们施加这一身份的主体道路上走向了极端。

前同妻 T5 今年 52 岁，是 T 同妻群中年龄最大的同妻，自己的儿女各自成家之后她才发现了丈夫是同性恋的事实，虽然早在 2005 年已与丈夫离婚，但她对男同性恋的痛恨仍然不减，经常在天涯社区中发表帖子"讨檄"其丈夫及其他男同，她这样解释自己的行为：

> 我们对同性恋的认识确实很弱，很多女人在男人不与自己亲热时都不会往性取向方面去想，结果痛失最佳确认时机，白白浪费青春。所以痛定思痛，我就要在网上发有关方面的文章，让大家都来认识同性恋，提高防范能力。我是退休老太婆，有的是时间去揭露他们，让年轻的女性有所警醒，减少一点点悲剧发生，我所做的也值了。我就是要大声地宣传，提高大家的识别能力。

前同妻 T5 站在同妻的立场上，希望通过网络宣传的方式减少新的同妻出现,这也就是我们所说的"志愿型"同妻。她也提到自己的帖子经常被恶意删除,但她依然顽强地"战斗",认为自己代表着正义,为受苦的同妻们代言,揭露男同性恋者的肮脏、龌龊和邪恶。这样极端的行为并不多见,它虽然掷地有声,极富号召力和煽动性,但是并没有触碰到问题产生的实质根源,也就是同性恋者不应作为社会正义的对立面而看待,他们只是在自身基因和成长过程中各种社会因素相互作用形成的自然选择,产生问题的真正原因在于男女性别规范被割裂和分离,造成自主选择产生失范和越轨行为,人们被动接受这种分离才是符合社会标准的行为。在此意义之下,同性恋者的行为是不被社会舆论所接受的,而类似于前同妻 T5 的"公益性"行为则符合社会舆论的要求,这种反抗行为的结果是增加了同性恋者背负的社会舆论压力。

同妻 T12 曾在 T 同妻群中转发一些网站或个人博客中对于同性恋给人带来的危害内容,例如号召小朋友们不要学习同性恋的行为,因为同性恋者会染上艾滋病,它是一种无药可治的绝症。并且将同性恋行为等价于传染艾滋病,并且对染上艾滋病的同性恋者的评价是"自作孽不可活",是他们应得的惩罚,甚至极言如果所有人都得艾滋病,那么人类社会将走向毁灭。其中带有些许恐吓的意味,这些话的作者暂且不管,同妻 T12 将其转发到同妻群中,说明对它持赞成态度。之所以对同性恋者和艾滋病如此憎恶,并且轻易接受这种偏见,是因为同妻在婚姻中受到的伤害无处释放和解脱,通过在网络社区中转发类似的帖子,求得其他人的共鸣以得到心理慰藉。这部分同妻受到了各种各样网络舆论的影响,对同性恋者的反感在接受此类信息过程中不断得到强化。

同妻们宣扬"同性恋危险"的行为,超越了对个体的直接反抗,而扩大为对整个男同性恋群体的反抗,通过在社区中发表或转发他人文章,陈述同性恋和接近同性恋者的各种危害和弊端。这种极端观念指导下的行动虽然过激,实际上只是通过舆论造势来发泄心中不满,无论支持者人数多寡,她们却缓解了自身所承受的压力。

同妻群体对社会舆论压力的反抗行为既有独善其身的含义,也有对个体的反抗,还包括对群体的反抗,在此过程中她们又利用了社会舆论的力量对反抗的对象进行报复,然而她们的这种行为却打上了传统性别观念的烙印,并未挣脱性别选择的樊篱。

第六节　讨论与反思

上文中对同妻反抗行为的分析是基于同妻面临的外部压力而展开的，在研究过程中，笔者发现，许多同妻的行为中也隐含着或多或少的个人因素。因此，本章对以上同妻的反抗行为做出一些讨论补充，并针对同妻问题产生的根源进行了反思，最后提出了解决同妻问题的一些可行性的建议。

一　讨论

在前文中，我们分析了同妻群体的几种反抗行为方式，每个同妻行为方式的不同，取决于她所处的环境和个人因素。那么，在本节中，我们将详细分析同妻群体在压力之下并未展开反抗的个人因素，以对上述论述内容进行补充。

（一）情感因素

同妻所展现的不同精神状态取决于她们的情感，它既包括爱情、亲情，也包括同情，这些因素使她们没有放弃婚姻，选择继续生活。

有的同妻因为对丈夫的感情较深，或者不希望孩子面临家庭破裂的痛苦，或是对方出现了变故，于是并没有做出前几章文中所描述的激烈反抗。如同妻 T1：

> 我没准备离，前段时间本来想好了，准备离，但是只是我自己心里想好了，我没说出来。结果没过几天他妈得急病去世了，我又没办法做出这种决定了。我只是离了他还是能自己养活自己而已，如果不离还是要娃娃的，我们都准备要了，我们没闹，我家的说离也是假的，要了，就不打算离了。

因为丈夫的母亲突然去世，使得同妻 T1 不忍心再给受到打击的丈夫雪上加霜，于是放弃了离婚的决定。而且她也表示，如果不离婚就要生孩子，可见他们的家庭生活仍将继续。没有像其他同妻那样想立刻离婚，在于她对丈夫的感情并未减少，其中还包括同情，并且没有其他的影响婚姻质量的原因如家庭暴力等。

同妻 T4 的丈夫不幸感染了艾滋病，因此她也放弃了提出离婚，并且帮助他向父母隐瞒病情：

> 本来是打算离婚了的，谁知道他感染了，我实在不忍心，本来感染了就压力大，又不敢告诉父母，我再在这个时候提出离婚，我实在做不出来。还好我和孩子是安全的，和父母都只是说他的肝肾坏了，他倒是没什么症状。

同妻 T4 对丈夫的感情更多是出于同情的因素，也有同妻说"一日夫妻百日恩"，在法定婚姻关系中两人的感情也非一般朋友能及，这两种感情互相交汇，决定了她不可能断然离开丈夫。

同妻 T6 曾经闹过离婚，但最终还是"接受事实"，自己承受痛苦，原因在于自己"远嫁"，不希望家人为其担心。

> 没离婚，现在就是接受事实了，因为我是远嫁，回娘家后家人都为我担心，儿子还小，很多人不知情，都劝我快回婆家，我也不想家人再为我难过，打算自己承受一切，就接受了。好在我家的对我还很不错，别的女人有的我都有。自己的心态也调整了一下，想想一个正常的男人也不敢保证外面没有女人。只是自己骗自己开心吧，我对他也不错，还会和他朋友一起吃饭。他也会迁就我多一些，因为他一直说他也很痛苦，他爱我，但是也喜欢男人，他离不开我，我也离不开他。很爱他，以前爱，现在也爱，所以接受他，不希望他太痛苦，所以我觉得自己现在就是为别人活着。现在心态好多了，也就那样了，之前会觉得很痛苦，都活不下去的那种，但是现在不会，因为爱我的人不希望我不好。

同妻 T6 一方面出于理性考虑，自己身处异乡，不希望家人为自己担心，另一方面她一直爱着自己的丈夫，因为爱情而不希望对方痛苦所以接受他、包容他，因为爱他人而为别人活着，这样的同妻不在少数。

前同妻 T16 的情况较为特殊，她的丈夫遇车祸身亡之后，她才确定他是男同性恋者，此时她怀有身孕。她的感情更多的是怀念丈夫生前对自己的好，而不是因为丈夫是同性恋者而耿耿于怀。

　　　　自从怀孕就很少出去，现在他又出这事，朋友同学叫我出去逛
街玩玩我都没心情，现在不论做什么满脑子都是他。觉得很没劲，
还是得需要时间吧，一辈子也忘不掉呀。如果他对我不好也许他不
在了我会恨他，相反我遇到个好同（性恋），他走了我心里很难
过，天天想他。

　　如果丈夫并没有遭遇不测，也许前同妻 T16 对他的感情不会是现在的
状况，可见意外事件也就是偶然因素对人的感情影响还是比较深远的。
　　人类是有感情的，人类的感情左右着人类的生活方式和理念，很多
同妻称同妻都是好女人，被欺负但还要"为了别人而活"，说明除了个
人情感因素外，个人责任感也在起着作用。
　　（二）责任因素
　　在中国的传统道德观念中，当母亲有了孩子之后，将抚养孩子奉为
大于一切的天职，许多同妻正是担心孩子而放弃了脱离不幸婚姻的行
为，一个人承担起受到伤害的痛苦，为了责任而生活。
　　同妻 T13 就是因为疼爱孩子、不忍心其在家庭破裂中受到伤害而没
有离婚。

　　　　我当时满脑子都是离婚，但当我再看见我小孩时什么想法都没
有了，就一直不冷不热到现在。我知道同是不可能变的，他也说
过。我上我的班，他想干吗就干吗我也不会去说一个字。我下班他
有时会接我，心里不知道他怎么想，现在好像也没什么，但是内心
也会孤独。他家人对我很好的。

　　虽然没有离婚，但是与丈夫的关系却处于持续冷战状态，即使内心
孤独，但她仍然坚持保持着以往的生活常态。这里同妻 T13 主要考虑孩
子的立场，作为一个母亲，宁可委屈自己也不希望孩子受到伤害，母爱
的力量支撑着她继续这段不幸的婚姻。
　　同妻 T11 选择了离开丈夫，她不准备进行报复，而是将丈夫造成的
伤害化为好好教育孩子的动力。

我们把我们自己过好就行了，远离他们，不然我们都会变得不正常了，他对我伤害越深我离开他的决心就越大，我会把他对我的伤害化为动力，时时想着我要把孩子好好培养成人，不去报复。他们太自私了，为了他们的私欲，不负责任，太缺德啦，人在做天在看，就让老天惩罚他们吧。

同妻 T11 寄希望于"老天"对丈夫的不负责任和自私进行惩罚，其实是相信因果报应，认为做错事的人总会得到应有的惩罚。她将身心投入到了对孩子的教育上，也就是将抚养孩子的责任放在首要位置上，成为个人的心灵寄托和希望所在。

情感和责任两个因素相互作用，使得许多同妻选择了接受现实，继续按照原状生活，并没有对各种压力进行激烈反抗。因为人类的意识长期被社会道德观念和性别角色规范所左右，因此其行为是这二者作用下的必然产物。在此意义上，性别就不只是一种规范，它还构成了生成受其支配的身体的规制，也就是说，性别的规制力是一种生产力（productive power），它具有生产——划界、流通、区分——它所控制的身体的力量。换言之，性别是一种最终被强行物质化（materialization）了的理想建构（ideal construct）。①

二 反思

本节中将会对上述研究结果和同妻问题的根源及其何以避免进行反思，并试着提出一些可行性的建议，促进同妻更好地维护自身的合法权益。

（一）同妻问题的根源

在研究过程中，笔者也在不断地反思，同妻问题产生的根源是什么，及同妻问题是不是中国化的问题。在不断的自我考问中，笔者得出了答案。

1. 同妻问题的产生

是谁造成了同妻的悲剧？是他们的同性恋丈夫吗？恐怕并没有这么简

---

① Judith Butler, *Bodies That Matter: On the Discursive Limits of "Sex"*, New York: Rutledge, 2011, p. 2.

单。表面上看来，男同性恋者通过"骗婚"使她们成为同妻，而男同性恋者为什么要与不喜欢的人结婚呢？一种情况是为了遵从长辈的意愿，履行传宗接代的义务，另一种情况是掩盖自己是同性恋的事实，或者两种情况兼而有之。更进一步，他们是否想过，为什么一定要传宗接代？为什么不能让他人知道自己是同性恋呢？其根源在于性别文化通过对人类社会的价值观念、伦理道德、风俗习惯、制度规范等方面的渗透，使人们将其内化到个人主观意志之中，并形成一系列使社会全体共同遵守的性别规范。人们在日常生活中不会感受到它的存在，是因为它已经成为自然而然的东西，已经成为真理和公知，作为行为主体的个人甚至已经不能进一步思考它的原因何在。在个体出现违背这一规范的行为时，便能感受到这一规范施加的压力，但人们对这种压力的感知不是来自于这种压力本身，而是已经施加于个体身上的压力间接转向另外一个个体。

同妻便是这种性别文化压力的间接承受者，笔者通过分析认为，传统性别文化是造成同妻悲剧的根源。在国内性别文化之下，性别制度规范了男女两性各自不同的行为方式，繁衍后代是人们的心理需要，组建婚姻家庭的基础必须是男女两性的结合，女性在婚姻中必须负有全部的生育责任。而喜欢同性的行为则严重背离了性别规范的要求，违背了性别规范要求的人伦道德，不能被人们认可和接受。受此观念影响的同性恋者羞于向世人"出柜"，公开自己的同性恋倾向，且在表面上让自己的行为符合这种规范的要求，不能让社会否定自己的行为，于是选择了结婚、生子，然后在不为人知的情况下寻找同性朋友，于是他们的妻子成了无辜的受害者。

同妻问题是不是一个中国化的问题？不完全是，但在受到传统性别文化影响更深远、至今仍然处于影响之中的国内来讲，同妻数量更多。因为在世界上一部分国家和地区，同性恋行为受到法律的保护和支持，且有明确的法律条文允许同性结婚，如荷兰、比利时、丹麦、瑞典等国家。而在国内的婚姻法中，并没有涉及到有关同性婚姻的内容，所以，国内同性恋的问题目前仍处于无法可依的状态。加上性别文化的影响，同性恋一般会选择与异性结婚，于是同妻问题出现了。然而想要通过法律诉讼方式脱离婚姻的同妻，发现根本无法可循，这是摆在同妻面前的一道无法跨越的障碍。因此，同妻问题的起因，在于同性恋不被法律认可和接受。

法律没有明确支持，但也没有明令禁止，对此领域一直处于沉默。不被法律支持还是其次，关键在于绝大多数的公众的不认可和反对态度。受性别文化的影响，人们把同性恋行为视作异端，即使有个别的学者和人士接受，但仍抵消不了公众对同性恋者鄙夷和摒弃的态度。因此，同妻问题的本质，在于公众对同性恋行为否定的倾向，从公众不认可，到同性恋寻求异性结婚，再到同妻受害后强化了对男同性恋者的不满，这个过程冲突不断强化，矛盾对立越积越深。

在研究同妻这个问题的过程中，笔者虽不能感同身受同妻们所经历的痛苦和挣扎，但从她们口述的字里行间，有的经历让人触目惊心，不相信这世间竟真有如影视剧中那般悲惨的故事，令人为之动容。于是笔者又联想到研究的立场问题，价值中立一直是社会学研究中秉承的一贯原则，在下笔之时我们也应尽量避免主观化判断，但另一方面学术又要求我们有独特的见解和创新，因此这两者是自相矛盾的。依笔者拙见，完全的价值中立是难以做到的，因为真正的有价值的研究就应该深入研究对象群体之中，真正去理解他们的行为背后的原因是什么。我们做研究应该依据客观事实说话，全面看待和分析研究对象所处的生活环境乃至其背后的社会、时代背景。

2. 同妻问题是否可以避免

从表面上看，只要将同性恋行为列入法律规制的范围内，就可以减少或避免同妻的再出现。能够推动法律完善的力量之源在于公众在意识形态上的接纳和认可，然而，现实情况决定了这种理想不可能立刻实现。这源于传统性别文化对人们价值观和生活观念的影响，在此影响之下同性之爱被认为是不可理解的、违背伦理的。所以，同妻这一群体的消失最终依赖人们性别观念的转变，这一转变还需要漫长的过程，需要人们逐步接受、宽容最终包容同性恋亚文化，同性恋者不必羞于向世人公开自己的性取向，不必再寻求异性作为保护伞。在中国现行的制度和情况之下，同妻问题暂时无法得到有效的解决。这一特殊群体的减小直至最终消失，还需要人们观念的变化，而这一过程需要一定时间。

（二）建议

如何更好地维护同妻这一弱势群体的权益，不仅需要同妻自身的改变，更需要立法机关、政府、社会等多方力量相互配合，共同形成一道保护屏障。

1. 正确认识同性恋倾向并通过宣传使公众接受和认可。同妻应首先分清配偶对自己造成的伤害和同性恋行为本身并无必然联系，应该正确认识同性恋属于个人的性取向选择，是个人先天和后天因素共同作用的结果，属于个人无法控制的范围。其次，同妻应该认识到自身的悲剧源于性别文化对人们施加的压力，并非仅仅是身为同性恋的丈夫或其家人个体所为，然后勇于挣脱传统性别观念的枷锁，在兼顾个人责任的同时追求个人幸福。

接着，同妻应勇敢站出来，通过向公众讲述自身所遭遇的不幸经历，引起人们的关注和同情，呼吁公众扭转对同性恋者的偏见和认识，并思考同妻问题产生的根本原因，转而形成一种共识：只有接受同性恋者才能减少同妻的出现。

2. 出台相关政策法规推动立法完善。立法机关应针对同妻问题，充分取证和调查，然后出台相应的法律法规，为维护同妻的正当权益提供法律保证。如在婚姻法中规定，在同性恋的异性婚姻中如其配偶提出离婚要求，可以不经过同性恋者同意而离婚，除获取正当婚内共同财产的赔偿之外，还应获得相应的心理伤害赔偿。或者规定在婚前双方接受性取向检测，不允许同性恋者与异性结婚。

3. 社会工作小组立项。政府方面，应在社区中专门立项，成立社会工作小组，为同妻提供心理疏导及相关的法律咨询服务。与此同时，通过介绍国外各国公众对同性恋的态度情况，正确引导公众对同性恋行为的认识，使越来越多的人关注同妻群体的生活现状。

4. 大众媒体应正确引导公众。大众媒体在引导公共认知时发挥着巨大的引导作用，因此媒体从业者应深化对同妻问题的认知和理解，除了报道同妻群体的生活现状以外，还应进一步反思问题产生的社会根源，正确引导受众的认识。因此，大众媒体应加强对此问题的客观报道，避免负面攻击，充分发挥应有的监督作用。

国内的同妻群体作为一个弱势群体，它面临着性别文化之下的多重压力：性别制度压力、社会性别资本压力和社会舆论压力，同妻对这三重压力分别进行了不同程度的反抗。本章以性别文化作为研究框架，分析同妻群体在反抗行为及与社会其他成员互动中，性别价值观念如何影响并指导其行动内容。同妻是人们的观念受性别文化影响之下的典型产物：一方面同性恋行为违背了一般意义上以异性为基础的婚恋观念，同性恋者为了寻求掩护而选择了与异性结婚；另一方面传统生育制度要求婚姻家庭维系血缘、繁衍后代，在这种压力之下男同性恋者被迫履行传宗接代的义务，与女性建立婚姻关系，于是便有了同妻。

性别文化作为一种文化形式和分析框架，渗透于人类社会生活的方方面面，尤其是在受到封建社会传统文化影响较深的社会中，影响着人们的价值观念、风俗习惯、伦理道德、知识能力等方面，人们的行为无不打上了性别文化的烙印。在性别文化之下，男女被赋予不同的社会性别角色，需要各自履行不同的性别责任义务，性别文化通过强化社会性别结构和制度，使个体不断内化性别规范，直至其行为符合性别文化的期望。

同妻对性别文化压力反抗的程度，取决于同妻个人对性别文化观念内化程度和其所受到的来自于个人、家庭、社会等各方面压力的强度。对传统性别文化观念内化程度较高的同妻，更难以摆脱女性性别角色和性别观念的局限，反抗行为的力度较小；同妻所处环境对其施加的压力越大，同妻能够反抗的空间也越小。同妻的反抗行为是个人情感、道德等因素与理性思考综合作用的结果。有了孩子的同妻会更容易站在孩子的立场上，决定对不幸的婚姻选择隐忍还是反抗，此时，同妻不仅仅作为女性而存在，更是作为一名母亲而活着。

总之，解决同妻问题不仅需要同妻个人性别观念的改进，更需要社会性别文化的进步，需要社会中的每个人和政府、立法机构、大众媒体等各方合力推动相关法律的完善和先进性别文化的构建。

第四章　同妻群体生活境况的
社会认同分析

对同妻群体的性别文化的认识，还有助于我们对同妻群体生活境况的社会认同分析。同妻群体是我国由传统社会向现代社会转型的过程中，面对旧秩序与新道德的激烈交锋应运而生的一个特殊群体。作为弱势群体中的一个隐秘群体，社会舆论关于同妻群体的社会认同十分重要，它作为一种社会评价，形塑了此群体生存的外部环境。基于大众舆论的路径探究同妻群体生活境况的社会认同，有助于唤起社会各界对同妻群体的了解和关注，吸引更多社会组织与团体（包括社会工作者）的支持和帮助，督促国家相关立法机构完善法律来保障同妻的生存和正当婚姻权益，从而有助于同妻群体走向美好的小康社会生活，并摆脱尴尬的生活境况。

第一节　大众关于同妻生活境况的社会认同
——问卷设计与资料收集

一　同妻群体、生活境况及社会认同

同妻，通俗意义上是指不向配偶公布自身性取向的男同性恋者法律意义上的妻子。目前，我国同性恋者已经得到了学界及社会一定的关注，但是在已婚男同性恋者的背后，还有一群同直婚姻的"牺牲品"隐没在公众的视野与主流话语之外，她们就是同妻。我国同妻群体数量可观，但受到中国社会传统异性恋霸权的婚恋价值观的影响，她们羞于发声，经年累月地承受着来自配偶的身心折磨，甚至面临着家庭暴力与艾滋病的威胁，徘徊于爱与痛的边缘，在婚姻的围城中沉默而隐忍。

　　由于"生活境况"目前未被学界作为一个学术概念进行准确的界定，根据阿伦特关于人的境况的理论以及胡塞尔关于生活世界的阐释，本章将"生活境况"界定为在生活世界中的人的境况。之所以选取同妻的生活"境况"作为研究对象，而未用"状况""现状"等趋于中性的名词来形容同妻的生活，是想呈现并突出目前我国同妻生活所陷入的一种"困境"的状态。参照阿伦特的理论，本章主要从私人领域与公共领域两个维度描述分析同妻群体的生活境况。私人领域，又称家庭领域，是一个隐蔽的、带有纯粹主观感受与私密性的空间：感性的愉悦、心灵的激情、精神的思想是对其最恰当的形容。① 公共领域与私人领域相反，它是一个完全显现的空间。公共领域一定是关系性的领域，在行动主体间互动、交流、沟通过程中构筑一个"人际网络"，同时形成一个公共空间。

　　社会学家简金斯认为，社会认同的内在方面主要是指群体成员在主观上所具备的群体归属感即内群认同，外在方面表现为社会对某一成员的群体归类与划分，即社会分类②。本章的社会认同侧重于舆论关于同妻群体的社会范畴化，依据自下而上的舆论形成路径即由人民群众的呼声自发形成的舆论，通过给社会民众发放、回收并分析问卷的形式来探究大众关于同妻群体生活境况的社会认同。

二　前期访谈与问卷设计

　　2015 年 10 月至 2016 年 1 月，为详细了解同妻群体的生活境况，笔者在百度贴吧、QQ 群组、新浪微博讨论组等同妻聚集的网络社区进行了参与观察。依据观察结果，针对同妻群体各方面的生活境况设计出若干具体问题，拟定了访谈提纲，在两个同妻 QQ 群内选取了 20 个个案提出了访谈要求，以私聊的形式围绕提纲所拟定的内容展开话题，并在基本获得所需信息后进行资料汇总与整理，依照同妻的类型对个案进行了编码，得出了如下访谈结论：同妻群体在家庭这个私密并且封闭的空间中，被当作传宗接代的生育工具，备受身体与心灵的双重折磨，还要

---

① ［美］汉娜·阿伦特：《人的境况》，王寅丽译，上海世纪出版社 2009 年版，第 10—16 页。

② Richards Jenkins, *Socialidentity*, Routledge publishing group, 1996, p. 7.

面临自我认同的危机，同时经济差距以及子女问题让许多同妻在抉择婚姻存续时不得不依附于男同，导致大部分同妻深陷于痛苦的泥淖。在公共领域，同妻群体的各项婚内与离婚权益严重受损，时刻要面临家庭暴力甚至艾滋病威胁，社会交往主要以虚拟社交为主，她们中的一部分人勇敢地由私入公，救人自救，在公共领域中大胆发言、积极维权，发起建立了致力于帮助同妻的公益性组织，为受困的同妻群体提供了社会支持，做出了极大贡献。

2016年2—4月，为了解民众关于同妻生活境况的社会认同，基于访谈所得的同妻群体各方面的生活境况，设计了大众对此的认知层次与态度倾向的网络调查问卷。对生活境况的操作化如图4-1，沿用访谈提纲中对生活境况的划分，将一级指标定为私人领域和公共领域，私人领域下设四个二级指标，将公共领域操作化为三个二级指标。将社会认同操作化为认知水平与态度倾向，认知水平指具体的看法与观点，态度倾向操作化为积极、中立、消极三类，积极倾向的社会认同主要指对同妻群体的同情、支持、鼓励、帮助等；中立倾向的社会认同指不关注、不知道、不理解等；消极倾向的社会认同指排斥、偏见、歧视、污名化等。本次问卷操作化的整体影响因素为性别、年龄、职业、文化程度、婚姻状况五个指标。

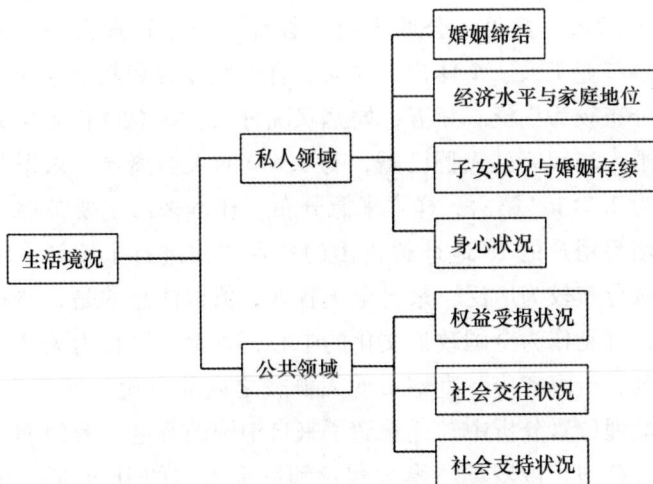

图 4-1 问卷中对生活境况的操作化

三　资料收集

从 2016 年 3 月 20 日至 4 月 3 日，笔者在同妻相关人群（包括同妻研究者和对同妻问题有兴趣的师生）中发放了 30 份网络问卷进行试调查，采纳和统计了问卷存在的诸如问题倾向性明显、题目数目过多、部分选项封闭性差等问题，对问卷进行了修改与完善。于 2016 年 4 月 4—30 日之间通过"问卷星"网络调查平台将问卷链接分享到了微信朋友圈、新浪微博、百度贴吧三个网络社区，进行了网络问卷的发放与回收。累计发放问卷 509 份，回收有效问卷 501 份。采集的数据资料采用 SPSS 社会科学统计软件进行分析，主要运用了频数分析、交叉列表分析与一元方差分析。本次大众关于同妻生活境况的社会认同的问卷调查共获得有效样本 501 份，样本概况如下：第一，性别分布。在样本中，男性受访者 180 人，女性受访者 321 人，男性占总人数的 35.9%，女性占总人数的 64.1%，男女比例为 1∶1.78。女性明显多于男性。第二，年龄分布。在 501 个样本中，年龄最小者为 17，年龄最大者为 59，平均年龄为 27 岁，其中人数最多的年龄段为 20 至 30 岁。第三，文化程度分布。本科学历的人群占了调查总人数的一半，硕士学历的人群占调查总数的 36.5%，有 90.6% 的人拥有本科及以上学历，样本的受教育程度偏高。第四，职业分布。从职业构成看，被调查者中学生所占比例最大，为 37.7%。此外，公职人员、教师、企业管理人员、商业、服务业人员、产业工人、个体户、军人、自由职业者和其他职业者均有分布，职业分布较为广泛。第五，婚姻状况分布。在总体样本中，72.7% 的人群未婚，26.7% 的人群已婚，有 0.6% 的人群离异。未婚与已婚人群的比例为 2.7∶1。第六，样本来源分布。样本来源主要参照了问卷星平台根据填答用户的 IP 地址解析出的所在省份进行了统计。填答问卷的人群地域分布较为广泛，来自全国各地，值得注意的是，北京的填答人数较多，可见作为全国政治文化的中心，首都人民较为关切弱势群体的生存境况，沿海省份、直辖市的人群较之内陆省份的填答人数更多。同时，在地理位置分析中，还看到了来自中国的香港、澳门和台湾地区以及美国、英国、俄罗斯、澳大利亚和厄瓜多尔的 IP 地址，这说明本次问卷调查范围波及较广，将有助于全国各地甚至全世界更加了解与关注同妻群体。

第二节　基于大众的同妻群体私人领域生活境况的社会认同分析

近年来，得益于网络传播强大的时效性，同妻群体逐渐被越来越多的人了解与关注。当被问及"您了解同妻群体吗?"有55.49%的民众表示听说过同妻但不了解其具体状况，有22.16%的样本人群认为自己比较了解，有3.59%的人对同妻很了解并有过相关研究，还有18.76%的被调查者表示从未听说过"同妻"。听说与了解过同妻的人群比例高达81.24%，可见同妻群体在社会大众当中的认知度较高。

一　大众关于同妻群体婚姻缔结的认知与态度

在我国，由于法律不允许同性缔结婚姻，再加上来自社会与家庭的压力，根据相关调查结果，我国80%的男同性恋都选择了进入异性婚姻，这就加速了同妻群体的不断扩大。在问卷中，对于同妻群体走入同直婚姻的原因，有78.84%的样本人群认为同妻是在对丈夫性取向毫不知情的状况下被"骗婚"的;有11.58%的人认为同妻虽然知道丈夫的性取向，但是因为爱仍旧坚持与男同步入婚姻;还有9.58%的人认为同妻是在明知丈夫性取向的前提下，因为贪图丈夫的金钱或其他方面的优势资源才与之结婚。这说明，在同直婚姻的缔结原因中，多数民众认为同妻是在婚前对丈夫的性取向毫不知情的情况下而被"骗婚"的。透视中国"同志婚姻"① 现象，可以看出很多深刻的社会问题。

当被问及您对男同性恋"隐瞒性取向与女性结婚"这一行为的态度时，有58.5%的民众表示不能够容忍;有31.9%的民众持中立态度，认为这一行为不好评价;有9.6%的民众表示男同有自己的难言之隐，骗婚的行为可以理解。针对样本人群的基本情况与如何看待骗婚做了交叉列表分析，只有性别的皮尔逊卡方值为14.478，显著性达到0.01的水平，说明不同性别对如何看待骗婚行为存在显著差异。

---

① 狄雨菲:《透视中国"同志婚姻"现象》，传文译，《纽约时报》2015年5月13日第8版。

在对于男同的骗婚行为表示可以理解的人群中，男性比例高于女性将近10个百分点，有更多男性认为男同选择隐瞒性取向与女性结婚是有自己的难言之隐；而在不能容忍骗婚行为的人群中，女性的比例要高于男性13.2%。这说明男女两性在面对婚恋相关问题时，会基于自身性别去作出相应的价值判断，更能够理解与宽容同性的行为与观点，从而产生同情的情绪。

表4-1　　　　　　　　性别与对男同骗婚的态度交叉列表

			您对男同性恋"隐瞒性取向与女性结婚"这一行为的态度是？			总计
			可以理解	中立态度	不能容忍	
性别	男	频数	28	62	90	180
		百分比（%）	15.6	34.4	50.0	100.0
	女	频数	20	98	203	321
		百分比（%）	6.2	30.5	63.2	100.0
总计		频数	48	160	293	501
		百分比（%）	9.6	31.9	58.5	100.0

在回答男同隐瞒性取向与女性结婚的目的（多选）时，选择"为了在外人面前掩盖自身性取向"和"为了给男方家庭传宗接代"两种目的的人最多，并且这两个选项的被选率都高达百分之七八十，目的为"有一个免费保姆做家务带孩子"的选项的被选率也有20%，而认为男同结婚是为了骗取女性钱财的人数则较少。这说明，绝大部分民众认为男同骗婚一方面是出于一己私欲，为了在外人面前掩盖性取向而不被视为异类，另一方面是出于家庭与家族的传宗接代的压力。在传宗接代观念上，甚至连男同性恋者都不能完全避免。这种情形反过来，又会滋生对同妻的连带婚姻伤害。① 正因为如此，同妻的社会适应能力的提高就

---

① 唐魁玉、詹海波：《同性恋丈夫视角下的同妻生活困境及其解困方式——一项虚拟现实人类生活方式研究》，《山东社会科学》2016年第6期。

显得特别重要。①

二　大众关于同妻群体经济水平与家庭地位的认知与态度

正如对同妻的访谈所得出的结论，许多男同由于自身经济资源的优势而在生活中与人格上支配同妻，一些同妻在抉择婚姻存续时也受制于自身经济不独立的现状而依附于男同。为了解对于同妻婚姻家庭生活中"经济水平支配家庭地位"的态度观点与认同程度，用量表的形式呈现出四个相关观点，内容为关于男女两性在家庭中所扮演的角色的传统观念与现代思想，每个观点均有五个梯级认同程度，分别是非常不赞同、比较不赞同、中立、比较赞同、非常赞同，按照每个观点的态度倾向赋予四个选项分值，得到一个对"经济水平支配家庭地位"的综合认同度分值，分值越高的被调查者，越赞同这一观点，消极认同程度越高；反之，积极认同程度越高。具体分值赋予情况是：非常不赞同1分，比较不赞同2分，中立3分，比较赞同4分，非常赞同5分，四个矩阵式题目答案相同，总分值在4—20分之间。样本人群关于这一观点的得分情况如图4-2所示，认同程度大致可以划分为三个部分，即4—9分为积极认同，即不赞同此观点，10—15分为中立，16—20分为消极认同，赞同此观点。从直方图中可以看出，得分集中在4—9分之间，说明在现代社会，多数民众不认为男同有权支配经济资源与丈夫相比处于劣势的同妻，同时，男人挣钱女人养家的单一家庭分工模式也不再盛行，男女平等的呼吁，不仅体现在女性的就业择业中，也越来越多地渗透到了婚姻家庭的权利中，绝大多数民众认为同妻拥有自己独立的人格，能够不受制于丈夫而自由支配自己的生活与婚姻。

为了解不同特征的人群对这一观点的认同程度的差异，将样本人群的性别、年龄、文化程度、职业、婚否分别作自变量，将对这一观点的得分作为因变量，做一元方差分析，结果显示只有年龄变量对"经济水平支配家庭地位"的认同程度的影响是显著的。

---

① 唐魁玉、张晔：《同妻社会适应问题的虚拟社会人类学分析》，《黑龙江社会科学》2013年第6期。

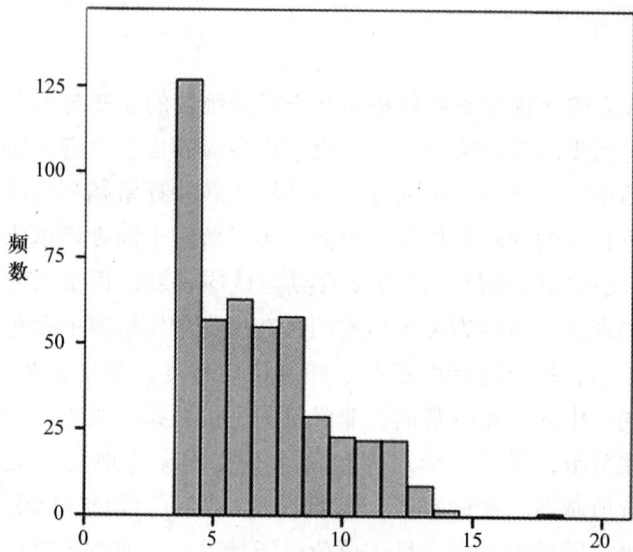

图 4 - 2　经济水平支配家庭地位综合认同度得分

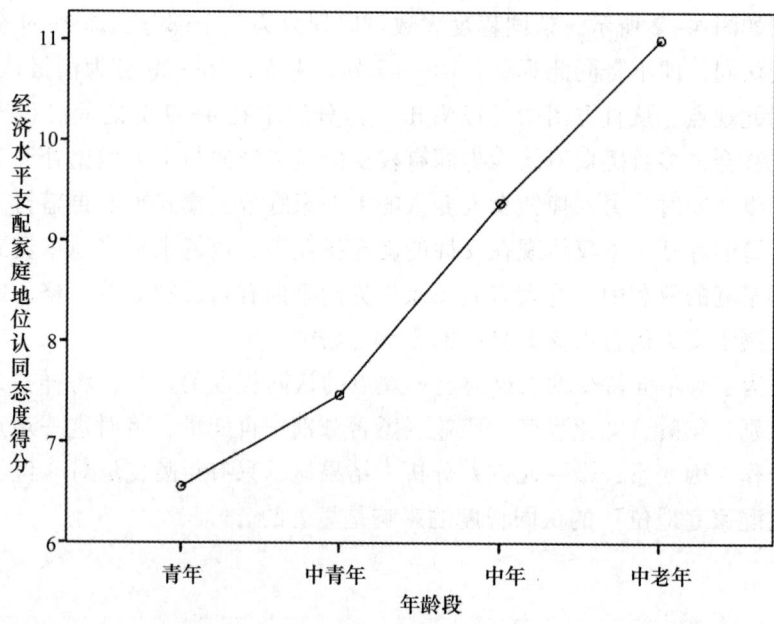

图 4 - 3　年龄与对经济水平支配家庭地位的认同程度相关图

就年龄而言，二者的方差齐性检验显著性水平为 0.684，大于

0.05，通过方差齐性检验。方差分析的显著性水平为 0.000，小于0.05，表明年龄对经济水平支配家庭地位的认同程度有显著影响。由图4-3 为可以明显看出，随着年龄增长，得分越来越高。这意味着，年龄越大者就越赞同中国传统的伦理道德与婚姻家庭观，越倾向于认为男人负责赚钱养家，女人的本职是繁衍后代与相夫教子，如果同妻处于经济不独立的状态或是经济收入与丈夫有较大差距，那么男同有权在家庭生活甚至人格方面支配她们。

三 大众关于同妻群体子女状况与婚姻存续的认知与态度

孩子本该是夫妻双方爱情的结晶与一个家庭的轴心，但是在同直婚姻中，有了孩子不知是喜还是悲。在访谈中，一些同妻表示希望孩子的出生能够令丈夫回心转意；还有一些看不到希望的同妻，出于对孩子成长环境的考虑，选择继续将自己囚禁在婚姻的牢笼中。放下一切牵绊选择离婚的同妻少之又少。当民众被问及"如果同直婚姻中夫妻双方有了孩子，您对于婚姻存续的态度"时，有 62.48% 的人支持同妻离婚，并认为同妻不应该为了孩子而牺牲自身的幸福，应当早日脱离苦海开始新生活；有 22.16% 的人选择了"不知道"；还有 15.73% 的人认为同妻如果选择离婚，那么孩子将生活在单亲家庭中，还是应当为下一代考虑，继续维持空壳婚姻。大多数同妻在离婚时都舍不得放弃孩子的抚养权，而要带着孩子独自打拼、生活确实比较艰辛，但多数民众还是支持同妻离婚去寻找真正的归宿和属于自己的幸福。

不同特征的人群对有子女的同妻抉择婚姻存续的态度是否不同呢？针对样本人群的基本情况与怎样看待孩子对婚姻存续的影响做了交叉列表分析，只有性别的皮尔逊卡方值为 12.239，显著性达到 0.02 的水平，小于 0.05，说明不同性别对如何看待孩子对于婚姻存续的影响存在显著差异。对于选择"有了孩子也要维持婚姻"的男女比例中，男性要比女性高出 11 个百分点；而在支持离婚的人群当中，女性的比例高于男性 15.1%。由此可见，女性更同情同妻的艰难处境，即使有了孩子，还是更加支持自己的同性同胞走出深渊；而男性更倾向于为了孩子、维持家庭的完整而维持婚姻。

第三节　基于大众的同妻群体公共领域生活
境况的社会认同分析

一　大众关于同妻群体权益受损状况的认知与态度

同妻从踏入同直婚姻的那一刻起，自身的权利多多少少就开始受到不同程度的损害。问卷中，在回答"您认为同妻群体的哪些权利受到了损害？"（多选）时，多数人认为同妻群体的健康权（身体、心理健康）和性权利受损最为严重，其次是部分同妻获得本体安全的权利和生命权受到了一定程度的损害。事实上，同妻在婚姻生活内性缺失甚至性空白的状况基本是百分之百，性权利受到损害毋庸置疑；生理欲望得不到满足，常年遭受丈夫的精神冷暴力，有些同妻甚至还要面对家庭暴力与性病艾滋病的威胁，健康权利受到不同程度的损害。安全权是公民享有人身、财产、精神、不受侵犯、威胁、胁迫、欺诈、勒索的权利。在笔者所做的文献回顾中，部分同妻的人身受到侵犯与胁迫，财产受到敲诈与勒索，比如在广州同妻林红案中，丈夫胁迫妻子签订及其不平等的离婚协议，妄图侵吞妻子大量财产。只有极少部分的民众认为同妻的生命权受到了侵害，但是在现实生活中，比如在同妻罗红玲案件中，警方关于其自杀的认定现在看来疑点重重，罗红玲的死因至今仍然是一个谜。

（一）大众关于同妻群体面临的艾滋威胁与家庭暴力的认知与态度

同妻在生活中除了面对生理上的性缺失与心理上的爱匮乏之外，家庭暴力与艾滋病的威胁恐怕是最为可怕的。

借助虚拟社会田野工作不难发现，同妻是易感染艾滋病的高危人群[1]。笔者在问卷中设置了对男男性行为感染艾滋病认知情况的题目，根据填答结果，有58.68%的民众认为由于男性特殊的生理结构，男男性行为感染艾滋的概率较大；有三分之一的人表示并不清楚男男性行为感染艾滋病的概率；认为感染率较小的填答者只占整个样本人群的7.98%。这说明民众对于男男性行为感染艾滋病概率的认知较为模糊，对感染率的估计过于乐观。不仅由于男性特殊的

---

[1]　唐魁玉：《虚拟社会人类学导论》，哈尔滨工业大学出版社2015年版，第8页。

生理结构，还因为大多数男同更换男伴侣的频率较高，2014 年 8 月我国疾病预防控制中心公布的疫情数据显示，男男性行为的感艾率在 HIV 感染途径中，同性传播概率达到了 24.9%。而只要感染艾滋病的男同与自己的妻子发生性行为，那么同妻被传染的概率便相当高。在被问及"您怎样看待同妻被丈夫传染了艾滋病"这一问题时，87.82% 的民众对同妻表示同情，认为她们非常无辜和可怜；有 6.79% 的人认为同妻的运气差，命不好，谁也怨不得；还有 5.39% 的人表示同妻当初和男同结婚就该料到此后果，被传染艾滋病是咎由自取，活该，不值得同情。这说明多数民众对于同妻被感染艾滋病的处境是持同情态度的。

表4-2 文化程度与关于同妻被传染艾滋病的态度交叉列表

| | | 您怎样看待同妻被男同丈夫传染了艾滋病？ | | | 总计 |
		活该，咎由自取	命不好，运气差	无辜可怜，值得同情	
高中、中专及以下	频次	2	5	6	13
	百分比(%)	15.4	38.5	46.1	100.0
本科及大专	频次	23	23	242	288
	百分比(%)	8.0	8.0	84.0	100.0
硕博及以上	频次	2	9	189	200
	百分比(%)	1.0	4.5	94.5	100.0
总计	频次	27	37	437	501
	百分比(%)	5.4	7.4	87.2	100.0

了解不同特征的人群对于同妻被感染艾滋病的态度差异，我们将填答者的基本情况分别与之做了交叉列表分析与等级相关分析（文化程度），结果显示只有不同文化程度对于同妻感染艾滋的看法存在显著性差异。根据等级相关分析结果，二者的等级相关系数是 0.531，显著性水平是 0.000，小于 0.05。由表4-2 中的数据可以看出，文化程度越低，认为同妻被丈夫传染艾滋病是咎由自取，不值得同情的比例越高；

而文化程度越高，越倾向于认为同妻的这种处境非常无辜和可怜，值得同情。可见文化程度越高，对于社会弱势群体的了解程度越深，认知度越高，误解越少，偏见以及污名化的情况也较少。当然，这种不同文化程度者之间的网络交流行为在影响同妻价值观上曾经也发挥了一定的作用。①

根据问卷数据的分析结果，民众对于同妻遭受家庭暴力的看法是：有 94.02% 的民众认为同妻值得同情，绝不能姑息纵容、忍气吞声，一旦出现家庭暴力应果断选择离婚；仅有 5.99% 的人群认为同妻恰巧遇到了有暴力倾向的男人，活该或者命不好。这说明民众对于家庭暴力的容忍程度极低，尤其是当它发生在比普通家庭的妻子更为弱势的同妻群体身上。

（二）大众关于同妻群体离婚权益受损的认知与态度

正如前文所述，同妻在进行离婚诉讼和争取离婚权益的过程中，会遇到许多困难，即使能够成功离婚，相应的权益也很难得到保障。笔者将问卷中的二级指标"离婚权益"操作化为以下三个题目："您赞同将骗婚纳入犯罪条例吗？""您赞同把同直婚姻纳入无效婚姻或可撤销婚姻的范畴吗？""您认为同妻在离婚后跟丈夫索要精神赔偿，法院应当予以支持吗？"每题均有三个相同选项，即不赞同（不支持）、不知道、赞同（支持），并将这三个选项分别赋予 1、2、3 的分值，加和得到离婚权益态度分，分数越高的调查者，越支持完善法律来实现和保障同妻的相关权益。离婚权益态度得分如图 4-4 所示，从直方图中可以看出，离婚权益态度的得分大致可以划分为三部分，即 3—4 分，对法律途径保障同妻的权益持消极认同的态度，5—6 分持中立态度，7—9 分持积极认同的态度。由图可知，得分集中在 7—9 分之间，由此说明大部分民众对通过法律途径保障同妻权益持积极认同的态度，认为应该完善相关法律来保护同妻社群在婚姻生活内的合法权益。

遵循着人类学的精神，社群可做如下界定：它是一种想象的共同体——并且，具有一定想象限度和权利的共同体②。因而，我们可以将

---

① 唐魁玉：《哈贝马斯的交往行动理论及其对网络交流的影响》，《学术交流》2003 年第 4 期。

② ［美］本尼迪克特·安德森：《想象的共同体》，吴叡人译，上海人民出版社 2016 年版，第 6 页。

同妻看成是一个颇具想象力和享有共益的社会族群。当然，有时候同妻在观察男同和权衡生活状态婚姻权利的得失时也会存在某些偏差。弗洛伊德认为，在观察同性恋现象时，客体的选择和主体的性特征、性态度往往是难以区分的。① 为此，我们在分析大众对同妻的婚姻权益态度时也应该尽量保持主客观一致的立场。

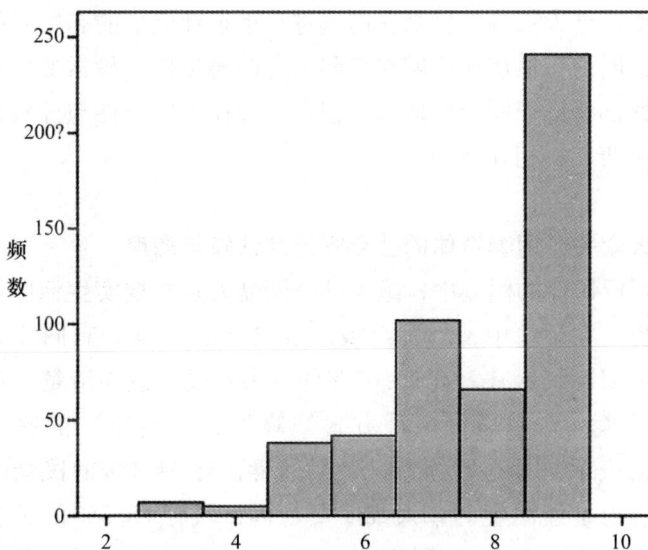

图 4-4 婚姻权益态度得分

将样本人群的基本情况所涉因素作为自变量，离婚权益态度得分作为因变量，分别对二者进行一元方差分析，结果表明均不显著，也就是说对完善法律保障离婚权益的认同状况不因性别、年龄、文化程度、职业、婚姻状况的不同而有显著差异。

二　大众关于同妻群体社会交往的认知与态度

正如访谈所得结论，由于同妻身份的特殊性与隐秘性，同妻的社会交往大多集中于虚拟的网络空间内。笔者根据与同妻访谈所得的虚拟社

① ［奥］弗洛伊德：《论女性——女同性恋案例的心理成因及其他》，刘慧卿、杨明敏译，社会科学文献出版社 2015 年版，第 49 页。

交的动因做了选项，多数民众认为同妻进行网络交往能够在很大程度上排解自身积怨已久的负面情绪，有益于身心健康；同时还能够通过网络社区中的一些帖子与热心人了解鉴定男同的方法以及离婚相关事宜，这种虚拟沟通还可以帮助更多的同妻认清现状、下定决心，早日走出深渊。有一小部分比例的人群表示这种只在虚拟的网络空间内进行的社会交往，对同妻而言并没有什么实际的作用与帮助，更不用说对生活的改善。这说明，绝大部分的民众在同妻进行虚拟社交上的态度是持肯定态度与积极认同的，他们认为网络空间信息的海量性、检索的便利性、传播的快捷性都有助于同妻获取更多信息，交往的广泛性与开放性也有利于同妻结交朋友，相互帮助。

三 大众关于同妻群体的社会支持的认知与态度

在我们所访谈的同妻中，绝大部分同妻表示在现实生活中不会公开自己的身份。在问卷中，当民众被问及自己身边是否有同妻时，只有9.33%的人明确表示有，有90.67%的人表示没有或不清楚。在"若您的身边有同妻，您是通过何种方式知晓她们的身份"的答案中，有50%的民众表示只是道听途说，疑似同妻；有34.1%的民众表示自己知晓同妻身份是经同妻的亲人或朋友告诉；只有15.5%的民众选择是由于同妻自己向大家公开了身份才被知晓身份。可见同妻在现实生活中，愿意公开身份为众人所知的少之又少，大部分同妻都是打落牙齿往肚里咽，戴着面具生活在黑暗中。但是也有一部分同妻勇敢地站出来公开身份，救人自救，寻求社会支持，去帮助更多的人，她们的勇气与智慧值得佩服。近年来有许多致力于帮助同妻的自发性公益组织纷纷成立，这对于同妻而言是一个强有力的社会支持。在问卷中，民众在看待此类公益组织所起的作用时，占比最大的是有64.67%的样本人群认为它们会对同妻有一些帮助，能够提供一些信息与相互交流的空间；有26.75%的样本人群认为此类公益组织会对同妻有很大的帮助，若组织规模较大，专业性较强，则可以为同妻提供类似的心理咨询与法律援助；还有8.58%的人认为此类组织受限于自身的公益性质，并不会对同妻提供什么实质性的帮助。由于我国没有官方的专业性社会组织来帮扶同妻群体，因此各位民间热心人士组织成立了各种公益组织，希望这类组织能够越来越专业化，不仅为同妻提供交流沟通的场域，还能够为她们做专业的心理辅导和提供法律援助，做指引同妻前行的灯塔和可以停泊的港湾。美国哲学家诺奇克认为，某些事情——给我们所爱的人造成的创伤，巨大的公共罪感——必须给予消极的评价。① 可见，在对上述问题的处理上采取积极的立场和态度是何等的重要。

第四节　基于大众的同妻群体整体状况的社会认同分析

在详细分析了大众关于同妻群体各方面生活境况的社会认同后，问卷中设置了几个总结性题目，以更加清晰地把握大众对同妻群体的态度倾向。

一　如何看待同妻群体

在对"如何看待同妻群体"这一问题的回答中，有 44.11% 的人认为同妻群体很可怜，同情她们的处境；有 26.55% 的人鼓励并支持同妻，并表示如果有机会，愿意给同妻提供帮助；有 21.16% 的人群持"与我无关，不理解也不感兴趣"的中立态度；有 8.18% 的受访者持消极认同的态度倾向，他们或是反感同妻，把同妻能够嫁给男同归咎于其自身的不正常，或是排斥同妻，将他们视为异类敬而远之，不会与之主动接触。综合而言，对同妻群体持积极社会认同态度的样本人群比例最高，达到了 70.66%，持中立态度的人群占总样本的五分之一，持消极社会认同的人群占比不到 10%，这说明大众对同妻群体的整体态度倾向于积极的社会认同。

对于如何看待同妻，不同特征的人群是否有差别呢？笔者将样本人群的性别、年龄、文化程度、职业、婚姻状况五个因素与其对同妻的认同状况进行了卡方分析。分析结果显示，只有性别、年龄两个因素与认同状况的显著性水平小于 0.05，说明不同性别与不同年龄的民众对如何看待同妻群体存在显著差异。就年龄而言，年龄越小，对同妻的积极认同程度越高。随着年龄的增长，对同妻群体的积极认同度逐渐递减，而中立与消极认同度逐渐上升。这说明年轻一代对新生的社会亚文化与

① ［美］罗伯特·诺奇克：《被检验的人生》，姚大志译，上海译文出版社 2015 年版，第 118 页。

边缘弱势群体的接受程度与社会认同程度要强于年老人群。受中国传统文化影响，老一辈人群的异性婚恋观根深蒂固，再加上目前我国转型时期文化较为多元，年轻人更有意愿与精力去了解新生事物，因此不同年龄对同妻群体的社会认同程度会有明显差异。就文化程度而言，正如表4－3所示，文化程度越高，对同妻的积极认同程度就越高。由表中统计的数据可以看出，学历为本科及以上对同妻持同情、鼓励态度的人群要明显多于学历为高中及以下的人群，同时，随着学历的升高，对同妻群体反感、排斥的负面态度也有所降低。这说明高学历的人群更加能够理解和宽容社会弱势群体。

表4－3　　　　　　　　文化程度与对同妻的看法交叉列表

| | | 您如何看待同妻群体？ | | | | | 总计 |
		反感	排斥	不关心	同情	鼓励支持	
高中、中专及以下	频数	1	1	1	5	5	13
	百分比（％）	7.7	7.7	7.7	38.5	38.5	100.0
本科及大专	频数	12	13	80	113	70	288
	百分比（％）	4.2	4.5	27.8	39.2	24.3	100.0
硕博及以上	频数	5	8	25	103	59	200
	百分比（％）	2.5	4.0	12.5	51.5	29.5	100.0
总计	频数	18	22	106	221	134	501
	百分比（％）	3.6	4.4	21.2	44.1	26.7	100.0

二　如何看待男同性恋群体

同性恋在1990年才被世界卫生组织移除出精神疾病的行列，面对全球异性恋文化占主导地位的现状，同性恋群体处于弱势地位是不争的事实。在回答"您如何看待同妻"的镜像问题"您如何看待男同"时，有一半多即57.49%的人群持中立态度，他们更倾向于性取向基因说；有28.54%的人对男同性恋持同情及鼓励、支持的态度，还有13.97%的样本人群表示比较反感、厌恶男同性恋，认为他们是社会中的不正常群体。可见大众对于男同性恋的理解与宽容程度不及对于同妻群体。

同妻群体的出现，是部分男同选择进入异性恋婚姻的结果。那么大众关于男同的看法会影响对同妻的社会认同吗？针对二者做了一个卡方分析，皮尔逊卡方值显著性水平小于0.05，说明看待男同的态度与对同妻的认同程度有显著差异。由图4-5可以看到，样本人群中，在对男同持消极、中立、积极三种态度的情况下，对同妻都持同情态度的比重最大，其中，同情、认为二者均很可怜的人群占比最大，比重次高的是对双方皆鼓励并支持的人群；对二者皆持中立态度的人群也有一定比例；对男同持反感厌恶态度的人群中，接近半数同时认为同妻也是不正常群体，从而排斥她们。这说明大众对于男同和同妻的认同较为理智，二者大体上呈正相关，并没有因为同妻的处境是部分男同造成的而歧视或污名化整个男同性恋群体，总体而言，对于这两个弱势群体的积极的社会认同多于消极的社会认同。

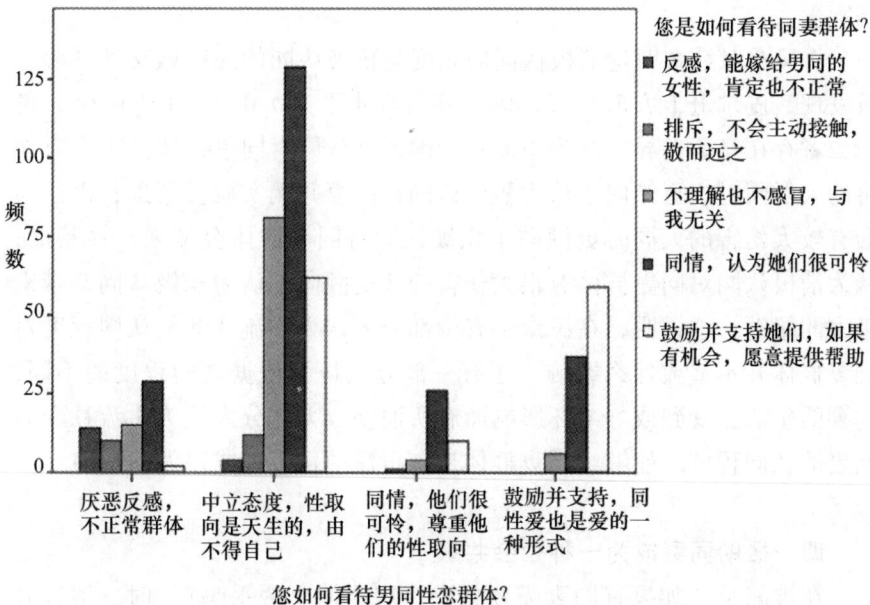

您如何看待男同性恋群体？

图4-5 看待男同性恋的态度与对同妻的社会认同交叉分析

三　如何看待社会舆论对同妻群体的影响

社会舆论中关于一个群体的社会认同非常重要，消极倾向的社会认同会引起整个社会对某一群体的排斥、偏见、歧视、敌对、污名化甚至引发极端行为，中立的态度看似不温不火，却会让漠然、冷淡、事不关己的情绪蔓延开来，而积极的社会认同则会吸引整个社会的关注、理解、宽容、同情、支持以及帮助。在问卷中，笔者设置了相关题目来调查民众如何看待社会舆论对同妻群体的积极与消极认同。在样本人群的回答中，有42.71%的民众认为社会舆论的积极认同会对同妻群体有很大的帮助，能够大大减少周遭舆论带来的压力；有35.93%民众认为有一些帮助；还有21.36%的填答者认为并不会有什么帮助，同妻群体"如人饮水，冷暖自知"。在被问及社会舆论的消极认同会在多大程度上伤害同妻时，有65.67%的民众认为会有比较大的伤害，会导致同妻更加不敢发声申诉，继续活在黑暗中；有25.55%的人认为会有很大伤害，比如会引发同妻自杀等社会问题；还有8.78%的填答者表示由于在现实中公开身份的同妻并不多，所以消极认同并不会对她们造成什么伤害。

将民众对社会舆论消极认同的态度与积极认同的态度做交叉列表分析发现，皮尔逊卡方值为42.994，显著性水平为0.000，小于0.05，说明二者存在显著差异。认为主流社会的消极认同对同妻群体并不会有伤害的人群同时也更倾向于认为积极认同对同妻并无实质性帮助；而认为会有较大伤害的人同时更倾向于积极认同对同妻群体会带来一些帮助；认为消极认同对同妻群体有很大伤害的人更倾向于认为积极认同会带来极大的帮助。这说明，在民众中有少部分人认为主流社会的认同程度对同妻群体并不造成什么影响，还有一部分人认为依据认同程度的不同，同妻的生活会受到或好或坏影响而有所波动，大部分人认为主流社会对同妻的认同程度，能够给同妻群体带来很深的伤害抑或很大的帮助。

四　援助同妻成为一种社会共识

在被问及"如果有同妻需要帮助，您会伸出援手吗？"时，填答者中有65.47%的人选择"会"，有30.94%的民众选择了"不知道"，还有3.59%的人选择了"不会"。这说明大部分民众愿意尽自己所能帮助弱势群体，有接近三分之一比例的民众选择了"不知道"，这部分样本人群的心理可能是对于如何帮助同妻没有概念或者对于自己是否具备帮助同妻的能力持怀疑态度。我们针对样本人群的不同特征与是否会伸出援手分别做了卡方检验，根据检验结果发现不同性别、年龄、文化程度、职业、婚姻状况与是否会伸出援手并不存在显著性差异。也就是说，网络互动在针对同妻而进行的虚拟田野调查过程中，具有彼此认同的规则和优待女性的潜规则。[①] 尽管在日常生活中每一个同性恋者，似乎都有某种对性取向加以文化掩饰的要求，[②] 尽管这种文化在当今美国、荷兰等国家越来越有被张扬出来的趋势。但是，从不同的角度出发去援助同妻的社会行动已经越来越成为人们（包括异性恋者和多数男同性恋者）的普遍共识。

第五节　结论与反思

综上所述，我们使用实证研究与理论研究相结合的混合研究方法，以社会认同理论与阿伦特关于人的境况的相关理论作为理论框架，深度探究了同妻群体生活境况的社会认同问题。在运用 SPSS 社会科学统计软件对"大众关于同妻生活境况的社会认同"的调查问卷进行分析后，得出大众关于同妻群体生活境况的社会认同以积极的社会认同为主的结论。多数民众都对同妻群体持同情、支持、鼓励、愿意帮助等积极的社会认同态度，其中，女性、年轻人与高学历的人居多。

具体而言，目前我国同妻群体在民众中的认知度较高，多数人听说过或对同妻群体有一定程度的了解。关于同妻群体私人领域的生活境况，多数民众认为同妻群体是在婚前对丈夫性取向毫不知情的情况下被骗入同直婚姻的，并且无法容忍男同的骗婚行为与婚内对于同妻人格上的支配、生理上的性冷落以及心理上的冷暴力，他们还认为有子女的同妻应当尽早选择离婚去追寻自身幸福。关于同妻群体公共领域的生活境况，多数民众对同妻群体各项权益的受损表示同情，尤其是同妻日常生

---

① 张娜：《互联网、性及其关系的主体建构》，中国社会科学出版社 2016 年版，第112 页。

② ［美］吉野贤治：《掩饰：同性恋的双重生活及其他》，朱静姝译，清华大学出版社2016 年版，第 95 页。

活中所面临的艾滋病威胁与家庭暴力，肯定了同妻进行的虚拟社交及各种公益组织的作用，并鼓励同妻群体积极维权与自救，呼吁相关部门完善法律来保障同妻群体的各项权利。此外，民众对于男同与同妻群体的认同较为理性，并未因为同妻的处境是部分男同所造成的而去歧视或污名化整个男同性恋群体。绝大部分民众认为舆论对同妻群体的社会认同倾向会给同妻群体的生活带来较大影响。在社会认同的影响因素方面，民众不同的性别、年龄、文化程度对同妻群体生活境况的认同程度有较大影响，婚姻状况的影响很微弱，职业状况对认同程度基本没有影响。女性、年轻人、高学历者更能够对同妻群体产生积极的社会认同。

　　本章在研究方法方面除了采用混合研究方法之外，在研究过程中还运用虚拟田野调查法、访谈法、问卷调查法收集了所需资料，在数据分析与描述时运用 SPSS 软件进行分析辅以内容分析，为我国同妻问题的实证研究提供了较为丰富的经验材料。但是，在进行问卷设计时，个别问题无法避免态度上的倾向性，笔者尽力在大部分题目的设置上做到客观中立，但这可能会对问卷的效度产生一定影响。同时，问卷的填答主要由微信朋友圈进行传播，这种滚雪球的发放方式会导致样本人群的特征分布不均，表现在拥有与研究者亲朋好友特征相似的样本人群数目较多，可能会对样本的代表性有所影响。这是本研究的局限之处，今后有待进一步探讨。

第五章　同妻群体的艾滋病风险研究

毋庸讳言，我们之所以研究同妻这个弱势群体，还因为她们是公众所关注、国家所重视的艾滋病易感风险颇高的人群之一。

艾滋病是当今社会致死率极高的一种传染性疾病，它的出现是人们开始关注同性恋的原因之一，同妻是同性恋群体背后更弱势的群体，她们受丈夫的影响极易成为艾滋病的潜在受害者。本章试图揭示同妻遭受艾滋病风险的原因，借此引起社会对同妻更多关注，包容同性恋的存在，并探讨减少同妻，保护她们切身利益的有效措施。我们主要采用虚拟田野调查的方法，辅之以访谈法、问卷调查法。在贴吧中跟踪观察了140余位同妻的贴吧活动，在5个QQ聊天群中进行了为期10个月的参与观察，最终挑选患艾同妻以及艾滋病高危同妻14人、感染艾滋病男同性恋者4人以及1名医生作为访谈对象进行深度访谈，从敏感人群的对话中记录归纳了近4万字的访谈内容。同时，在QQ群发放并回收120份同妻艾滋病认知问卷，获取了多样、充足的经验材料。

本章对同妻艾滋病的风险研究以风险社会理论作为理论基础，风险理论将当前的社会风险分为客观和主观两大类。因此，对同妻群体遭遇艾滋病风险研究时也基于以上两方面进行。客观风险表示实际存在的一种既定事实，体现在社会的性别和文化两个层面，同妻感染艾滋病风险的性别原因主要体现在生理结构和性生活中存在不平等问题。而在社会文化的原因中，社会对男同性恋者的"污名化"和社会传统文化理念带来的压力都给同妻感染艾滋病病毒带来了很大风险，其中社会传统文化思想包含传统的婚姻观、生育观以及对女性角色的期待，这些客观存在的社会风险使得同妻容易感染艾滋病。主观风险则体现在对风险的看法和判断上，文中体现在已婚男同性恋者和同妻的心理和意识上。

毫无疑问，对同妻艾滋病的风险研究，丰富了风险理论的应用范畴。在客观风险和主观风险的共同作用下,同妻成为社会和个人带来的艾滋病风险承担者;同时,艾滋病给同妻身体和生活都带来了难以挽回的影响。而解决问题则需要社会改变传统观念、完善相关的法律法规并依靠社会相关组织施以援手。

第一节　研究背景及文献回顾

中国的男同性恋者中有90%选择进入异性婚姻生活,而他们的另一半多数对此并不知晓。由于丈夫特殊的性恋取向,她们因此大多遭受非议、无视、丈夫"出轨"乃至家庭暴力。但是很多同妻为了孩子的成长,为了家庭的完整,为了名声的保持,只能无奈地忍受这种痛苦。艾滋病的出现是让人们开始关注同性恋生存情况的重要原因,有同性性接触的男同性恋者艾滋病感染率仅次于吸毒者,他们因此成为艾滋病感染的高危人群。男同性恋者进入异性婚姻,可能会与异性发生性关系,这样就会导致艾滋病向这些无辜的普通女性延伸。因此,这些同妻便成为不断上升的艾滋病传播的潜在威胁受害者。本章以虚拟社区中同妻群体为研究对象,对这些同妻艾滋病风险的产生机制进行研究。

一　国外研究现状

（一）同妻相关问题研究

在发达国家,单纯的男同性恋者与异性结婚的现象相较于我国而言较少出现。因此在外文文献中对同妻的理论研究也相对较少,而更多关注的是同性恋、双性恋。

同性恋行为存在于整个人类历史中以及绝大多数（几乎是全部）的人类社会。[1] 在早先的金赛对性行为的调查研究中得出了惊人数据:13%的女性和37%的男性在过了青春期会有超过一次的同性性经验,但其中大多数人不会只发生同性性行为。[2] 从20世纪80年代晚期开始,美国出现了研究同性恋的新理论——酷儿理论,在它看来同性、异性,

---

① Kirkpatrick, R. C., "The evolution of human sexual behavior", *Current Anthropology*, Vol. 41, 2000, pp. 385 –414.

② Kinsey, A. C., W. B. Pomeroy and C. E. Martin, *Sexual Behavior in the Human Male*, Philadelphia: W. B. Saunders, 1948, pp. 125 – 128.

生理性别、社会性别，男、女等两分结构掩盖了性别复杂性，所以酷儿理论挑战了传统的异性恋制度及其霸权地位。巴特勒在 20 世纪 90 年代提出了"性别操演"理论，她认为，性别实际上是遵从性别规范进行的重复行为，性别就是在这种不断的行为之中形成的，但性别不是像服装表演那样随意转换的，这是异性恋霸权控制下"被迫的重复"，该理论也是对传统社会性别理论的一种颠覆。①

在美国，有 200 万的男女同性恋、双性恋都曾或现在正在处于异性恋婚姻中。② 有一些男女同性恋或双性恋直到结婚后才发现自己的同性性取向，还有一些人则在不停地否认、隐藏或压抑自己的同性欲望。尽管男女同性恋在异性婚姻中不会觉得配偶有吸引力，然而他们依然会爱他们的配偶。但是这对那些知道自己的丈夫或妻子是同性恋或双性恋的人而言并没有什么安慰，他们通常会觉得受到打击、不愿相信或是感到愤怒。③

（二）风险理论的研究

社会学家贝克是风险理论的主要代表，在他的风险社会理论中，"风险"已经成为形容当代社会的核心观念。而同样，社会学家吉登斯也认为，科学技术的发展把人类带到一个充满各种不确定性的全球性风险社会，在吉登斯看来风险概念随着社会的发展不断变化着意义。他将风险分为外部风险和人为风险：外部风险源于传统或者自然形成的一成不变性；人为风险是人们没有经历或体验到的风险，这种风险往往会给人带来更多的不安。

贝克在其风险理论中将风险分为客观风险和主观风险，客观风险是实际存在的既定事实，是具有不确定性的特点；主观风险则是心理和意识方面的，表现在对风险的看法和判断上，是形成立法和舆论的推动力量。同时，贝克的《风险社会》中将社会风险延伸至家庭和两性之中，在现代性的过程中人们从工业社会的家庭、男女的性别身份中解放出

---

① Judith Butler, *Gender Trouble*: *Feminism and the subversion of identity*, New York: Routledge, 1999, pp. 3 – 17.

② Buxton, A. P. Paths and Pitfalls, "How heterosexual spouses cope when their husbands or wives come out", *Journal of Couple & Relationship Therapy*: *Innovations in Clinical and Educational Interventions*, Vol. 3, 2004, pp. 95 – 109.

③ ［美］大卫·诺克斯、卡洛琳·沙赫特：《情爱关系中的选择》，金梓等译，北京大学出版社 2009 年版，第 149 页。

来，这体现了当今社会的个体化倾向。在这个过程中，女性形成了更多的对平等的期待，但是却遭遇了市场和男性行为中相反的过程。男女的不平等与现代性的原则相抵触，因而在实际的男女平等过程中，包括婚姻、性关系和亲子关系在内的家庭基础受到了怀疑。①

（三）社会性别理论对艾滋病的研究

西方学者从社会性别视角对艾滋病进行关注是在 20 世纪 90 年代，卢埃（Loue）、库普（Cooper）和特劳雷（Traore）等人将波多黎各以及墨西哥地区的女性作为研究对象，通过研究他们得出：男性普遍主宰了性关系的权力，这样会使得感染艾滋病的风险明显增大。② 普莱克（Pleck）和吕底亚（Lydia）等人从对来自美国的黑人以及拉丁美洲的青少年女性的研究中发现，是否选择性风险行为（性交方式）与传统的男性信仰有关。③ 勃朗宁（Browning J.）、凯斯勒（Kessler D.）和海特菲尔德（Hatfield E.）在其研究中发现，如果受到传统社会性别角色扮演的约束，男女双方对性生活采取何种方式都比较矜持，因此他们从事安全性行为的能力就会受到一定制约，这样就会导致女性更容易感染艾滋病。④ 在传统社会性别规范的制约下，女性可能因为拒绝丈夫的性要求或试图与丈夫讨价还价而遭受家庭暴力，为了避免这种情况发生，她们会冒着感染艾滋病的风险接受性要求。

（四）虚拟田野工作的相关研究

在国外，最初介绍虚拟人类学的文献是米勒和斯莱特共同完成的书籍，书中介绍了运用网络进行人类学研究的前景。⑤ 对虚拟人类学研究的实践应用上，有不少人类学家开始了虚拟社区的人类学研究，尤其是针对敏感问题的调查，如美国学者库姆伯（Coomber）在网络上公布了

---

① ［德］乌尔里希·贝克：《风险社会》，何博闻译，译林出版社 2004 年版，第 155 页。

② Loue S., Cooper M., Traore F., et al., "Locus of Control and HIV Risk Among a Sample of Mexican and Puerto Rican Women", *Journal of Immigrant Health*, Vol. 6, No. 4, 2004, pp. 155 – 163.

③ Pleck J. H., Lydia N., et al., "Gender Attitudes and Health Risk Behaviors in Urban African American and Latino Early Adolescents", *Maternal and Child Health Journal*, Vol. 5, 2001, pp. 265 – 270.

④ Browning J., Kessler D., Hatfield E., "Power, Gender and Sexual Behavior", *Journal of Sex Research*, Vol. 36, No. 4, 1999, pp. 342 – 347.

⑤ Miller Daniel & Don Slater, *The Internet: An Ethnographic Approach*, New York: Berg Editorial Office, 2000, p. 217.

自己的调查问卷，并借此来调查毒贩的毒品销售情况。① 马克·J. 麦兰德（Mark J. McLelland）在同性恋网络社区中对日本同性恋文化进行虚拟田野调查，他在这项研究中证实了他人的观点，即：互联网成为同性恋者从分散到聚合的重要中介者，互联网使得他们能够相互建立关系。② 又如，琼斯（R. H. Jones）对男同性恋聊天室的调查研究等。③ 可见，虚拟田野调查已经被应用到了实际生活中难以进行的调查中。在虚拟田野调查这一研究方法上，沙哈姆（Shoham）在进行网络研究时，进入以色列的一个聊天室，他采用了先被动观察后暴露自己身份的方法。④ 沙普（Schaap）在一个关于游戏的网络虚拟社区中潜水观察超过2 年，因此搜集到的绝大多数经验材料都是靠这种不动声色的暗中观察。⑤ 与此同时，罗宾·海姆（Robin Hamman）提出值得注意的三个问题：第一，研究对象的自然状况是否真实无法确定；第二，通过网络进行的互动所得经验材料是否与事实相符；第三，非面对面交谈是否会曲解对方的意思。⑥

二 国内研究现状

（一）关于同妻的社会学研究

我国的同性恋还没有被社会大众所接受，所以同妻问题较为严峻。随着社会对同性恋的关注，在社会学的研究中对同性恋的研究也逐渐随之增加，但对同妻群体的研究仍然不多，目前为止对同妻问题进行的研究多数为哈尔滨工业大学团队的师生所做。比如，在关于同妻群体如何

---

① Coomber R. , *Using the Internet for Survey Research*，1997，2. http：//socresonline. Org. uk / 2/2/2. html.

② Mark J. McLelland, *Virtual Ethnography*：*Using the Internet to Study Gay Culture in Japan. Sexualities*，http：//sexualities. sagepub. com/cgi/content /abstract/5/4/387.

③ Jones, Rodney H. , "You Show Me Yours, I'll Show Me Mine"：The Negotiation of Shifts from Textual to Visual Modes in Computer‒mediated Interaction among Gay Men, *Visual Communication*, Vol. 4, No. 1, 2005, pp. 69 ‒92.

④ Shoham, Aviv, "Flow Experiences and Image Making：An Online Chat‒room Ethnography", *Psychology and Marketing*, Vol. 21, No. 10, 2004.

⑤ Schaap Frank, *The Words that Took Us There*：*Ethnography in a Virtual Reality*, Amsterdam：Aksant Academic Publishers, 2002, p. 122.

⑥ Robin Hamman, "The Application of Ethnographic Methodology in the Study of Cybersex", *Cybersociology*, Vol. 1, 2011, p. 25.

与悲惨命运抗争的研究中，他们分析了中国的男同性恋者由于各方面的原因，选择了与异性结成婚姻，违背了"人权道德"。林旭东阐述了同妻群体面临的法律保护缺失、社会保护缺失的困境并分析了这些困境产生的原因，最后提出了四点解决同妻窘境的办法。① 除此之外，大多数的提及同妻群体的文献都是在阐述同性恋的异性婚姻。

（二）我国社会学中关于艾滋病的风险研究

我国学者将中国艾滋病感染风险与风险理论相结合。其中，景军将"泰坦尼克定律"与风险社会理论相结合发现，我国艾滋病感染的风险状况以及大众对艾滋病风险的认知情况一样，都受到社会分层的影响。② 祖力亚提·司马义和曹谦在对新疆少数民族群体进行艾滋病研究时，从少数民族的婚俗和男女性行为两个层面对新疆少数民族艾滋病传播的危险境况进行分析。③ 夏国美和杨秀石在其对艾滋病的研究中，关注的是性别不平等尤其是性别权利的作用对女性流动人口艾滋病风险行为的影响。④ 陆新蕾在其研究中说明了男同性恋者与艾滋病的风险关系，并在文中阐述了非政府组织对艾滋病风险治理的作用。⑤ 王文卿通过商贩这种流动人口考察了流动人口的社会关系网与艾滋病风险的关系，阐述了这种关系产生的机制。⑥

（三）社会性别理论与艾滋病研究

在我国社会学关注的艾滋病研究中大多数关注的是男性群体，但随着女性艾滋病患者的增加一些学者逐渐将目光转移到女性的身上，开始关注女性感染艾滋病的问题。笔者挑选了其中以社会性别理论为视角的相关研究。

在艾滋病的流行与社会性别的研究中，何建刚将女性感染艾滋病的情况与社会性别理论相结合，阐述了社会性别理论对女性感染艾滋病的

---

① 林旭东：《同妻群体的困境和对策分析》，《中国性科学》2013 年第 9 期。
② 景军：《泰坦尼克定律：中国艾滋病风险分析》，《社会学研究》2006 年第 5 期。
③ 祖力亚提·司马义、曹谦：《性行为与艾滋病感染风险》，《西北民族研究》2013 年第 1 期。
④ 夏国美、杨秀石：《社会性别、人口流动与艾滋病风险》，《中国社会科学》2006 年第 6 期。
⑤ 方刚主编：《性别多元：理论与实务研究》，台湾万有出版社 2012 年版，第 421 页。
⑥ 王文卿：《社会网络对商贩流动人口艾滋病风险的影响机制探析》，《医学与社会》2014 年第 3 期。

影响，开阔了研究的视野。① 龙秋霞研究男女两性性观念的差异，认为男性成为艾滋病防控的主力军，他们应该肩负较大比重的责任；与此同时，男性是性行为的主导者，在这种情况下女性应该增加自我保护的意识；而社会性别上的不平等在她看来是女性感染艾滋病的更重要原因。② 张翠娥认为女性容易遭受艾滋病攻击，不仅是由于先天生理构成上与男性的差异，更深层的原因则是社会性别上处于弱势和不利地位。③

在艾滋病防治的研究上，从社会性别理论观点出发，金沙曼认为应该将社会性别视角与艾滋病防控机制相结合，不断深化防艾工作，逐步提高各级干部的艾滋病防控领导力。④ 兰林友则认为要抵御艾滋病的传播要从社会系统进行干预，家庭、社区、社会、地方政府等多方面共同作用，提供全面的系统支持，从政策、法律等方面进行干预才能防止艾滋病的蔓延。⑤ 刘康平在社会性别和艾滋病的防治研究中进行了研究综述，分析了艾滋病防治过程中男性与女性的角色和处境，这为艾滋病的防治的展开提供了有力的理论来源。⑥

（四）关于虚拟人类学的相关研究

我国对虚拟人类学的研究颇多，学者将目光集中在研究方法、研究运用和研究中问题的解决方面。在研究方法方面，崔慧仙在对科学网络进行调研的时候，自己作为观察者，采用非参与观察的方法关注着网络中学者的动态和该网络中发生的种种事件，这种非参与观察有很多好处，如果由于急于展开某项调查而从一开始就说清自己调查员身份以及调查目的，那么被调查者极有可能认为研究课题无聊，或者为了保护个人隐私欺骗调

---

① 何建刚：《妇女艾滋病流行现状的社会性别研究》，《安徽预防医学杂志》2012 年第4 期。

② 龙秋霞：《妇女易感艾滋病的社会文化原因探析及对策建议——基于广东的调查》，《妇女研究论丛》2006 年第 1 期。

③ 张翠娥：《社会性别与艾滋病——对一位女性艾滋病患者生命历程的性别分析》，《妇女研究论丛》2008 年第 3 期。

④ 金沙曼：《先进性别文化与提出妇女地位国家机制建设》，《中华女子学院学报》2012 年第 6 期。

⑤ 兰林友：《中国艾滋病防治的人类学研究：社会文化行为的分析》，《广西民族大学学报》（哲学社会科学版）2010 年第 11 期。

⑥ 刘康平：《社会性别视角下的艾滋病防治研究综述》，《法制与社会》2011 年第 12 期。

查者，甚至直接拒绝接受访谈。① 刘冬等则主要运用虚拟田野调查的方法，对互联网中"同人女"的特征、交流方式和存在的问题进行虚拟人类学研究。② 卜玉梅则对国内外虚拟民族志的虚拟田野调查出发点、虚拟田野调查的方法以及调查过程中存在的伦理问题进行了总结和评述，并在最后提出了，虚拟民族志需要与传统的民族志研究保持良好的沟通，相互借鉴，这是虚拟民族志能够继续向前发展的重要途径。③

综合上述的国内外文献来看，笔者发现如下特点：

首先，目前关于同妻的研究，无论是在国内还是在国外，社会学专业的文献相对较少，由于同妻问题是在男同性恋研究到一定程度以后才被发现的，所以关于同妻的文献更多是谈及男同性恋相关问题时顺便提及的，而针对同妻群体进行专题研究的专著几乎为空白。由于国外的法律、政治、宗教等影响，同性恋已经逐渐被大家接受，例如冰岛、荷兰、美国等国家已经接受了同性婚姻的存在，因此同妻现象在国外不够明显，对同妻的研究数量也比较有限，即便有也是较陈旧的文献，而我国本土化的同妻研究更为少见。

其次，在国内外的研究中，对男同性恋和同妻的研究文献中几乎不见关于同妻感染艾滋病的相关研究，查阅了中国知网发现关注同妻感染艾滋病的文章只有寥寥几篇医学文献，社会上对这一弱势群体的关注依然力度不够。用社会性别理论包括女权主义理论维护同妻群体利益的研究就更是严重匮乏。

再次，虽然国内外对贝克风险社会的理论已经有很多的研究，但其中不少的文献是针对当今现代化带来的污染、安全等问题展开的，即使是对艾滋病、婚姻家庭等方面进行研究，也很少有涉及同性恋艾滋病的风险研究，而对同妻感染艾滋病的研究几乎绝迹。

最后，由于虚拟人类学研究是新兴的人类学分支之一，其重要的研究方法——虚拟田野调查在我国的研究中依然不多，更多的相关文献是注重阐述虚拟田野调查的方法和调查中的伦理道德问题，应用在具体的

---

① 崔慧仙：《网络时代的学术交流——以科学网为场景的观察与研究》，硕士学位论文，华东师范大学，2011 年，第 22 页。

② 刘冬、唐魁玉：《"同人女"群体中的虚拟生活行为析论》，《牡丹江大学学报》2012 年第 11 期。

③ 卜玉梅：《虚拟民族志：田野、方法与伦理》，《社会学研究》2012 年第 6 期。

研究上仍相对较少。本研究也是对虚拟人类学研究的补充。

第二节　同妻艾滋病的社会风险问题分析

一　同妻的性别问题分析

（一）同妻遭受的艾滋病风险现状

艾滋病是获得性免疫缺陷综合征的简称（英文缩写为：AIDS），它是由艾滋病病毒（HIV 病毒）引起的，它会破坏人体的免疫系统从而使人体失去对各种疾病的免疫功能，一旦感染了 HIV 人体会感染各种疾病而导致死亡。性接触、血液传播和母婴传播是艾滋病最主要的三种感染途径，目前艾滋病在国际上还没有能够完全治愈的方法和措施，它仍是一种死亡率极高的传染性疾病。

全世界的科学家、政治家正在为人类 2030 年终结艾滋病而努力。当然，这只是一个人类的美好愿景。

根据中国疾控中心官方数据统计发现，截至 2013 年 9 月 30 日，全国现存活艾滋病病人约有 43.4 万；2013 年前九个月中，艾滋病新增感染者数量在 7 万左右。三大途径中，性传播是我国最主要的传播途径，在新发现的病人中经性传播的人数占据近九成，其中有两成为同性性行为所致。[1] 同性之间的传播占据了新增人数的 1/5，成为艾滋病传播的主要群体之一，这其中大多数的同性恋者将进入婚姻，不难看出同妻群体将面临的艾滋病风险是相当大的。[2] 张北川教授在其微博中提到过，在我国将艾滋病传播给妻子的最早例子可以追溯到 20 世纪 90 年代。男同性恋者由于同性性伴侣的数量很难确定，所以他们不愿维系稳定的同性关系，这就增加了艾滋病在同性人群中传播的危险。而他们由于某些社会原因将进入异性婚姻，因此，除了男同性恋者要遭受艾滋病的威胁之外，他们的妻子也是潜在受害群体。在 2008 年的一个艾滋病调查活动中，发现有五分之一的女性是男同性恋者的配偶或女友，可见艾滋病正从同性恋人群向异性恋人群蔓延。

---

[1] 中国疾病预防控制中心、性病艾滋病预防控制中心：《我国艾滋病防控工作背景》，《中国艾滋病防治信息》2013 年第 12 期。

[2] Chow Eric, Koo Fung Kuen, Zhang Lei, "Are Wives of Gay Men Becoming the Next Target of HIV Infection in China?", *Sexually Transmitted Diseases*, Vol. 12, 2013, p. 964.

在进行田野调查的过程中笔者发现，笔者跟踪调查的那些活跃在互联网中患艾滋病的同妻年龄最小的是"90 后"，年龄在 30 岁以上的同妻多育有子女。这些同妻的学历大都处于大专及以上，其中硕士和博士更是不在少数。几乎都知道丈夫是男同性恋的事实，一部分是丈夫主动向自己"出柜"，另一部分是借助于网络通过蛛丝马迹才发现丈夫真正的性取向。这些同妻中的多数人得知自己感染艾滋病是通过身体检查，虽然得知之初痛不欲生，但无奈已经成为了事实。这些只是冰山一角，只要给同妻带来艾滋病风险的机制没有消失，艾滋病依然会在同妻群体中存在。

（二）同妻与性别不平等

1. 生理结构的差异性

艾滋病病毒的感染也存在着性别上的不平等，男女感染的机会也并不是均等的。由于男性和女性拥有不同的生理结构，因此在艾滋病病毒的感染上也有着不对等的风险，而艾滋病病毒在男性和女性身上的感染情况也不大相同，感染艾滋病病毒的女性往往可能会交叉感染多种类型的艾滋病病毒，这意味着在生理上女性就处于比男性不利的地位。与男性相比，在没有保护措施的性行为中，女性生殖器的接触面积更大，这使得女性性器官对艾滋病病毒的抵御能力降低，因此身体接触中即使极其微小的损伤都会增加艾滋病病毒感染的风险。据研究表明，在两性性行为过程中如果没有有效的保护措施，女性更容易感染艾滋病病毒，并且概率是男性的 2—4 倍。[1]

男同性恋者采取独特的结合方式（肛交），人体直肠黏膜组织极脆弱易破损，男同性行为感染艾滋病病毒的风险度大增，他们成为艾滋病的易感染人群。而且男性分泌物中含有的艾滋病病毒数量较多，带来的危险性比女性大得多，这使得男性传染给女性的可能性也随之变大。而当这些男同性恋者选择进入异性婚姻、与异性发生性关系时意味着男同性恋人群不仅自身感染率高，而且成为艾滋病在两性之间传播的"桥梁人群"，更多的同妻因此成为艾滋病病毒的感染者或潜在感染者。

2. 性生活的不平等

仅将两性的生理结构差异作为基础探讨性别不平等现象是不充分

---

① 莫国芳、包广静：《基于女性性别脆弱性分析的艾滋病防治对策》，《云南师范大学学报》（哲学社会科学版）2007 年第 7 期。

的，也是不道德的。劳瑞提斯提出了"社会性别机制"的概念，他指出性别不仅是性别生理上的不同，同时也是一种社会机制，它不以人的意志为转移。① 社会性别是建立于两性不平等基础上，它是社会结构的一部分。社会性别机制事实上是一种社会分层制度，它确立了两性不平等的地位，社会性别上的差异意味着两性在社会地位上的差异。所以，应该从社会的角度全面考量性别不平等现象。在当下提倡性别平等过程中也隐含了一个重要前提——女性在当前体制下始终扮演着被压迫者的角色。

社会性别的不平等首先就体现在性权利的不平等上。而女性主义对性和性别的研究体现在以下两方面：一方面，性是压迫性的力量和机制，它能反映性别不平等的很多方面；在另一方面，性也是建设性的力量和机制，它是妇女争取自身解放和平等斗争的源泉之一。② 因此，对两性性权力的研究能直观地反映女性所处的地位。

在性行为和性经验这个问题上男女两性之间存在着双重标准，在婚前，男人有更多的性行为是被默许的，但女性则被要求保持自己的贞操；在婚姻中，男人的一夜情和出轨多数情况下是被漠视或者是可以被原谅的，人们还常常指责这种男人经不住女性的诱惑，将责任归咎于女性，而女性一旦有这种情况发生则会被冠以"荡妇""淫贱""破鞋"等侮辱性词汇，有些国家甚至对这种女性处以极刑。这种双重标准无疑放纵了男性的欲望，进而增加了男性与他人发生性关系的可能。因此，女性处于性爱的弱势地位，更多的女性在感情上遭到抛弃，常常受到伤害。而男同性恋者在此方面更有可能变本加厉，即便他们已经步入婚姻依然会有一个或者多个同性性伴侣，而同妻起初对此一无所知，这种情况下同妻群体便处于性权力的弱势地位，更增加了感染艾滋病的风险。

随着社会的变化，婚姻对性的主宰地位开始逐渐减弱，表现在婚外的爱情关系和性关系逐渐增多，而恋爱关系的多样化又使得同性之间的情爱关系增加，所以同妻群体中大多数女性都经历了丈夫婚后"出轨"的情况，让她们更加痛苦的是"出轨"的对象是男性，她们在心理、生理上都很难接受这样的事实，而男同性恋者婚后依然与其他男性发生

① Teresa de Lauretis, "*The Technologies of Gender*", *Technologies of Gender*, Indiana University Presss, 1987, pp. 1–30.

② 刘建中、孙中欣、邱晓露：《社会性别概论》，复旦大学出版社 2010 年版，第 67 页。

不正当关系恰恰是多数同妻感染艾滋病的直接原因。

> 同妻 W8：我和老公偶然相识，婚后的夫妻生活很不和谐，我们之间似乎有距离，我怀孕的时候他也是平平淡淡的，一点也不重视。如果没有后来发生的，我可能一辈子都会做同妻而不知情。有一天，他很不在意地跟我讲："我跟你说件事，我得艾滋（病）了，我办了张假证在疾控中心检查的，确诊备案也不会知道是我，你不用担心。我去查了 CD4，结果还没有出来，就算以后服药的话也是免费发放的。"他说得很轻松，然后就躺下睡了，我当时还以为他是在跟我开玩笑。第二天，我玩他手机，我发现他手机上很多男男之间才有的重口味图片，普通人不会喜欢看更不会存。我心里一惊，才意识到我的老公和其他正常男人可能不一样。我问他是不是真的，他说是。我一下子就哭了，大脑一片空白了，不知道该怎么办，之后他才跟我说明是什么时候怀疑并且确诊的。我问他怎么被传染的，他和我说有一次跟领导吵架了，心情不好喝了点酒，和酒吧里一男的发生了关系，那个男的被确诊，他恐慌了，经历了连续感冒、低烧后他才怀疑自己的，去疾控（中心）抽血确诊了。他表现得异常平静，似乎当时并不认为我是他妻子。

从个案 W8 的情况中可以看到，该同妻的丈夫对自己的出轨并不十分在意，将婚外同性关系感染艾滋病的事实轻描淡写。在男同性恋者的眼中，同妻是婚姻中的附属品，她们的存在已经物化，因此常常遭到无视。与此遭遇相似的还有同妻 W1，结婚已经将近 10 年，在结婚之前身体一直很好并且婚检显示身体机能一切正常，她感觉不到丈夫的爱意，结婚两三个月的夫妻生活也屈指可数，丈夫常用生意借口不回家，她对其他同妻抱怨："别人的丈夫就是再忙也会惦记着家里的媳妇和孩子，可我的丈夫出门一年也没主动联系过我，都是我主动打电话给他。"由于肺部疾病，去大医院就诊时才发现感染了艾滋病，同妻 W1 很确定地对笔者说丈夫向自己隐瞒了在外面"偷偷搞男人"感染艾滋病毒的情况。一些已婚的男同性恋婚前未感染上艾滋病，在婚后则有多个同性伴侣并保持性关系，在自己也不知情的情况下感染了艾滋病毒还要回家定期履行丈夫的"责任"。几乎所有社会都容忍了男性的婚外性活动，男性的性行为被允许是多样的，男同性恋者也不例外，人们可以接受男性在婚前的性行为和在婚后的性放纵，把这些行为看作是无伤家庭制度的，认为只要他们能够真心改过，妻子是可以给他们机会的。但是一旦涉及艾滋病的感染和传播，这一过程就变成不可逆的了，艾滋病目前无法被治愈，这样男同性恋者的出轨会给同妻带来终生的身体伤害。

同妻 W11 坦言："我还不到 30 岁，已经在疾控中心确诊感染了HIV，我的丈夫过分到曾将自己所谓的'好哥们'带到家里一起住，我只能抱着孩子偷偷抹眼泪，孩子问我爸爸怎么不和咱们一起睡的时候，我还要欺骗孩子说爸爸在和叔叔谈事情。"W11 的丈夫不顾妻子和孩子的感受名正言顺地将自己的患艾同性恋人带回家住，这不仅破坏了自己的家庭，也给妻子和孩子带来了深深的伤害。这种已婚男同性恋偷偷"出轨"和"光明正大出轨"感染艾滋病的情况屡见不鲜，而这些同妻在了解到事实后向丈夫家人诉苦并提出离婚时，得到的回答多数是男性偶然犯错应该得到原谅并继续一起生活，既然已经染病就相互扶持下去，为了孩子也要有一个完整的家。

选择进入异性婚姻在伦理上应该是"性专一"的，保持婚姻双方对各自的忠诚应该是夫妻双方都应该遵守的，即便性取向不是异性，婚内出轨于情于理是不应该的。而在对待男性"出轨"的时候，男女两性又遭遇了不平等的待遇，这些男同性恋者从家人那里得到更多的是纵容和谅解，同妻多数会被家人灌输以宽容、大事化小小事化了的态度处理丈夫的"出轨"。所以，这对同妻群体就是一种不公平的对待，这会使得部分走进异性婚姻的男同性恋者更加肆无忌惮。将艾滋病带入异性婚姻也就不足为奇了，这样的情况使得艾滋病从男同性恋群体向异性群体蔓延、侵蚀，在同妻对丈夫是同性恋的情况一无所知情况下，感染艾滋病的风险就大大增加了。

二　同妻的社会文化问题分析

（一）社会"污名化"带来的风险

1. 同性恋群体的"污名化"标签

早在 20 世纪四五十年代，美国金赛在对同性恋的研究中提出同性恋光谱连续体说的观点，他在研究中指出人类的性取向并不是完全对立的，同样同性恋与异性恋也不是二元对立、非此即彼的关系，而是一个类似于条带的连续体。在当今的中国社会，虽然同性恋由隐蔽变得越来越可见，但异性恋依然处在占统治的霸权地位，在人们眼中同性恋依然是异于"正常"社会规定的被唾弃、被鄙夷、被妖魔化的一个群体，社会对这些"异类"也实施了各种形式的压制。

在社会学中，戈夫曼对污名化进行了研究，他对遭受"污名"的人们进行了分析并最终提出了"受损身份"来描述在社会中遭受歧视和贬低的社会地位。社会学家埃利亚斯对污名化的过程也进行了论述，在他看来，一个群体将人性的低劣强加于另一个群体之上并加以维持的过程就是污名化。这一过程体现了强势群体和边缘化弱势群体之间的互动关系，这是强势群体将刻板印象强加给弱势群体的过程，在这一过程中"贴标签"是最常用的一种策略。① 贝克尔认为"贴标签"常常用于越轨者身上，这些越轨者不愿融入社会主导的规范和价值观，所以这些人成为了不同于"正常人"的其他类型人，他们在社会中处于不利地位。② 在我国同性恋者遭遇这种"污名化"待遇，当代社会对同性恋依然是扭曲的认识，社会公众对同性恋依然采取负面的态度，在很多传统中国人的眼中，同性恋与"变态""反伦理"等污名化形容词画等号，2011 年孙海英、吕丽萍这对明星夫妇公开"反同"，在评论中相当一部分网友表示他们或多或少都有"恐同"的倾向。

虽然在我国同性恋自古就有，但是公众依然难以接受同性恋，由于中国社会中主流的强势群体是异性恋群体，同性恋群体数量远远少于强势群体，他们常常处于社会的边缘，无力抵抗主流群体的污名化"标签"，这样对同性恋群体的污名化便顺理成章了。国人多数接受的是异性恋，同性恋的出现无疑挑战了异性恋在人们意识中的霸权地位，而对于部分公众来说同性恋等同于"鸡奸"，这是我国传统道德规范所不容的，此外，男同性恋者艾滋病感染率一直居高不下也使得同性恋者在人们心目中产生了刻板印象。一些男同性恋者坦言自己不敢"出柜"是怕一旦公众了解了自己是同性恋者会对自己产生歧视，笔者接触到的一

---

① 王力平：《污名化与社会排斥：低度认知下的艾滋病防治——基于甘肃省一般人群的调查分析》，《西北人口》2010 年第 5 期。

② Becker H. , *Outsider*, Free Press, 1973, p. 9.

个与名义女友即将步入异性婚姻的男同性恋者 G1 曾表述过："我是同性恋，爸妈都不知道，两个月前的一次高危行为让我心理留下了阴影，当时我不知道是不是感染了艾滋病，我不敢去检查只能通过网上所说的症状对照自己的病情，我当时把一切都想好了，后来他确诊了，我知道我也逃不掉了。我想过就这样混到死，但是为了父母我无论如何也得结婚，我不能告诉他们我有病，更不能让他们知道我喜欢男人，他们辛苦把我养大不容易，我不能因为这件事让他们操心，让他们一辈子抬不起头！"不单是 G1，很多男同性恋者都有相似的经历，他们不仅仅是为了宽慰父母，更是怕污名化的"标签"贴到自己周围人的身上，为此他们不惜隐瞒自己真正的性取向，将所承担的社会压力转嫁给同妻，明修栈道暗度陈仓，用结婚的方式为自己掩盖，更有已经感染艾滋病的男同性恋者依然想尽办法进入异性婚姻娶妻生子。

公众对同性恋者尤其是男同性恋者的污名化并不是一蹴而就的，这与他们异于常态的爱侣关系、中国传统的伦理道德以及艾滋病的传播是紧密相关的。一方面是因为社会大众对男同性恋者已经产生了这样的刻板印象，男同性恋者被无情地贴上了"怪胎""越轨者""艾滋病者"的标签，这些标签与同性恋者之间的关系逐渐固化，因此同性恋者在人们眼中逐渐变成了一个不同于寻常人的、特殊的越轨群体。在国外的一份研究中显示，受到社会歧视和不公平待遇的人群更容易有心理压力并且参与有风险的性行为，这样就可能导致恶性循环的产生，男同性恋者就越向标签上的形象发展；另一方面是因为男同性恋给其异性妻子带来的伤害，近年来随着公众对同性恋的关注度增加，同妻群体也备受瞩目，男同性恋者给同妻带来的无性无爱婚姻，婚姻暴力甚至将艾滋病传播给同妻等现象逐渐浮出水面，这些是多数现象也好，少数现象也罢，但都在同性恋者被污名化甚至"妖魔化"的过程当中起到了推波助澜的作用。

2. 男同性恋者"角色伪装"

国外正在对同性恋者"去污名化"，随着多领域研究的深入对同性恋的偏见正在逐渐扭转。而在我国，公众对同性恋的"污名化"现象依然顽固，同性恋者在社会中依然饱受压抑和排斥，在这种社会观念重压之下，要"出柜"（走出柜子）公开自己的真实身份的压力实在很大，所以他们中的很多人不得不对家人、朋友、同事隐瞒自己真正的性取向，而其中一些男同性恋者为了被社会认同和接受，不得不采取走入异性婚姻、生儿育女的办法伪装成正常的社会角色，正是由于这样，男同性恋者将家庭和妻子当作社会舆论的挡箭牌，才产生了"同妻"这个特殊的弱势群体。男同性恋者进入异性婚姻不仅是"同妻"群体产生的直接原因，更是使艾滋病由男同性恋者向异性传播的合法途径。男同性恋者倘若坚持形式婚姻或者无性婚姻也就罢了，可这些男同性恋者进入婚姻后多数都要与妻子发生性关系，这无疑增加了同妻感染艾滋病的风险。

　　感染艾滋病的已婚男同性恋 G2 说："我已经快 50 岁了，现在想想真是悔不当初啊！在 1989 年的时候我因为喜欢男人而毁掉了自己的前途，那时候我人长得耐看，而且比较单纯，有个比我大的老男人追求，并发生了同性行为，虽然知道这件事不好，但是真的挺刺激的，我们保持了一段时间的关系，偷偷摸摸始终没人发现我们。有一天被人发现了被举报到了公安局，那时候还有'流氓罪'，我就被工厂开除了，这种事在当时真是丢人的事，我妈舍不得我，但我爸不让我在城市待了，让我去了农村。1996 年我回老家结婚了，但是我也不是真想结婚，经过别人介绍我才认识媳妇的，不想再犯年轻时那样的错误了，为了不让别人说闲话，我只能结婚了，后来我们有了个女儿，但是我真的想和男人在一起，有了家庭我也只好收敛，凡事都要小心，在农村这种夫妻之间的事更敏感，稍有苗头就会被邻居抓住话柄成为笑话。后来孩子大了，找机会我们回了城里，我就抑制不住自己，常在河边走哪有不湿鞋，报应啊！我的同伴告诉我他感染了艾滋病，让我也去查查，结果真的很痛苦，我不知道妻子有没有感染艾滋病，我觉得我对不起这个家啊！"

　　在过去的岁月里同性恋不被大家接受，在 20 世纪八九十年代同性行为被归为流氓行为，直到 1997 年才将同性性行为的"流氓罪"废除；同样在医学界，同性恋被认为是一种精神疾病，1993 年才更正了同性恋是精神疾病的错误，并从医学疾病分类中剔除。虽然，这是一种社会进步的表现，是公众对同性恋重新认识的良好开端，但世俗的眼光却没有因为法律和条文而改变。对男同性恋贴上标签是要将他们从正常人中标示出来，更是使这些同性恋者没有机会获得可以支撑正常地位的物质手段。男性在进入社会参加工作以后，如果很长时间都不和异性来往可能就会被认为是"非正常人"而受到怀疑。在上文中男同性恋 G2

的过去曾经因为同性恋事件曝光而受过事业上的苦，为了不重蹈覆辙他最终选择了进入异性婚姻，认为这样有了妻子和孩子，他就可以免予他人的异样眼光，免予不公平的对待。在这些骗取异性婚姻的男同性恋眼中，同妻的存在就是为了让自己远离社会的压力和舆论，同时可以在私下继续婚外同性恋情，他们不确定妻子是否会被传染艾滋病，但他们的行为却给这些同妻带来了未知的危险，艾滋病也因此悄无声息地被带到这些无辜的同妻身上。

无独有偶，同妻 W5 也表明自己是受到蒙骗才和同性恋结婚的，他们是昔日的大学校友，在 2012 年结婚，这时 W5 已经是一名教师，而其老公是一名公务员，常常加班而不能归宿，某天因为琐事而与 W5 争吵说要离婚，妻子很奇怪，在怀疑他的举动后逼问丈夫，终于知道丈夫是同性恋的事实，W5 在第一时间查了 HIV 所幸结果是阴性，她的丈夫也向家人出柜，最后，一年多的婚姻生活也结束了。W5 离婚后找前夫谈话才明白他一直知道自己的真实性取向，只是为了不让单位的同事起疑心，想更安全地混圈①才结婚的。她到现在为止也不知道自己的前夫是否感染了艾滋病。W5 的丈夫在知道自己的真实性取向情况下依然要结婚，完全是因为需要同妻的存在来为自己掩盖同性恋的事实，达到掩人耳目的目的，这样的男同性恋者在社会中还有很多。他们认为这样做才能取得社会的认同，摆脱弱势群体的表象，成为社会公众不排斥的成员，而这些归根到底是他们在角色扮演上的欺骗，他们无法以同性恋者的身份正常生活，一些因受到社会排挤而自甘堕落的同性恋者会有不健康性行为的可能，更有甚者选择滥交，因此而感染艾滋病，当他们选择进入异性婚姻或者已经处于异性婚姻中时，他们带给同妻的只有难以承受的心理痛苦和艾滋病的威胁。

（二）传统社会文化和思想带来的影响

同妻 W5 还对笔者叙述了和同性恋丈夫离婚后两个人的谈话内容，她说丈夫与他离婚原因还有一点就是他害怕有一天被妻子和家人发现他是同性恋者。在和 W5 离婚以后他又找了一个服务员谈恋爱并且同居，准备和她结婚生子，他也承认对这个女人没有任何兴趣，为了要个孩子并且能落上户口才要和她结婚。W5 的前夫在未知是否感染艾滋病情况

① 这里的混圈是在 gay 圈即男同性恋社交群和相应的场所活动。

下选择再次进入异性婚姻，原因不外乎需要女性给他生孩子，因此，同妻除了被当作社会压力的挡箭牌、男同性恋的遮羞布之外，更主要的意义是她们成为男同性恋者传宗接代的工具。

在中国，以异性恋为标准的家庭概念早就已经深入人心，家庭成为传统中国人心中最高的人生核心价值之一，异性婚姻就意味着男女结为夫妻后，要结婚生子、养育后代，而同性恋者渴望的却是同性婚姻，他们排斥与异性的接触，但他们其中的一部分人迫于无奈还是会选择与异性缔结婚姻，为了生儿育女他们也会和妻子发生性关系。男同性恋者有着独特的性生活方式（口交、肛交为主），他们极容易感染艾滋病，其中已婚的男同性恋者虽然碰触同妻次数不多，但即使仅有的几次性生活也可能导致她们感染艾滋病。

1. 中国传统的婚姻观

在中国，"子以父为纲"的思想泛滥，"男大当婚，女大当嫁"的思想也影响着祖祖辈辈的人，到了一定的年龄无论男女都要走进婚姻生活，找到恰当的另一半结婚生子，这才是正常的生活。而且从传统上来讲，婚姻不一定要以爱情为基础，经济、社会、文化因素都是维系婚姻需要考虑的。在没有爱情的婚姻中当事者多数是听取"父母之命，媒妁之言"，经他人介绍才步入婚姻生活。同性恋者进入婚姻生活也大体如此，在接受访问的几个男同性恋者中，他们表示没有主动找异性结婚，进入婚姻生活都是父母帮助安排的，尽管他们心里并不情愿但大多数会选择尊重父母的决定。当然仅结婚并不是父母最终目的，虽然少部分男同性恋者进入异性婚姻会选择无性婚姻（包括与女同性恋者的形式婚姻），由于结婚的对象是异性恋取向的女性，这些进入异性婚姻的男同性恋者多数是要与同妻发生性关系，履行丈夫职责的。

> 感染艾滋病的男同性恋者 G3 说：疾控中心已经确诊我的艾滋病，阳性，现在我感觉看淡了，前几天在网上买了试纸已经发现是阳性，当时我很慌张、很害怕，也很想去死，我对不起爸妈和老婆，我不知道应该怎么办。我决心去疾控中心，初筛之后又进行了复查，我明白这表示我已经确诊了。我刚结婚不久，老婆还是我爸战友的孩子，她才刚刚怀孕 3 个月，我不敢也不知道怎么和她说，不知道妻子和孩子有没有感染上。我才 28 岁，得了这种病最多也

就活到 60 岁而已，还有 30 年，想想我真的很怕死，我想自杀但没有勇气，而且我要是死了，家人以后日子该怎么过，我们这种同性恋迟早会得这种病的，我真的不敢想以后该怎么办，工作怎么办，家庭怎么办？离婚还是打掉孩子？她爸妈知道了会不会杀了我！我爸妈知道了怎么办！

由父母一手操办，原本就没有感情基础的婚姻，因为同性恋 G3 感染了艾滋病而变得更加岌岌可危。同性恋者虽然对异性没有感情，却要遵从父母意愿在一定的年龄与合适的对象结婚，父母认为知根知底的婚姻更安全可靠，男同性恋者则认为这是孝道的一种体现，尽管这样在身心上是一种煎熬，但这样既避免了向家人出柜，同时也达成了父母的心愿，是一种"两全其美"的办法。可给他们的妻子带来的是不公平，她们在不知晓对方是同性恋时结婚，在配偶感染了艾滋病时依然遭遇隐瞒和欺骗。

2. 传统生育观带来的影响

首先是尊重并满足长辈的要求。中国家本位思想根基很深，这意味着婚后一切都要以家庭为核心，更强调家庭成员所作所为要对家庭负责，既然选择了结婚就有责任和义务来维护家庭的完整性，因此繁育后代是已婚男同性恋者亟须完成的。同时，我国"不孝有三，无后为大"的传统生育观思想还影响着上一辈人，而这种观念也是很多家庭日常生活必须遵守的模式之一，只有异性结婚、生育才算是对父母尊敬与孝顺，才符合中国社会纲常的标准。同性恋双方不能繁育后代，而不生育后代是与传统文化、道德相违背的，这会导致家庭内部产生冲突。因此，男同性恋者虽然不想与异性有更多身体上的接触，但是迫于家长的压力，他们不得不放弃自己的同性感情进入异性婚姻，其中以人口再生产为目的的男同性恋者则必须与妻子发生性关系，这种性关系采取的是无安全措施的性交，男性在这种情况下会将艾滋病的风险带给这些同妻。

同妻 W3 自述她沦为生育工具的经历，而不幸的是怀孕时检测出了艾滋病。

我已经 31 岁了，我是孤儿，和丈夫在孤儿院相识，本以为孩子的到来能使我感受到血亲的爱，但产检却意外验出了 HIV，我真的很无助。老公最终和我坦白了，他是 30 岁时被爸妈以死相逼要求生孩子才和我结婚的，他在认识我之前都是和同性交往的，这样他感染艾滋病可能有至少 3 年了，我们相识的时候我一点没有察觉，现在已经结婚 2 年了，现在我才知道他原来有同性恋的 QQ 还和他身边的三个男人有染，当时也有人追我，但我特意选了一个从不说黄色笑话的，本以为会给我带来幸福，却没想到他竟然是同性恋，我还爱他，但孩子是无辜的，我现在真的崩溃了。孩子如果阻断治疗也有可能不是艾滋病携带者，可是我们有病以后谁来照顾孩子？原本当了妈妈很兴奋，却没想到 HIV 离我那么近。离开他除了艾滋病，真的什么都没有留下，我压根没有想过他会是同性恋，真心想不到啊！现在怀孕已经 6 个月了，孩子还该生下来么?!

W3 的丈夫是为了满足父母的意愿被迫与她结婚生子的，而更让 W3 绝望的是他感染了艾滋病并且传染给了自己，给孩子也带来了感染艾滋病的风险。父母以死相逼，倘若不满足父母的愿望就可能会被冠上"不孝"的名声。可同性恋者走入异性婚姻的举动虽然满足了父母的愿望却伤害了无辜的同妻 W3 和孩子，孩子虽然可以阻断治疗但也存在感染艾滋病而终身痛苦的可能性。为了自己的父母就牺牲妻子甚至孩子的幸福和健康，这是男同性恋者进入异性婚姻后常有的有意或无意的表现。

疾控中心医生 D1 作为艾滋病防治志愿者长期活跃于同妻群中，他阐述在疾控中心遇到过一个男同性恋来查艾滋病，妻子已经怀有身孕 7 个月，他已经被查出感染了艾滋病但他自己坚持认为妻子没有感染上，他不想让妻子不安，这个孩子肯定是健康的，想让她顺利生产下来，咨询 D1 该怎么办。而两天后他又带着自己的男朋友来复查，医生 D1 坦言自己很纠结，这个男同性恋明明感染了艾滋病却还想着要妻子给自己生个孩子，艾滋病感染者明明是有义务和责任向家属坦白病情的，可是由于艾滋病患者资料要求严格保密，这种情况下疾控不能通知他的家属，这让医生很内疚。在笔者访谈过程中了解到 D1 说的这种情况也不在少数，即使感染了艾滋病也要达到结婚生孩子的目的，他们想要的是用孩子来满足家长的要求，可是给同妻带来的艾滋病风险他们并不十分在意。

其次是由于养儿防老的观念。在费孝通先生看来生育制度是人类种族延续的人为保障。中国人生儿育女不单单是为了家族的壮大和延续，更重要的是"养儿防老，积谷防饥"的思想，所以男同性恋者也会为了未来的利益而选择与异性生育子女。

同性恋者 G4 妻子感染艾滋病就是"养儿防老"意识推动下所造成的。

> 我媳妇是 2013 年 2 月检查出怀孕了。7 月份做产检结果是 HIV 阴性，在 9 月份再去做产检，检查出艾滋病阳性。那一刻我真的想死，是我害了妻子和孩子，但当时我真不知道我有艾滋病。妻子还开导我说人生自古谁无死，十月的国庆节刚过我去疾控中心做了检查，后来检查报告出来了，和我料想的一样是阳性。如果早知道我就不急于要孩子了，就不会害了善良的妻子了，她一直都很理解我、包容我！现在才知道结果什么都晚了，无济于事了！我真的错了，我不该听那个已婚的男人的话，他和我说必须要有个自己的孩子，以后七老八十了可以有人给你端茶倒水，伺候床前，当时我心动了，我害怕孤独终老。如果不是他说的，我就不会结婚，要知道我自己都命不久矣了，还要什么孩子！

男男同性恋情多数是短暂的，双方更看重的是对方的外表、体型等外部体貌特征，因此当他们逐渐衰老并不再像从前那样外表光鲜时，他们的交友就变得愈来愈难，如果坚持同性恋生活很可能会使同性恋者孤独终老，既无伴侣陪伴又无后代照料，剩下的只有孤独和寂寞。因此，在情感的需要和对未来的无力感驱使之下，男同性恋者会选择与异性结婚并生育后代，这也是最稳妥、最合法的办法。G4 正是在这种思想下选择了结婚，却没想到艾滋病打破了初衷，害了妻子也害了孩子。为了自己的将来有人能够照顾而生育的男同性恋者很多，两个同性恋者是不具备生育下一代的条件的，为了当上父亲他们必须与异性同房，男同性恋者如果在婚前或婚后感染了艾滋病并与同妻继续同房，那么同妻和"同孩"将会成为同性恋艾滋病的最无辜受害者。

除了男同性恋者的原因，同妻也需要孩子来"医治"丈夫冷淡自己的创伤。男同性恋者多数对自己的妻子比较冷漠，没有感情上的沟通使得同妻感受不到家庭的温暖，这时同妻也需要孩子来排解自己的苦闷，需要从孩子身上找到家庭的希望，甚至有一部分同妻希望孩子能够将丈夫"掰直"恢复到正常的性取向，孩子成为了同妻的一种精神寄托，在笔者接触到的同妻中有很多在无法使丈夫回心转意之下，只能寄希望于孩子的出世。但是，对孩子迫切的渴望很可能给她们带来更多感染艾滋病的风险。

艾滋病高危同妻 W14 在得知自己的老公是同性恋者之后，想离婚却因为自己还爱着他无法放下他，她没有提出离婚，取而代之的是选择生育子女来陪伴自己，更希望有了孩子丈夫能更关注这个家和自己。她曾向丈夫多次提出要求可以不过性生活，但最起码让她怀一个孩子，丈夫以身体不适为由多次拒绝但最终艰难同意了，两个人终于有了孩子，可丈夫一点不关心孩子，在孩子一岁多的时候丈夫检查出了艾滋病，同妻 W14 虽然没有感染但很无助想去死，悔恨自己当初没有在生孩子前离婚，现在孩子都是靠她一个人抚育，她对生活也失去了信心。W14 虽然没有感染艾滋病，但丈夫是患艾滋病的男同性恋者，她成为艾滋病高危感染者，她希望孩子可以成为丈夫回心转意的关键，但是丈夫却连孩子都不想要，而且孩子的出生并没有改变丈夫，在孩子出生后丈夫在外感染了艾滋病表示他依然在外我行我素，没有因为孩子而改变自己对家庭、妻子的态度，更不用说从男同性恋者变成"直男"了。同妻 W14 本想孩子可以陪伴自己以治疗丈夫带来的寂寞和失落，可她却没办法承受独自抚养孩子的辛苦，甚至有成为艾滋病携带者的危险。由此可见，同妻在向同性恋丈夫要求孕育孩子是一个困难和危险兼具的行为。

3. 社会对女性的角色期待

从同妻方面讲，社会不仅给予男性以社会压力，遭遇家长"期望压力"的也不单单是这些男同性恋者，与他们结婚的同妻也常常被要求尽早生育子女，无论这些同性恋者是否向家长"出柜"。在传统思想牢固的家庭中，儿媳生育状况还直接影响着家庭地位和公婆对她们的态度。

> W10：我与丈夫是在大学认识的，毕业后两个人签了同一家单位，2009 年我们终于结婚了，夫妻生活还算和谐吧，但结婚两年后我们依然没有孩子，他妈对我开始越来越不好，为了要孩子我去

看了不少大夫，2012 年是噩梦开始的一年，年底一天，他说生殖器疼，带他去看医生结果是淋病，我当时不知道什么是淋病，半个月后我也得了盆腔炎住院到春节前，春节他非要我去他农村老家过，那里特别冷还不烧煤。可能是因为没有孩子吧，他妈对我特别不好，让我用冷水洗碗，我因为刚出院说不能着凉，她却说："城里人我可不敢用啊！"还有很多刺激人的话。2013 年 4 月，他又难受了，低烧不断，肌肉疼头也疼，去医院查了也没有查出什么原因，一周多他自己居然好了，我们全家人都没有在意，直到两个月后一天我发现他的 QQ 聊天内容异常，我联想到了他的很多细节，比如：用痔疮膏，低烧，头疼，我联想到了同性恋和艾滋病，我们去医院做了检查才发现我的猜测是真的……都是阳性！我不敢相信！我连孩子还没有怀上呢，我想离婚，但是那又有什么意义呢，都说我们这样的女人是同性恋生产的工具，可我现在连工具都算不上了，没生孩子就查出了 HIV！

从 W10 的自我论述中可以看出同妻在婚姻中也饱受着社会压力，压力有一部分来源于家长，"因为没有孩子，他妈对我越来越不好"，在农村 W10 因为没有生育孩子，因此婆媳关系比较紧张。"女人的天职就是为人妻，为人母"，这是中国女性长期秉承着的思想，也是我国社会赋予女性的一种角色。费孝通先生曾在《生育制度》中明确指出，婚姻制度是"生育制度"的一部分，婚姻的意义之一就是繁养后代并确立双系抚育。[①] 可以说生育后代成为了中国人婚姻生活的重要组成部分，大多数人认为没有后代婚姻就不算完整。但是对于同妻来说，生育无疑成为了"损己利人"的行为，不少婚前或婚后感染艾滋病的男同性恋选择结婚、与他们结合的女性育子的道路，这些与男同性恋者结婚的同妻要依据传统文化履行"为人妻，为人母"的职责，所以她们很自然地成为男同性恋者繁育下一代的"工具"，从而使健康女性感染艾滋病，W10 就是因此感染了艾滋病，但是她还没有生育子女，连生育的工具还不算。而男同性恋家长急切的心态和男同性恋者逆来顺受的态度都成为了同妻感染艾滋病的潜在原因，家长的紧逼更让男同性恋者倍感

---

① 费孝通：《乡土中国　生育制度》，北京大学出版社 1998 年版，第 110 页。

压力不得不与同妻发生更多次数的性关系以增加受孕概率，因此同妻在孕育孩子的过程中会因为同性恋丈夫可能患有性病、艾滋病而增加感染这些疾病的风险。

三 社会规范漏洞的风险

社会规范是个体行为的价值标准，它无论成文或不成文都制约着社会成员的行为。法律、法规、条令等作为一种有强制力的社会规范对社会的运行起到制约作用。这种制约力确保社会的良性运行，保护社会成员的安全。但在我国从法律角度观之，成文的社会规范中并没有保障同妻权利的条款。法律和各项条文的缺失使得一些男同性恋者钻了空子，同妻却无法通过法律的手段获得保护。因此，在制度性的保障缺失情况下，同妻的健康受到严重威胁，艾滋病从已婚男同性恋者传播到他们异性妻子的状况频频出现，而这些传播艾滋病的男同性恋者往往不会受到法律的制裁。

（一）同性婚姻的非法导致滥交

我国的婚姻法律法规以及各种条款并没有像西方国家一样健全，尽管李银河教授等人极力倡导同性婚姻合法化，但同性婚姻在我国依然不被立法机关接受。这使得一些男同性恋者以同性婚姻不合法为借口，把自己的责任从法律角度全部推卸掉。更重要的是同性恋者性伴侣没有确立婚姻关系，相互之间缺少社会规范的制约，更没有维持稳定关系的法律保障，这会造成一部分同性恋者任意交友，增加艾滋病和性病传播的可能性。当这些人进入异性婚姻时，传播对象不仅是他们的同性伴侣还有他们的异性妻子。

笔者在同性恋吧里见到男同性恋者在贴吧中爆照片，相互留联系方式，更有一些男同性恋者直言要和某个吧友开房。从他们的聊天记录中笔者发现有很多男同性恋者已经结婚了，但还是选择通过网络"约炮"来满足自己的情爱需要，在对对方没有充分了解的情况下随意进行网络交友、约会都极容易使这些已婚男同性恋者感染艾滋病，他们的妻子正遭受着感染艾滋病的危险。

在 HIV 吧里同样存在很多男同性恋者，已经感染了 HIV 的男同性恋吧友发帖寻找同样染病的男同性恋在一起，笔者发现其中不乏已经与异性结婚的男同性恋者，虽然他们已经感染了艾滋病，但这种行为的延续，只会增加交叉感染，更有感染梅毒、淋病等其他疾病的可能。

可以看出，男同性恋者中很多人不甘于寂寞，他们在寻找更多的同性伴侣，网络和手机应用软件已经成为同性恋者相互结识的"主战场"。在没有婚姻中过错方法律约束情况下，很多男同性恋者结交一个以上的同性伴侣，加之很多性行为没有足够的安全防护，这种滥交行为给他们带来的是增加感染艾滋病的风险。可由于同性婚姻的不合法，同性恋者无法以法律维护同性间的婚姻生活，也就无法在法律上制约他们始终与单一同性恋者保持性关系。艾滋病在男同性恋者中的传播多数与他们的滥交有关，不论这些已婚男同性恋者是否对妻子隐瞒自己的艾滋病情，对同妻都可能造成身体上的伤害。

（二）法律对故意传染疾病的不作为

婚内故意传染艾滋病很难界定，而且对于该行为的限制和惩处，相关法律法规依然处于空白状态，在法律上很难界定同性恋者是否恶意传染同妻艾滋病，这无形中导致更多的同妻无辜成为牺牲品。

同妻 W6 是一名白领，目前已经 30 多岁，2009 年初离了婚。离婚后，她在网上相亲认识了一个男人，他没有什么稳定的工作。两人结识之后，双方觉得比较满意，男友便住到 W6 家里，从 2010 年开始同居生活。其实，W6 还是很在意同居对象的身体情况的，考虑得比较周全，所以在同居之前，她要求男友去医院做全面的身体检查，没有发现艾滋病、性病等重大传染性疾病后才同意与他一同居住。不久，W6 发现怀孕后就与同居男友领取了结婚证。W6 到医院做了孕检，但意想不到的是 W6 的血样检测出了艾滋病阳性。W6 决定立即打掉孩子，回去质问了老公。在反复的逼问下，他终于承认他在认识 W6 之前一直是和男性交往，结识她前不久刚刚被诊断出患有艾滋病。同居前在医院检查时，他是请男朋友帮忙代替他去做的。当 W6 问他"为什么不告诉我实情，感染了艾滋病还要与我同居是什么意思？"时，丈夫居然这样回答："我想如果你也感染了艾滋病的话，你以后就不会离开我了。"W6 既愤怒又觉得绝望。W6 想通过法律的手段让同性恋丈夫得到应有的惩罚，但是由于证据不足而且法律中对婚内双方故意感染艾滋病的法律依然没有出台，多次上诉均被驳回，W6 的丈夫依然逍遥法外。W6 不光遭遇到了男同性恋者的骗婚还因此感染了艾滋病，而她的老公自述故意传染艾滋病给她仅仅为了捆住条件比自己好的她，这种"损人利己"的恶意行为却逃脱了社会规范的制约。我国《婚姻法》规定"结婚必须男女双方完全自愿",但没有阐明同性恋这种带有隐瞒性质的婚姻是否合法,W6 遭遇到的是婚内艾滋病故意传染,由于法律在这方面的缺失,导致她无法利用法律的武器维护自己的利益。倘若其他男同性恋者也因为法律规范的纰漏而钻空子则会给更多的同妻带来这种致命的伤害,这样社会规范的缺失无形之中使得同妻暴露在艾滋病感染的风口浪尖处,使得她们感染艾滋病的风险和概率大大增加。

第三节 同妻艾滋病的个人风险分析

从主观风险看,同妻感染艾滋病的风险来源于她们的丈夫和同妻自身。除了社会给予双方的重压外,个人的道德和素质也使得同妻在无意识下感染艾滋病,部分同性恋家庭中的婚姻暴力使得同妻在反抗无效的情况下遭受感染艾滋病的风险。

一 男同性恋道德偏差

（一）有意传播

男同性恋者与多人发生性行为后很容易感染艾滋病。一些男同性恋者对已经感染艾滋病并不知情,他们也不是刻意将艾滋病传染给同妻,上文提到的患艾男同性恋者 G4 就说过"那一刻我真的想死,是我害了妻子和孩子,但当时我真不知道我有艾滋病。""如果早知道我就不急于要孩子了,就不会害了善良的妻子了。""现在才知道结果什么都晚了,无济于事了!"G4 因为使妻子染病而处于深深的自责和忏悔中,但这只代表了已婚男同性恋者中部分人的心态,还有一些未"出柜"的已婚男同性恋者为了自身的利益自私地隐瞒了已患病的事实,此种情况下他们依然选择与健康女性结婚、性交、生子,医学上虽然已经有艾滋病阻断药物可以使母婴传染艾滋病的概率大大降低,但这种欺骗性的行为却给同妻带来了致命的伤害,她们不可避免地沦为艾滋病的感染者。在某些骗婚男同性恋个人品质低下、道德伦理缺乏和社会规范纵容的情况下,同妻感染艾滋病便有了很大风险。

已经离婚两次的同妻 W7 自述:

今年我刚30出头，几年前我妈到公园相亲大会帮我找了我的第一任丈夫，我当时觉得他从外表到各方面的条件都还行，他的母亲当时对我也挺好。我们两方见面后一来二去也就准备结婚了。谁知道结婚以后，我才发现他好像在性生活方面很冷淡，对我毫无感觉！我也是够蠢，当时没往这方面想！他妈还着急抱孙子，一个劲地催我们快点生孩子，结婚之后大概一年吧，我都没有怀孕的迹象，他妈也没再给我好脸看，总说一些刺激我的话，这给我很大压力！我们最后去医院做检查，结果是他有不育症，我正常。我提出了离婚。没多久吧，我再婚了而且很快怀孕了，可是在产前检查中我却莫名其妙地成了艾滋病患者，那时候大概是怀孕7个多月了，就只能做艾滋病的母婴阻隔了，我的丈夫检查是阴性，我第二次婚姻也这么结束了。我真的想不明白自己怎么就得了艾滋病呢！后来我在医院取药的时候居然遇到了第一任丈夫，原来是他那个王八蛋！他是同性恋！还和男朋友一起去治艾滋病，医生说他是这里的熟人了。同性恋还和我结婚！有艾滋病还和我上床！我恨不得打死他与他同归于尽！太不要脸了！人渣！要不是他和他妈我也不会变成这样！

W7的遭遇也是很多同妻经历过的，本来可以与同性恋丈夫离婚后过上正常女人的生活，却因为被感染艾滋病而无法实现。W7既失去了到手的幸福，还失去了健康。其前夫道德缺失侵犯了她的利益，应该受到谴责和惩罚。而前文中同妻W3的丈夫在结婚前一年就已经得知自己感染了艾滋病，却还是选择继续隐瞒病情与W3结婚，与她保持着看似正常的夫妻生活，如果不是怀孕产检，她的丈夫会一直隐瞒真相，为了结婚而不择手段，这是这些没有道德的男同性恋者的共同点。疾控中心的医生D1在前文中也讲述了隐瞒自己患艾滋病仍与女性结婚的男同性恋者还有很多，他们的素质和道德水平实在让人为同妻的生活担心。未婚的男同性恋者G1在检测出艾滋病以后对所有人隐瞒真相，理由是不想让自己的父母受到伤害，但是这样却会伤害到未来与他结婚的女性。这样的潜在风险源还有很多，他们的行为或许不是单纯为了自己，却牺牲了与其结婚的无辜的女性，他们无法给同妻爱，却留给了同妻无法治愈的艾滋病，这样的刻意隐瞒自己病情的男同性恋者是无法得到谅解的。

男同性恋者很排斥异性的接触，却依然走进异性婚姻，迫于无奈，又不得不屈于现实。而同妻则更是无辜的群体，除了少数同妻在婚前已经知晓丈夫是同性恋的事实外，大部分同妻都是由于丈夫的欺骗才与他们结婚。根据我们的田野调查发现，同妻中有30%左右遭受到了同性恋丈夫肉体和精神上的摧残，他们将自己的不快和压力转嫁到同妻身上，少数已经感染艾滋病的男同性恋者还刻意将艾滋病传染给自己的妻子。一名防治艾滋病志愿者也曾在微博中说过，他接触过的被感染者中有8成以上有报复心理和逆反心理。

前文中的同妻 W6 就遭遇了丈夫刻意传染艾滋病给她的情况，当她问及丈夫原因的时候，他的回答是："我想如果你也感染了艾滋病的话，你以后就不会离开我了。"他的丈夫为了自己之后的生活不再被人怀疑，为了能有满意的生活条件而将艾滋病刻意传染给妻子，这种自私的行为是他道德缺失的一种表现，也表现出其人格的缺陷。除了这种想用艾滋病将同妻"捆绑"在自己身边的情况外，还有一些更恶劣的男同性恋者为了报复而刻意将艾滋病传染给无辜的同妻。同妻 W2 在与笔者的谈话中，说明了自己遭到丈夫报复感染艾滋病的真实情况：

> 我已经28岁了，是一个公务员，我查出艾滋病是在去年年底的单位体检，今年年初疾控中心给我打电话让我去做下检查，单位同事知道了都用异样眼光看我，我没办法，辞了职。我想了各种感染艾滋病的渠道，但我都没有啊！我最后想到了异常冷淡的老公，在我的逼问下，他爆发了，他说他早就不想过了，他知道自己是个同性恋而且永远也直不起来，很早之前就偷偷查过艾滋病了，他说刚开始觉得对不起我，后来发现是他的男朋友故意传染给他，他很恼火，又不想这么就死了，他也在外面约炮，和男人上床，回家他不敢和我说这些事，但是他又觉得我太懦弱，听爸妈的话非要嫁给他。他将所有的一切（责任）都扣在我身上，为了报复我爸妈和我，死也要拉我做垫背。和他结婚这么久我从来不知道他心这么狠！

W2 的经历很坎坷也很无奈，丈夫复杂的生活却让她成为了被报复对象。其丈夫心理上不能承受打击，故将压力和愤恨全部推到了同妻身上，在事件中 W2 是最无辜的受害者。因为善良和大意，同妻成为同性恋丈夫的攻击对象和发泄目标，W2 的丈夫也曾经觉得对不起妻子，却因为遭遇不公而心理扭曲，变得不顾道德底线。他们不但对骗婚毫无愧疚之意，还对同妻进行身体上的伤害。但凡有一点良知他们就不应以骗婚的方式与同妻结婚，更不会隐瞒病情，刻意传染艾滋病。同妻得知丈夫刻意将艾滋病传染给她们时的痛苦应远远多于她们知道自己同妻身份时的痛苦，倘若她们遭遇了骗婚是苦不堪言的，那么遇到了这些丧失了道德的男同性恋丈夫则更是跌入万劫不复的深渊。

（二）婚姻暴力

婚姻生活中很多男性通过身体的强力来控制女性，婚姻暴力现象更是屡见不鲜。这里的婚姻暴力不光指的是身体的暴力、精神的暴力（冷暴力），更直指性的暴力——婚内强奸。由于这些现象主要产生在家庭当中，隐蔽性极高，而且事出突然难以防范，受害的妇女更是常常采取消极、容忍的态度对待，所以不易被外人发现。

在我国，女性在很大程度上被视为低于男性的"第二性别"，在性领域中受到诸多压迫，如：不情愿性行为、被迫的性行为等，而男性在这些方面的压迫相对少很多，可见中国女性在婚姻生活中还处于"性屈从"的状况中，她们普遍处于弱势地位。[1] 一般来说，男性在社会地位、社会角色扮演等方面普遍高于女性，这种不平等使得男女在家庭关系中所掌握的权力也变得不平衡，男性的地位普遍较高。英国社会学家吉登斯指出："在现代社会中，男人的性强制性更加明显，男人对待女性的暴力潮流正在逐渐增长。"[2] 这类暴力多是将目标集中于控制女人和保持其从属地位上。而在男同性恋的婚姻中出现的婚姻暴力呈现出了更多的个人因素，即便是男同性恋者进入异性婚姻也会显现出暴力和强控制欲倾向，因此同妻中很多人遭受了婚姻暴力，更有很多同妻在丈夫的强力中感染了艾滋病。

艾滋病感染高危同妻 W13 现在已经 48 岁了，10 年前因为丈夫是感染艾滋病的男同性恋并且伴有婚姻暴力而离婚。W13 在得知丈夫感染艾滋病后第一时间去医院进行筛查，所幸检查结果为阴性，她阐述过自己

---

① 潘绥铭、白维廉、王爱丽、劳曼：《当代中国人的性行为与性关系》，社会科学文献出版社 2004 年版，第 296—328 页。

② ［英］安东尼·吉登斯：《亲密关系的变革——现代社会中的性、爱和爱欲》，陈永国、汪民安等译，社会科学文献出版社 2001 年版，第 3 页。

离婚前的这样一段经历：

> 在这将近10年的生活中，我的丈夫从来没有像别的夫妻那样
> 和我甜蜜，甚至接吻啊，拥抱啊，这些都没有过。最让我寒心的还
> 不是这些，他对我甚至用强的，我是个正常的女人，我觉得长相什
> 么的也都可以啊，但是他就是不（用）正眼看我，他看我就是那种
> 凶巴巴甚至是十分恼火的表情，眼睛里是仇恨和厌恶。现在想起来
> 那种眼神都让我不寒而栗，在他眼中我似乎就是每天都犯错了一
> 样，这让我变得很自卑。还有一次印象比较深的就是，有个周末我
> 们因为一件琐事吵得比较凶，他突然冲过来，在我没有任何思想准
> 备的时候，把我推到墙角，然后把我压到下面，像疯了一样缠住我
> 的身体。我被当时的情景吓坏了，大声地喊叫："你怎么可以这样！
> 我是你的妻子！是你孩子的妈！你不能这么对我！你疯了?!"但是
> 看到他看着我的眼神我非常害怕，他的眼神很凶狠，就像要把我杀
> 了，他大声冲我喊："我烦死你了，不希望看到你！你每天在我眼
> 前晃来晃去我看着就烦。"可能是我们争吵声太大了，孩子跑过来
> 一看，哭着吓跑了。

从上面阐述的内容很容易看出，同妻 W13 虽然没有感染上艾滋病
却遭遇着因为家庭暴力而感染艾滋病的风险。9 年多的婚姻不仅使她遭
受了精神上的冷暴力，而且她的丈夫还将自己的不满和压力完全倾泻于
她身上，她遭遇的不仅是精神上的摧残更是肉体上的折磨。有婚姻暴力
的男同性恋者对自身的问题完全漠视，却将问题归咎于他人，当他遭受
困扰时就会对妻子感到厌恶和心烦，甚至虐待、侮辱妻子。在这种情况
下，男同性恋者并不会认为是自己的过失，反而经常说妻子"完全该
打"。① 因此，同妻可能被暴打，更有甚者有些男同性恋者强迫同妻与
之发生性关系。男同性恋者通过对女性的控制来解除社会焦虑，宣泄社
会压力，他们将与女性结婚的痛苦施加给同妻并怀有报复她们的心态，

---

① Henning K., A. Jones, R. Holdford, "I didn't do it, but if I had a good reason": Minimization, denial, and attributions of blame among male and female domestic violence offenders, *Journal of Family Violence*, Vol. 20, 2005, p. 40.

恃强凌弱故意将艾滋病传染给妻子。

已经感染艾滋病的同妻 W4 就是由于家庭暴力，被迫与同性恋丈夫发生性关系而感染了艾滋病，W4 的老公是一名警察，十几岁时就和男人在一起了，结婚后还有联系，但是被 W4 发现了无奈之下才分开，她的老公给了那个男人一套房子做补偿。这位同妻得知后很气愤，就去她婆婆那儿说理，说他儿子找小三，还给了人家一套房子，该同妻考虑到了他老公的面子，没说明小三是个男人，公公婆婆很生气，把她老公找回来谈话。同妻 W4 没听他们的谈话直接回家了，结果她的老公回到家抓着她的头发就把她摔倒，拽着 W4 的头发向墙上撞，用皮带抽打。W4 的丈夫强暴了她并恶言相向："你不就会告状么，不就是想要孩子么！有孩子看你还能不能这么贱了！"W4 坦言这样的遭遇已经很多次了，已经记不清楚他对自己施加暴力的理由了，有的时候是丈夫心情不好喝了酒，有的时候则是一些细小的琐事，这样的婚姻让 W4 不愿继续下去，但是现在她却检查出已经怀孕了，而且在产检的时候还检查出了艾滋病，这样的打击让她不知所措。

警察是男性数量较多，男女比例极失衡的群体，相对容易产生男同性恋者，他们中的一部分人脾气狂躁，所受的教育相对刚性，男权主义倾向明显，在约翰逊等人对 413 位警官研究后发现，他们对职业倦怠、有专制作风，酗酒和工作调动都会使他们产生家庭暴力，所以这样的家庭暴力事件也较容易发生。[①] 即便这些人中有男同性恋者，这些人身上依然有男权意识的存在，而他们把这种男权意识带到了异性婚姻中，男性对家庭、对妻子的支配权同样要显示出来，这使那些原本就畸形的婚姻增加了复杂性，在这种充满复杂性的婚姻生活中婚姻暴力折射出了男性对女性的主宰。这样的暴力支配给同妻带来的不仅是心理伤害，更有艾滋病的折磨。与 W13 和 W4 有着相似经历的同妻还有很多，她们都面临着艾滋病的威胁。可见，男同性恋者对妻子的婚姻暴力使得同妻感染艾滋病的可能性大大增加了。

二　同妻落后的防范意识

从同妻角度来说，同妻的风险意识不强是她们感染艾滋病概率加大

---

① Johnson L.，M. Todd，G. Subramanian，"Violence in police families：Work – family spillover"，*Journal of Family*，Vol. 20，2005，pp. 3 – 13.

的又一主要因素。一方面，这些同妻中有很多人在婚前没有过恋爱经验，对恋爱中双方的行为比较迷茫；另一方面，同妻中90%的人在步入婚姻前是不知道另一半的真实性取向的，一部分人不知道同性恋的存在，更不用说男同性恋容易感染艾滋病的信息了，甚至有些已经感染了艾滋病的同妻直到老公向她们"出柜"，她们依然不愿相信自己是因为嫁给男同性恋者而感染了艾滋病。

（一）对安全性生活的无知

从接触到的一些已婚男同性恋和同妻中了解到，同妻与丈夫多数是通过相亲或是经人介绍认识的，她们大多是传统、保守的，性经验通常都很少，她们对夫妻间的性生活了解很少，并且恋爱次数有限，不知道恋爱时应该有什么样的举动，很多同妻结婚前都依然是处女，与男人发生身体上的接触的人更是少之又少，一部分同妻婚后即使她们发现了丈夫是同性恋也并没有想到自己距离艾滋病仅一步之遥。

在笔者所接触到的感染艾滋病同妻和艾滋病高危同妻的14人中有一半以上的同妻在婚前没有过恋爱经验和性经历。其中艾滋病高危同妻W9是很典型的代表，她的丈夫是一名已经感染了艾滋病的男同性恋者，但是W9检查后没有感染HIV，她回想起丈夫对自己的一系列举动时说：

> 婚前他说要把初夜留到结婚那天，这让我很感动。婚后我们睡在一张床上，按理说我们应该是对性很渴望的年龄，晚上我总感觉怪怪的，我们之间很少有身体接触，第一次夫妻生活时我很茫然，不知道该怎么做，也是他告诉我的，我以为我很幸福，可在这之后我总感觉他是在躲着我，从结婚那天起就每天每夜找理由不回家。夫妻生活的数量屈指可数。在结婚前，我没有和任何男人谈过真正的恋爱，我对男人的经验少得可怜。我甚至不知道他这样是不是正常。有一天，他告诉我他是个同性恋，可我不明白，后来在网上终于知道像我这种情况的女人还有很多……

W9没有谈过恋爱，不知道如何与男人接触，更不懂得如何与丈夫过夫妻生活，这些知识反而都是丈夫教的。她在性行为的安全方面就更无知了，在不知道丈夫的真实身份时不会采取什么安全措施，而即使知道了丈夫真实的情况也依然不知道该如何是好。可见，同妻 W9 对自己的丈夫毫无戒心，她不曾想过自己的丈夫可能是同性恋，也不曾想过丈夫可能会感染艾滋病。就是在对丈夫毫无警惕和对性生活毫不了解的双重作用下，同妻成为艾滋病的高危感染群体。

与此同时，一部分同妻在家庭中的经济地位和权力地位较低，也使她们没有与丈夫讨论安全的性行为的话语权，对丈夫的性要求只能逆来顺受。同妻对不安全的性行为既不了解又无反抗，仅仅在选择性关系和性行为中，她们就受到很多的限制，而在没有安全保护的性生活中，女性极易感染艾滋病。而且已经进入婚姻的同妻更是无法选择，与丈夫履行夫妻生活也是义务所在，可见，男同性恋者进入异性婚姻给同妻带来的是无法选择的伤害和痛苦。

（二）对性需求不满

对性生活的不满导致女性对丈夫索取得更多，同妻也不例外，在正值性欲旺盛的年龄却遭遇丈夫的冷淡对待，让她们不得不向丈夫主动提出性要求。受中国传统社会思想的影响，有关性的问题一直是大众避而不谈的，性话题成为了一种禁忌。女性有性欲望则被认为是龌龊的、肮脏的，女人的性不应是为了满足性快感和性高潮，而应着眼于生育，因此女性的性欲望长期受到压制，女人沦为了"性的奴隶"。在这样的文化背景下，在道德上决不允许女性主动提出性要求，女性欲求不满也得不到重视。但就事实而言，女人也需要解放性欲，满足自身的生理需求。现代女性主义学者也在为冲破传统文化的束缚和制约做出努力，尽量改变和扭转将女性性欲看作是消极、被动的观点，让女性获得性生活的自主权和主动权。随着社会经济的发展和西方性解放思潮的影响，女性在性方面争得的权力也在不断增加，这同时也意味着女性性体验增加。虽然同妻与丈夫性行为次数增加，但并非一定会感染艾滋病，只是从性渠道感染艾滋病的概率和风险会随着性行为次数增加而有所上升。

感染艾滋病的同妻 W11 这样阐述自己的性生活：

我们之间完全没有夫妻间的亲密，我怎么会感染上艾滋病的?！刚结婚的时候一周就一次（性生活）吧，一个月以后，我们几乎没有性生活，大概平均每月最多过一次，后来就慢慢变成了两三个月才有一次，甚至半年一次的时候也有过。刚结婚那时我还不到24

岁，我好害怕无性生活会抹杀一个正常女人的生理需求，如果因为这个原因出轨了，我就成了千夫所指的贱人。我想了很多办法希望增加亲密次数，可他都以工作太累推脱了。作为女人，我怎么好意思总对丈夫主动提出性生活的要求？我逐渐怀疑他在外面有人了，每次我有这种疑问的时候他才会和我有一次夫妻生活，现在想想可能是在敷衍我吧……到现在才明白是怎么感染了艾滋病，当初自己努力讨好他希望能多几次夫妻生活，现在检查出了艾滋病，我真是打自己的脸啊，我就是个傻×！

在男同性恋的异性婚姻中，同妻多数是受到冷漠对待的群体，她们遭受着生活中的无视和性生活中的"冷暴力"，在性生活上长期不能得到满足，如案例中 W11 的遭遇，她有着矛盾的想法，既不愿过分索求又想满足性欲望，有时未见成效，某些要挟或许有效，但是由于对方隐瞒男同性恋者身份甚至患艾滋病身份，这种索求反而会给自己带来危险，这也是同妻很难预料到的，W11 感染了艾滋病后对自己当时的行为表示羞愧和愤慨。对丈夫的不了解带来的是不安全的性行为，这成为了艾滋病夫妻之间传播的温床。

（三）对艾滋病的认知较少

为了了解同妻群体对艾滋病的了解程度，笔者通过网络发放了 120 份问卷，试调查 30 份，后期回收 90 份调查问卷，调查的对象是同妻吧、同妻 QQ 群中活跃的同妻。从年龄上看（如图 5 - 1），120 人中"80 后"人数居多，"70 后"稍少，最少的是"60 后"，仅有 4 人，由于是在网络进行调查，该结果与上网群体的年龄分布有一定关系，与现实生活中同妻的年龄比例不一定切合。

而在文化学历上，被调查的同妻中有 52 人是大学本科及以上学历，占调查总数的近 50%，大专人数为 40 人，仅次于本科及以上的数量，而小学及以下的数量为 0，可见在被调查的网络同妻群体中，整体的文化程度不低。她们并不像人们想象中的那样文化程度较低，成为同妻与文化水平高低的相关程度并不高。

在对同妻未来感染艾滋病可能性的考察中，120 名被调查的同妻中有 14 人确认已经感染了艾滋病，数量占调查总数的一成多；而在剩余的 106 位未感染艾滋病的同妻中，仅有 30 位同妻认为未来自己可能感染艾滋病，余下的 76 名同妻对感染艾滋病一事表示不知道或认为自己不可能感染上艾滋病，这意味着多数同妻还没有形成对艾滋病的系统防范意识，她们没有意识到同性恋丈夫有可能感染艾滋病更有甚者可能传播艾滋病，那些表示绝不可能的同妻，她们对艾滋病的防范意识显得更加薄弱。

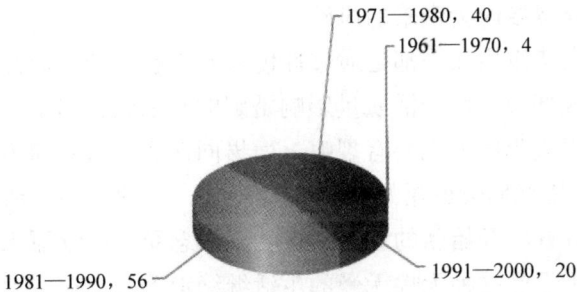

图 5 - 1　调查中同妻的年龄分布图

　　笔者同时在问卷中对同妻进行了包括艾滋病的传播方式、艾滋病的预防措施等常识性提问，被调查的同妻对"能够传播艾滋病的体液"一题并不能完全答对，很多同妻对艾滋病的传播方式有一定的误解，虽然她们能准确判断出性行为可能导致艾滋病的传播，但是对包括吸毒、使用感染的血制品、母婴传播等方式不能准确判断出来，而还有一部分同妻对艾滋病有一种恐惧心理，她们甚至认为与艾滋病患者的日常接触都会感染；在对艾滋病预防措施的问题回答中，很多同妻都知道如何预防艾滋病的传播，但是只有"避免与多人发生性行为"一项正确率为100%，其余的措施并不是所有同妻都知晓，选择"每天锻炼身体"预防艾滋病的有 28 人，选择"性生活正确使用安全套"的数量为 104 人，这与"不去消毒不严格的医院打针、拔牙"的选择人数一致，"不共用注射器具"的选择人数是 112 人；在感染艾滋病后多久能检测出来的问题上，能正确答出"3 个月左右"选项的人数刚刚过了一半。

　　从问卷回答中，不难看出同妻对艾滋病的认知情况并不是十分理想，仍有同妻不知道该如何正确预防艾滋病。特别是当自己还没有清晰地识别自己丈夫的男同性恋性取向，即确认自己的同妻身份或处境时，她们对艾滋病的防范意识更差。要知道在对同性行为连带同妻可能致病的预防知识上，她们往往是欠缺的。虽然，本书的研究对象仅仅是在网络中的小规模群体，不足以推论总体，但大体可以看出同妻对艾滋病的认知情况。在这种防范意识薄弱、认识不全的情况之下，同妻如果遭遇到了道德无底线的男同性恋丈夫后果可想而知，同妻难逃艾滋病感染的厄运。

三 婚外情给同妻带来的风险

同妻感染艾滋病几乎都是通过性传播方式感染的，而性又是婚姻生活的重要组成部分。性生活质量影响婚姻的幸福感，如果性生活出了问题，婚姻在很大程度上也会有裂痕，而男同性恋者婚后却不能给妻子带来"性福"，因此同妻的婚姻生活岌岌可危，这种婚姻生活只会有两种选择：或者分开，开始新的生活；或者坚强忍受，继续原来的样子。很多同妻选择了忍受这种无性无爱的生活继续走下去，在主动索求无果的情况下，难以忍受寂寞和欲望的同妻便开始寻求婚外情的刺激。有个别同妻感染艾滋病便源于此，长期的压抑使得她们无法抗拒外来的诱惑，与婚外陌生男人身体接触后感染了艾滋病和性病让人可悲、可怜、可叹。

W12 是笔者接触到的比较特殊的一名同妻，她没有像 W5 和 W13 一样坚决离婚，也没有如 W10 和 W11 那样继续忍受着丈夫的冷漠。她选择了维系这样的婚姻，从婚外寻找性满足。笔者在进行研究的过程中遇到的这样的同妻并不多，但 W12 的出现代表了少数这种主动"出轨"的群体，这引起了笔者的关注。

去年秋天的一天我出差回来本准备给丈夫个惊喜，却受到了惊吓。当我打开房门后，我惊呆了，老公居然和一个男人在沙发上赤身裸体。我没有闹，感觉反而很平静，只是我满脑子都是他和别的男人的画面。他求我不要离婚、不要把真相告诉他的爸妈，他甚至说，"只要你不离婚，你在外面干什么都行！"我是正常的女人，因为这件事我对一些事的看法也改变了，男人都是骗子！我按照他说的开始堕落了，我在网上随便就能找到一夜情的对象，我最终选了一个一样是已婚的男人，他的什么状况我都不知道，当然他也不会知道我的。我们走进了一家快捷酒店……之后几乎每个星期我都会找不同的人出去一次，但我从不找 money boy，这样差不多持续了半年了。我心里一直觉得很慌乱，尽管每次我都用安全措施……

W12 后来对笔者说她最终选择去看了医生并做了检查，发现感染了艾滋病，但她并不知道是谁传染给她的，尽管如此她还是想寻找一夜情排解自己的寂寞。从此案例中可以看出有极少数同妻会选择婚外性行为，但前提多是丈夫已对自己"出柜"，这类同妻对丈夫绝望，但又因孩子、面子、经济等原因不愿离婚。这种与陌生人进行的"一夜情"也极容易给同妻带来感染艾滋病的威胁。

第四节　艾滋病给同妻带来的影响与问题解决对策

在对同妻感染艾滋病的风险进行研究过程中，笔者发现艾滋病给同妻带来了很大的影响，不仅直接作用于同妻的身体还给她们以后的生活带来不良的影响。对同妻感染艾滋病的风险问题进行全面的研究有助于将同妻从艾滋病的威胁中解脱出来，充分发挥国家、社会、个人的力量，为同妻问题根本解决提供助力。

一　艾滋病带来的影响

在对 14 位感染艾滋病的同妻进行调查研究后，笔者发现，艾滋病对同妻的影响也是极深刻和明显的。

感染艾滋病的同妻离婚后很难再婚。在前文中提到的同妻 W7 在感染艾滋病后才知道第一任丈夫是患艾滋病的男同性恋者，这对她的第二次婚姻也产生了影响，她的第二任老公也因此和她离婚。艾滋病极容易通过性行为传播，与艾滋病患者结婚更是危险重重，日常生活稍有不慎也很容易感染这种不能治愈的疾病。即便同妻没有感染艾滋病，当她们再寻找伴侣时说明前一次婚姻因丈夫同性恋而终结，男性也可能因为艾滋病的危险拒绝与她们交往。因此，艾滋病和同性恋丈夫两个因素都使得已经离婚的同妻很难再婚。

感染艾滋病的同妻很难育有后代。虽然医学上存在阻断艾滋病母婴传播的药物，但有效率并不是百分之百，依然有危险使得孩子也成为艾滋病毒携带者，而且孩子也可能发育不良，母乳更是传染艾滋病的一个媒介，因此同妻不宜生育子女，这样感染了艾滋病就剥夺了她们做母亲的权利。在产检后发现感染艾滋的同妻大多是选择流产或被劝说流产，无辜的女性因为受同性恋丈夫的艾滋病病毒感染而不能做母亲，这使同妻对生活失望、绝望。

丈夫除了给同妻带来身体上的痛苦和折磨，还让同妻未来的生活愈加艰苦。在现阶段艾滋病是无法治愈的，艾滋病一旦发病可能引起多种疾病感染，最终死亡，这使得无辜的同妻遭受煎熬。使用国家免费抗病毒药物并不能完全满足艾滋病患者的需要，一年3万至4万的药物开销成为了大多数同妻巨大的经济负担，生活可能因此而更加艰辛，而这些是在成为同妻之前本可以避免的。

二 解决问题的对策

笔者在研究过程中不断反思同妻的遭遇究竟该如何从根本上改变，同妻怎样才能远离艾滋病的威胁。在结合我国国情并思考后，笔者认为要彻底扭转同性恋者的境况，从根本上减少同妻数量，这就需要全社会的关注和支持。

首先，应该普及同性恋的知识，扭转对同性恋的错误认知。同妻的存在最根本的原因是社会大众对同性恋的歧视，所以要从根本上消除同妻群体就要改变社会公众对同性恋的传统看法，要呼吁大众宽容对待同性恋者。

改变中国人对传统婚姻观、生育观的认识。一方面，同妻感染艾滋病的社会因素很大程度源于社会传统的婚姻生育观，家长给同性恋者带来的压力会在无形之中转嫁到同妻身上，同时也给同妻带来艾滋病的威胁，应该力图转变中国人过分追求结婚生子的观念，家长观念上的转变并且逐渐接受同性恋，才能使同妻摆脱困境。结婚的使命不该单纯地追求子孙延续，更应看作是情感的结合。另一方面，促使法律允许并提倡同性恋者领养子女。同性恋者无法生育后代，只能借助异性婚姻结婚生子，但倘若过分追求生育后代，这依然无法减少同妻的数量，也无法使同妻摆脱艾滋病的威胁。所以，应该向同性恋者普及领养子女，既可以避免"直女"沦为同妻的境遇，减少艾滋病从同性向异性传播的可能，又帮助减轻社会的压力，可以使更多的孤儿得到关怀。

其次，应促成同性婚姻合法化。当前，有包括李银河教授在内的很多社会学者向国家立法机关提出同性婚姻合法化的要求，但都尚未受理。在某些西方发达国家或地区已经出台了同性婚姻合法化的法律，以保护同性恋者的个人权利。这是值得我国效仿的，同性婚姻合法化既可以减少同妻数量，又可使同性恋者有合法的固定配偶，减少因"滥交"导致的艾滋病传播。

对"骗婚"追究法律责任。在《婚姻法》中没有对同性恋骗取异性结婚相关的法律规定，因此要增加相关的法律法规。事实上，在婚前对女性隐瞒自己真正的性取向，这是一种变相的欺诈行为。这不仅给同妻带来了痛苦，也给社会造成极大负面影响。对同性恋者"骗婚"的法律约束可以控制同妻数量，避免这种现象的扩大化，使同妻与潜在艾滋病传播者相隔离，通过法律手段减少同妻艾滋病感染的可能性。

对婚内恶意传染艾滋病问题加大研究力度。在法律中虽然存在恶意传播性病罪，但是由于同妻与同性恋者的特殊关系，他们的婚姻受法律保护，因此婚内的恶意传播艾滋病很难进行界定。因此，需要立法部门对婚内恶意传播艾滋病问题加大研究力度，为已婚的同妻提供法律保护，使她们避免丈夫的刻意传播，减少艾滋病感染的威胁。

最后，在社会中有很多组织和社会团体帮助弱势群体，但是同妻却是被忽略的社会弱势群体。对同妻支持和帮助的社会组织散落在互联网中，包括同妻家园、新浪华人同妻网、天涯同妻部落等。现实社会中的团体和组织并没有过多地关注同妻，而妇联作为维护妇女利益、促进男女平等的社会团体应该发挥它的功效，帮助和保护同妻。对未感染艾滋病的同妻进行艾滋病认知教育，对已经染病的同妻提供相应的帮助，为她们的切身利益提供物质和精神上的帮助。

当 2017 年 12 月 1 日第三十个世界艾滋病日到来之际，李克强总理做出了"共担防艾责任，共建健康中国"的重要批示。并指出："望全面深入贯彻党的十九大精神，坚持以人民为中心的发展思想，扎实推进实施'十三五'艾滋病防治行动计划"，特别要加人对受艾滋病影响的贫困人群帮扶力度。① 我们相信，在党中央的关怀和决策下，作为弱势

---

① 李克强：《共担防艾责任，共建健康中国》，《人民日报海外版》2017 年 12 月 1 日第 3 版。

群体的同妻的生活处境一定会变得更好、更健康和更安全。

第五节 结 论

同妻的弱势地位不仅仅源于她们的丈夫是同性恋者，更在于她们比普通女性更容易感染艾滋病。本章以风险社会的理论为框架，从客观存在的风险和主观带来的风险两个角度对同妻遭遇的艾滋病风险原因进行研究，同妻承受的风险不仅仅源于性别不平等和社会文化压力，男同性恋者和同妻本人也使得感染艾滋病的风险扩大化。本研究主要采用虚拟田野调查的方法，结合访谈法、问卷法、参与观察法对互联网中患艾滋病同妻、艾滋病高危同妻进行研究分析。

在对同妻遭遇的艾滋病风险进行研究后，本章研究具有如下特点和结论：

首先，在社会学领域中，第一次将同妻群体与艾滋病风险结合进行研究，关注了同妻生活中最敏感的话题，同妻群体是小众群体，关注者较少，而感染艾滋病的同妻目前在学术界还没有受到重视。本研究从同妻的身体健康切入辐射了同妻生活中所遭遇的问题，研究对象也由前人研究的广义同妻群体转为已感染艾滋病同妻和艾滋病高危同妻，缩小了研究对象的范围，更进一步对同妻的微观世界进行研究。

其次，本章以贝克的风险社会理论作为研究框架，将风险社会的理论思想应用到同妻的研究中，从客观风险和主观风险两个维度进行分析，社会上男强女弱的局面，男同性恋的道德问题和同妻的疏忽，这些社会和个人存在的问题都为同妻的遭遇带来风险。风险社会的理论为同妻的社会学研究提供了新的理论支撑。

再次，本章在研究方法和过程中有一定的创新性，在研究过程中使用了虚拟人类学的调查方法，结合了访谈法、参与观察法以及在线问卷调查法，这为研究提供了方法上的创新，不仅使用了虚拟田野调查的方法，同时将问卷调查法与互联网结合，采取线上问卷调查的方法，这实现了方法上的创新。同时，调查过程中运用的虚拟田野调查法既解决了匿名性的问题也获得了必要的访谈资料。这为虚拟人类学的应用提供了较为丰富的研究经验，充实了虚拟社区内的研究内容。

最后，要解决同妻问题需要了解同妻面临的风险，社会给予同性恋者和艾滋病感染者更多的宽容，立法机关完善法律法规，同时也需要社会成员扭转对同性恋的错误观念，社会团体和组织提供帮助将同妻所遭遇的风险最小化。

由于本章研究的内容较为敏感，访谈过程中受到了不小的阻力，访谈对象由于话题的敏感性有时较为排斥。由于本研究是在网络中进行的，既符合条件又积极参加访谈的同妻数量不多，因此调研范围不够广泛，调研内容不够深入，不能代表中国 1000 多万广大同妻。总体来说，本研究还存在一定的局限性和不足之处，需要日后深入研究、讨论，这为以后的相关研究提供参考和借鉴。本章在研究理论和框架上有一定的创新，既拓展了同妻的研究视角，又丰富了虚拟人类学的研究领域，虽然本章提供了新的理论框架进行研究，但仍然有欠缺之处，希望未来的研究能够更加深入，以弥补研究中的不足。

第六章　同性恋文化与同妻
身份的被建构

　　为了更有效地预防艾滋病的蔓延，我们有必要深入了解同性恋文化对同妻身份建构的情况。"每当从生理基础入手，来讨论男性与女性的区别时，总是会面临一些来自于现实的困惑。"[1] 如电视选秀节目中那些偏爱女装的男人们，常常让女性对自己的性别角色感到惭愧；又如当街拥吻的两名男性，直接冲击了传统婚恋文化的壁垒。在我们尝试为这些困惑寻找答案的道路上，发现人类社会中实际上存在两种性别区分模式。第一种，是传统的、被社会大众普遍接受的性别区分模式——依据出生时与生俱来的生理性别进行性别区分。第二种，则是基于个体心理定位的后天性别再建构。后者被看作是具有革命色彩的性别重组。在性别再建构方面，同性恋者是一个典型的群体。[2] 作为"以同性为性爱对象的个人（男人或女人）"[3]，同性恋者的性别身份建立过程是渐进的。同性恋者的存在，用他们的自我性别界定、群内身份区分、可见外显行为，对传统性别文化发起了冲击与挑战。但是，目前在我国关于同性恋文化的研究尚属边缘性研究。

　　随着同性恋的公开化和公众对同性恋态度的日渐转变，同性恋文化逐渐形成并对传统性别文化造成正面冲撞。这对人们重新认识性别、建立性别期待有着重要的影响，甚至推进了性别结构新模式的构建。基于此，有必要研究同性恋文化如何推进了性别文化的变革。当我们将目光

---

① An Burkitt, "Sexuality and gender identity: from a discursive to a relational analysis", *The Sociological Review*, Vol. 46, Issue 3, August 1998.

② Michael Ruse, "Third sex and third gender – beyond sexual dimorphism in culture and history", *Journal of the History of the Behavioral Sciences*, Vol. 32, Issue 3, July 1996.

③ 李银河：《同性恋亚文化》，内蒙古大学出版社 2009 年版，第 2 页。

聚焦于男同性恋群体，我们不禁会问，在他们的性别再建构过程中（对先天性别进行消解—再建构个人的新性别身份—稳定个人的二次性别认定），同妻发挥了怎样的功能？本章基于对同性恋性别身份与传统性别的比较，阐释同性恋的性别身份特征；对性别文化及同性恋性别文化进行分析；讨论与女性组成家庭的男同性恋者怎样通过与同妻的互动，完成"服从性别—消解性别—做自己的性别"这一性别重构的逻辑过程。

第一节 传统性别文化及同性恋文化概念的界定

在进行性别区分时，尤其是讨论性别规则和性别建构时，比较恰当的词汇应当是"性别身份"而非"性别"，因为后者基于"sex"这一英文词汇，它是指由基因决定的性别角色，在这一层面，荷尔蒙和身体的外部特性表征了人的性别所属。但是无数事实证明，是"性"的取向和个人选择再次塑造了人们对于自己的性别角色认知和定位。尤其对于同性恋者而言，人的性别建立过程是基于对"生理性别"的摒弃而开始的。因此，同性恋者们的性别，对应的是性别身份（gender identity），它所呈现的是个体如何表达自身的性别或性别角色，具体包括对衣物的选择，日常行为模式，语言风格等各种维度。可以看出，性别身份是个体自我对于自身是男人或女人的感觉。[1] 为了更好地认识同性恋者的性别身份特征和性别文化，首先需要回顾建立于生物基础上的传统二元性别说。

一 性别文化概念与传统性别文化的特征

（一）性别文化的概念

已有研究中鲜有关于"性别文化"的概念界定，更多的时候学者们致力于探寻性别与文化的关系，尤其是文化对性别认知的影响。然而，在探讨同性恋亚文化对传统性别文化的影响之前，必须先要界定何为"性别文化"，而这要从文化的概念入手。

在众多文化概念中，本章认为所谓文化，简单而言是指原则，是人们

---

[1] Stoller and Robert, *Presentations of Gender*, New Haven, Conn.: Yale University Press, 1985, p. 11.

在一个边界明确的社会中所表现的行为方式。① 从这一定义可以看出，文化首先是引导具体行为的规则，这种规则不仅有具体指向，而且它是有其边界的存在。边界以无形的形式存在，具体体现为"不同社会"。

在此基础上，所谓性别文化可以界定为在确定社会中所建立起来的，对不同性别的人的内在原则要求和外显行为方式的期待。这一行为方式是"通过心理、社会的手段建立起来的，是一个实现的状态"②。这意味着，从性别文化的概念来看，性别的认识和据此建立的行为方式可以通过后天教化达致。同时，这也表明了性别文化的根基并不是生理特征，而是社会形塑的过程。

作为边界的"不同社会"既表现在横向的区分上，也体现为纵向的社会变异上。从横向上看，在不同社会传统性别文化的差异性背后，存在着对男性和女性的行为方式期待差异。而本文我们是从纵向的变异性上来考察同性恋文化对性别文化的影响，讨论同性恋文化对传统性别文化造成了怎样的冲击。

（二）传统性别文化特征

首先，以生理为基础是传统性别文化的典型特征。以传统的性别二元论观点看来，人类只有男性和女性，没有其他性别的存在。受制于根深蒂固的传统观念，传统意义上的男性和女性表现出差异鲜明的行为风格和自我定位特征。无数社会事实表明，我们对于男性和女性在诸多方面的预期是不同的，如休闲行为、职业表现等。根据 Leslie Bender③ 的研究可以概括出：男性更多生活在他者感知的世界里，自我感知意愿较弱。男性往往表现出独立性、竞争性、侵略性、理性而非感性。也就是说，与生理女性相比，生理男性由于被赋予了更多与成就相关的期待，其在行为中往往拥有更多的权力，但是他们的行为也必须具有男性的阳刚特质。为了巩固男性的这些行为特征，社会环境建立起了相应机制对男性的这些行为特征进行回报和定价。社会对女性化的行为期待往往是非独立的，有同情心的，对于他人需求具有更高的敏感性。在行为范围

① Peterson, Richard A., "Revitalizing the culture concept", *Annual review of Sociology*, Vol. 5, Issue 5, 1979.

② Candace West and Don H. Zimmerman, "Doing Gender", *Gender & Society*, Vol. 5, 1987.

③ Leslie Bender, "Sex Discrimination or Gender Inequality?", *Fordham Law Review*, Vol. 57, 1989.

上来看，女性更被赋予了照顾者、给予者的期待，她们被划入母亲、妻子、护士、家务劳动者，这些性别角色伴随着经常性的自我感知。又由于女性在行动中往往掌握较少的权力，社会缺少明确的对于女性行为的定价和回报机制。

其次，不平等性则是传统性别文化的又一特征。虽然不同社会中对男性与女性的期待和定位在细节上有多种不同，但是都存在着一系列男女不平等的原则。如对男性的权力获取与掌控能力高于对女性的期待；将男性定位为主宰者，将女性看作是依赖者。除此之外，对于男女两性在外貌修饰上的期待也有明显差异。在传统性别文化中，女性需要注重外貌修饰（包括服饰、化妆、发型等），而修饰的主要原因是为了取悦于男性，或满足男性的审美要求，但是对男性则没有严格的修饰要求。

最后，传统性别文化是基于"镜中我"原则建立起来的性别文化，它抑制了重构自我性别角色的意愿。而在个体行为方式中更多的是依据互动过程中他人的期待和成长过程中外界环境的教化结果，来塑造自己，使得个人的行为方式更符合别人对性别的评判原则。这种基于生理基础建立起来的性别文化严重束缚了生理男性发挥其女性特质的自由，也严重压抑了生理女性发挥其内在男性特质的意愿。

二　同性恋文化概念及其特征

（一）同性恋文化的概念

1993 年时 Olivia Banks 提出，"同性恋们没有独特的语言、独特的服饰、独特的食物或独特的装扮方式，那么什么使得同性恋成为一种文化？他们不符合任何关于文化的定义"[1]。这是一些研究对"同性恋文化"这一词汇提出的质疑，但是随着文化渐渐扩展到行为主义层面，同性恋文化成为可能。我们认为同性恋文化必然存在，可以借用詹尼斯·M. 艾威尼德界定，"同性恋文化有两个层面的含义：行为及习俗的模式，和共享的符号系统"[2]。显然行为积累了符号系统，符号系统嵌入了习俗模式中。同性恋群体内部共享这些符号和行为模式，并能够据此

---

① Banks, Olivia, The Rainbow Curriculum: 60 *Minutes*. April 4, 1993.

② Janice M. Irvinede, "A Place in the Rainbow: Theorizing Lesbian and Gay Culture", *Sociological Theory*, Vol. 12, No. 2, 1994.

判断哪些人属于自己的同类群体。

富晓星对眼神作用的定位直接支持了艾威尼德的观点。他指出，"同性恋者的交往是没有语言的，无论是真实的个人信息如姓名、单位、家庭住址等的交换，还是一系列活动的推进主要依靠非语言的交流形式——眼神"①。随着同性恋酒吧等专属空间的形成，这一群体不仅有了公开的活动场所，而且基于空间的互动和信息的有效传播，同性恋群体还为自己的文化确立了一些明确的物质性的表现符码，如同性恋聚居的社区、彩虹旗、异装行为等。同时，在同性恋文化中，同样对于具有不同生活方式的个体赋予了不同的描绘词语，和语言代码，不仅包括对"同性恋"这一词汇的替代词语，如"断背""出柜"等；还包括对于同性内部不同角色和体貌特征者的代称，如男同性恋中，将外貌特征体现为娇小、阴柔、瘦弱的男性称为"猴"，将体型高大、外表阳刚、看起来粗犷并留胡须的男性称为"熊"。

与传统的二元性别角色定位不同，同性恋群体是由很多单一生理性别的人构成。类属于这一群体的人们聚集在一起后，需要进行再次性别角色分配。现实中笔者发现，两个处于恋爱或结婚状态的同性之间往往存在阳刚与阴柔二分的角色。一部分同性恋者在恋爱中需要扮演与生理性别冲突的社会性别，于是会出现生理和心理的冲撞，体现为生理男性（或女性）与行为女性（或男性）的不一致。显然，同性恋群内的性别再界定"打破了二元性别基础上所建立起来的男性与女性的行为的规范"②，该群体中的角色符号不是"男""女"这种传统性别标识。同性恋通过消解性别，向社会揭示了以往性别认知的一些误解，例如同性恋者与恋人或配偶的暴力直接说明男性不仅有施暴倾向，同样在情感关系中也有可能处于受害地位；而女同性恋者之间的暴力直接推翻普遍认为的女性内在具有非暴力倾向的特征。

（二）同性恋文化特征

同性恋文化是以自我建构的性别角色为基础的。它不同于传统性别文化的生物性基础，这种社会性和人特有的心理基础使得同性恋文化相

---

① 富晓星：《市场经济、空间演变与性：东北男同性恋群体的人类学观察》，《开放时代》2012 年第 4 期。

② Bernie S. Newman, "The Relative Importance of Gender Role Attitudes to Male and Female Attitudes Toward Lesbians", *Sex Roles*, Vol. 21, 1989.

比而言更加复杂，而且因其挑战了传统的性别边界，因此其在拓展自我影响范围时面临更多困难。革命性由此而生。我们甚至可以毫不夸张地说同性恋文化的兴起带来了性别文化的一场革命。虽然这场革命后来因技术进步，有了变性人的加入。

　　传统的二元性别文化论默认为结婚必然是一个先天生理为男性的人与先天生理为女性的人的结合。但是，同性恋文化的日渐发展和被社会接受程度的不断提升，使得异性婚姻的可选择范围缩小并受到威胁。[①]社会中的同性恋者在择偶、选择恋人时体现出对同性而非异性的喜好，而且越来越多的人不再遮掩自己的这种偏好，敢于直接面对传统束缚，正面对抗二元论对于择偶时性别前提的约束。这使得同性恋的性别身份特征得到关注。然而对于扮演跨性别角色的那些同性恋者，他们的性别倾向如何在传统约束框架和自我性别认同间找到均衡并得以构建是同性恋文化中的一个有待解决的问题。在同性恋文化中，恋爱双方在进行了角色区分的基础上，扮演与自己生理性别角色相异的一方，事实上依旧采用传统性别符号来塑造自己，使自己更贴近传统文化中对于男性或女性的期待。如在男同性恋中扮演女性角色的人，在与恋人相处，甚至与他人互动中，都通过着装风格、肢体语言、劳动分工、性情特征、体貌特点、外部交往中的职能角色等来定位同性内部的"女性"角色。同性恋群体在不断调试中建构起自我接受的角色身份的同时，在对自身的身份认知困惑得以解决的同时，也造成了非同性恋群体对于他们的诸多质疑。产生质疑的一个重要原因就是同性恋群体的出现，冲击了"婚姻"本来的应然状态，导致了"婚姻"制度及传统婚姻的功能面临巨大挑战。

第二节　同性恋文化对传统性别文化的冲击及其现实影响

　　显然，同性恋文化与传统性别文化之间并非前者隶属于后者的关系。实际上二者的内涵有着显著的差异。同性恋文化不仅表明了在男性与女性之间的第三性别的存在，冲击了传统上对于性别进行的男性与女

---

①　Joseph Harry and William DeVall, "Age and Sexual Culture Among Homosexually Oriented Males", *Archives of Sexual Behavior*, Vol. 7, No. 3, 1978.

性的二元区分观点，引起社会普遍意识到按照性别二元主义组织社会活动，区分不同性别结构之间的社会活动是行不通的。更重要的是，它对传统性别文化的多维特征发起挑战，带来了性别文化的更新与再建构。

一　同性恋文化冲击了传统性别文化中对于男女两性社会分工的认知

有理由认为传统性别角色的认知，将女性所拥有的能力禁锢于女性肉体之中，尤其禁锢于处于"后台"背景的家庭之中；相反，将男性武断地摆放于"前台"，希望他们能够应对各种外部环境。而这样的分工无论对于男性还是女性都有失公平。女性失去了自我能力的全面呈现机会，男性则必须隐藏起可能有的柔弱、细腻一面。但是同性恋文化则直观而有力地告诉所有人，并不是所有的男性都能够完成社会期待的角色任务，并非所有女性都只能囿于家庭，附属于男人。在同性恋的关系中，有些女性必须阳刚，有些男性必须妩媚。这一性别角色的重新分配直接反射出女性发挥自身能力的自由，也赋予男性将其女性化特质置于前台的权利。而相对应的就涉及如何在他人面前重塑自我这一问题。

当然作为第三性别群体一个重要构成部分，同性恋者会面临自我与他者认知的差异。如何在他人面前实现自我叙述变得尤为重要。这与传统性别叙述的水到渠成不同，同性恋者对于性别呈现的行为，表现为这样两种手段：（1）自我叙述的革命性转变。这是自我重新建构在先，外部呈现在后的一种后台前台化手段。在这种转变中，同性恋者自己首先在内部进行自我角色重新建构，调整自我认知和定位。在完成自我定位后，并没有给他人以充分的前期引导信息，因此当他决定以全新的性别身份面对其他人，将自己的同性恋行为前台化时，对其他人而言是突然的和一瞬间发生的转变。因此，其典型特征表现为突发性和变革的彻底性。这样的变革对于他人而言存在震撼和接受难度的挑战。（2）渐进性自我叙述策略。渐进式的自我叙述是一种较为柔和的同性恋行为前台化过程，在这个过程中自我性别角色重构及外在重现是并行的，伴随着自我重构的过程逐渐将自身的同性恋者身份及跨性别的行为特征逐渐展示在他人面前。这对于外在他者而言具有接受与适应的过程，能够起到一定的缓冲。

二　同性恋文化冲击了传统的关于男女两性的独立性的判断

从资源层面看，传统性别文化中认定女性是具有依赖性的，是男性的从属者。但是随着同性恋者恋爱或组建家庭，无论一对恋人或夫妻均为男性还是均为女性，其中必须有一方承担起家庭中丈夫应当扮演的角色和责任，从外部系统为两人的亲密关系争取资源，那么另外一方则必须承担起妻子应当发挥的功能和义务。这样在他们的恋爱关系甚至婚姻关系中，就必然出现"男性化"的女人和"女性化"的男人。在此情况下，所发生的从属关系是男性从属于男性，或女性从属于女性。

从权力关系看，恋人间的从属关系变化，直接导致的一个结果是社会权力结构的调整。男性化的气质使一些女性积极参与社会事务并进行权利的夺取。这推动了社会权力重新分配，在职场、政治等领域，以才能而非性别分配权利成为可能。同时，在争夺权力的过程中，同性恋者集体发起的社会运动也对这一过程产生了积极的影响。如作为女权主义重要流派之一的"女同性恋女性主义"者们，不仅通过不断反击"异性恋霸权阵营"及"男性特权阵营"来挑战传统性别文化中的恋爱观和男性特权，并且不断通过具体的方式反对就业歧视，争取保险、住房和财产权利来获取独立地位，使社会认识到女性不是附属品，女性是一个独立个体。

而从生活的微观层面看，同性恋文化挑战了传统的因性别划分的女性柔弱、乐于语言表达或发泄、善于情感外泄的判断。在男同性恋者中，扮演"女性角色"的一方往往也会表现出以上所有女性化的气质，而这样的气质往往通过友谊关系得到呈现。在《我最好朋友的婚礼》等影视作品中，不断呈现男同性恋作为女性的"最好的朋友"，与女性讨论时尚、生活烦恼，从女性那里获得友谊，取得情感支持等。

三　同性恋文化冲击传统性别文化的强规则性，倡导快乐与自由

同性恋文化中的行为方式在性别层面真正实现了做自己的角色（doing gender）①。在做自己的过程中，寻找真实的自我，并勇敢面对。做自己，意味着不对性别进行条框圈定，不按照社会所设定的模式选择

---

① Don H. Zimmerman, "Doing Gender", *Gender and Society*, Vol. 1, Issue 2, Jun. 1987.

恋人，按照个体的真实喜好选择生活模式。自由性的提高、真实自我的释放促进了内心快乐的体验。它直接表征为 20 世纪早期同性恋最主要的意义就是"快乐"，同性恋文化强调了自由、自我满足、自由呈现。当然，同性恋者在做自己的同时，也对社会的容忍度提出了新要求。

当然，在与自由相关的层面，人们会不断发出质疑，同性恋的自由是否走得太远了？同性恋文化中，对于男女两性性关系的观念变化，随意性更高。根据李银河曾经的调查，"具有感情色彩的关系在男同性恋的全部关系中所占比例甚小，至少在那些常到社会上走动的人们当中是如此。不少调查对象都有过同几十人，上百人性接触的经历，但其中真正具有感情色彩的关系仅有几次而已"。这与传统性别文化对于贞洁、忠诚的判断与期待是背道而驰的。

同性恋者性别的跨生理特性，彰显了在行为规则的选定中，个体性与选择性所发挥的作用。甚至可以说同性恋者的性别身份是自由涌现出的一个结果。他们敢于从他人眼中跳脱出来，寻找心之所属的那个本真的自己，并且在社会互动中为自己的与众不同发声，这已是自由的呈现。

第三节　男同性恋性别身份建构中的
同妻在场与缺场

事实上，自我认知和建构的性别角色带来的一个结果是男性隐藏的"女性化"层面的凸显，男性与女性之间界限的模糊，进而推动了传统性别文化的一系列变迁。探讨同性恋性别身份建构时，对于男同性恋而言，目前有一个无法忽视的群体存在着，那就是"同妻"。如果将同性恋者自我建构性别分为三个阶段：生理性别的接受—生理性别的消解—性别再建构，那么我们要关注的是在这个过程中，同妻到底发挥了怎样的作用？同妻在场和缺场的两种情况下，男同性恋者的性别身份确立过程有怎样的不同？这将是本节要讨论的问题。

一　同妻在场下的男同性恋性别再建构

所谓"在场"是指男同性恋者在性别身份建构的过程中有同妻的出现，并且这一角色从客观上影响了其性别身份的重新定位与再建构。当同妻在场时，男同性恋者对自己生理性别接受—生理性别消解—性别再建构这一系列过程中，同妻都作为传统标杆而存在。同妻通过如下几个阶段与男同性恋者的互动会影响到他的性别身份消解与建构。

（一）生理性别接受中同妻与男同性恋者的互动

同性恋者在与其异性妻子缔结婚姻前，经历或长或短的恋爱期。在这一时期，双方均以异性恋人的身份存在，且男同性恋者以其生理性别的体征选择互动中的行为模式，语言习惯。男同性恋者在恋爱阶段往往会严格遵循传统性别文化的规则要求，表现出符合社会对男性的各种期待的行为特征。比如在日常生活中，他们会选择一系列的符号来表明自己是一名男性，包括着装风格、肢体语言、劳动分工、性情特征、体貌特点、外部交往中的职能角色等。

可以认为，在这一婚前互动中，同妻作为一种具象人体存在，直接从性别对比的方面证明了与其恋爱男子的男性特征。这个时期的同妻事实上作为一种性别符号，从客观上反映了男同性恋者对与生俱来的性别的接受。当然，男同性恋者对自身传统性别身份的接受有可能是主动的顺从，在这一阶段还没有意识到，或没有完全确认自己的同性恋倾向，所以自己也期待着能够完成男性角色。更可能是外在压力之下的一种被动接受，虽不情愿，却无法或不敢冲破传统性别文化的条框约束。但是无论如何，他们的行为和选择彰显着其对先赋性别的默认。

在男同性恋者对自身性别的默认阶段，将要成为"同妻"的女子与她们的未来配偶的交往沟通是自然的，无异样感的。无论在这一阶段男同性恋者出于怎样的目的，与其约会的女性并没有意识到自己作为印证他人性别身份的符号而存在。这一互动阶段伴随着二人婚姻关系的确立而结束。当步入婚姻，二者互动进入新的状态。

（二）性别消解中同妻与男同性恋者的互动

消解性别意味着对先在性别的一种质疑和否定，是对前一阶段（即承认性别时期）的终结。婚姻的开始，同妻（此时的同妻还只是客观上隐在的一种事实，当事女性并没有意识到自己成为了同性恋者的妻子）步入男同性恋者的生活，成为他们传统意义上最亲密的人生伴侣，并以人们对丈夫身份的常规要求来要求自己的丈夫。希望他们对家庭、对妻子承担起应尽的责任和义务。在两性生活上也有正常女性的期待。然而，在婚内的互动中，男同性恋者不断通过两性性生活的状态和对女性妻子的情感投入程度等一些事项，来感知自我的性别所属或进一步确认自己的性别状况。此时，又可以分为两种情形：

对于婚前感知到自身同性恋倾向的男性而言，传统婚姻的缔结无疑会坚定其对生理性别的质疑。在与异性妻子的家庭生活中，男同性恋者通过对女性妻子身体抵触或情感疏离，进一步肯定了自己的性取向和性别倾向。此时，妻子成为了解答疑惑的有效工具。在这一情况下所缔结的婚姻，在同妻看来具有"骗婚"性质。

对于婚前并没有明确感知到自身同性恋倾向的男性而言，妻子的出现则发动了他们对自身性别的消解。这些男性在婚姻中会通过各种冲突环节，如无法欣赏妻子的女性之美，两性生活中的障碍，爱的情感的难以培养等，开始质疑自身的"直男"定位。所有在以上环节出现的问题都会使得婚前对自我认知为"直男"的男同性恋者不断自我否定。伴随着疑惑和自我否定，男同性恋者会主动寻找解决路径。

总之在婚姻缔结之始直至相当长的一段时期，同妻在以女性身份与其丈夫进行互动的过程中，就如同一面镜子，使其"爱人"不断地从中照出了自己的真实性别状态，并且她们的"爱人"对自己的这种影像一遍一遍地确认直至最终完全推翻了自己的生理性别，并放弃为适应生理性别而努力的决心和意愿。于是性别被消解，面临着重建的需求。

（三）性别再建构中同妻与男同性恋者的互动

通过与同妻的互动，当男同性恋者进一步否定了自身的先赋性别时，他们就需要重构自身的性别，以避免由于性别失范而造成的个人困惑。再建构过程中，男同性恋者往往通过打破传统性别文化中对丈夫职责的期待来再次确认自己的性别。他们或实施家庭暴力，或拒绝性行为，或直接言明自己的性别倾向以帮助自己找到方向。在这一互动中，同妻往往是遭受伤害的一方。同妻作为弱势女性，需要承受身体、心理的双重的打击。尤其对于男同性恋者而言，这一阶段的互动中，与自己的婚内女性妻子的冲突，不仅是出于对女性的不爱，这种矛盾更具有一种象征意义。同妻就像是作为一种传统规范的符号而存在，与同妻的矛盾冲突俨然成为一场与传统牢笼的对抗，意味着反叛与找回自我。男同性恋者对抗的是世俗的观念，是社会的束缚，是正式与非正式规范的制约。然而"具身性"（亦称具体化）的同妻个体却是不幸的，每一个同妻客体在面对这样的矛盾时所作出的抗争与努力更多的是针对其丈夫个体的，那么她们所体现出来的是为个人命运的努力。同妻群体的不幸更多的时候是在承担一种历史及社会的后果。这个阶段的互动结果帮助男同性恋者最终重新建构起了自己的性别身份。

（四）性别再建构后同妻与男同性恋者的互动

性别再建构后，男同性恋者与其异性妻子的婚姻走向存在着两种可能的路径：继续保持婚姻或解除婚姻。对于男同性恋者而言，无论哪种选择，他对自己的性别身份重新建构已经完成，并且会按照新建立起来的性别规则选择行为模式。也就意味着他们在心理上推翻了传统性别文化的既定规则。

无论出于何种原因选择维持婚姻，对于男同性恋者而言，家庭就是传统性别文化搭建的牢笼，越是反抗，他们越会坚定自我。而在婚姻中很可能以冷漠、肢体冲突、言语冲突等各种不和谐的形式与同妻进行互动。因此，对于同妻而言，继续保持婚姻意味着伤害的持续。但是很多同妻无法摆脱传统性别文化的影响（无论是认为婚姻重要还是孩子重要），宁愿承受痛苦也要维持婚姻。

而解除婚姻，对于很多同妻来说，更像是一种解脱，而双方的互动往往也会终止或停留于必要责任。在这种情况下，同妻遭受的伤害在某种程度上会有所降低。但是男同性恋者结束了一段婚姻，并不意味着完全摆脱了传统性别文化的束缚。很有可能他们需要不断重复通过婚姻来反抗传统性别文化的过程。

二　同妻缺场下的男同性恋性别再建构

"缺场"是指在男同性恋性别身份在建构过程中没有"同妻"的出现，传统的"妻子"角色是缺席的。与有"同妻"在场的男同性恋者不同，由于没有传统性别文化所建立的符号系统的参照，没有与异性的婚姻过程，他们至少欠缺了一种比较，而恰恰是这种比较使得他们能够更快、更果断地判断自身的性别特征。但是，在此背景下男同性恋者的性别再建构中所面临的压力往往会更大。原因是没有了"同妻"这一表征他们符合传统期待的标志性角色的出现，男同性恋者在确认身份的过程中缺少了过渡地带，这很可能带来更多的压力和曲折。原因如下：

首先，直接突破父母的期待。当同妻"缺场"时，男同性恋者需要直接打破父母依照传统性别文化原则而建立起来的对儿子结婚、生子的期待。并且要跨越父母所建立的家庭、性别分工的榜样作用。这一系列的行为会遭到以父母为核心的熟人群体的否定、批评、指责。因此所面临的压力和需要的勇气都会更大。尤其对于父母而言，基于传统性别文化原则，在他们自己生下儿子的那一刻就开始期待着未来自己的孙辈出现的幸福生活。因此，一旦二三十年后，发现自己长久以来的期待直接被终结，可能爆发的冲突会是激烈的。当然，父母还会因孩子的婚姻问题直接影响到"面子"，因而难以接受自己的儿子不娶，甚至想跟另一个男子携手度过人生。

其次，社会大环境的固化思维是他们必须面对的又一压力。与同妻在场的情况不同，面对社会宏观环境的压力，由于缺乏同妻这一表征符号，因此缺失了具体的反抗对象，从而使得他们在回应社会环境时变得迷惑。从意识到自己的同性恋倾向，到自我接受，再到将这一倾向外化于他人，是一个复杂的过程。同妻缺席的情况下，男同性恋者们的性别消解和性别再建构完全需要在自我探索中实现，对于他们而言，矛盾与冲突具有内化性，需要自己在思想、心理进行不断的调试，于是个体的自我调适能力和心理接受能力就显得尤为重要。尤其自我接纳变得非常重要。

再次，因缺少了同妻这一中间信息传递环节，男同性恋者需要更大的勇气将自己的性别身份前台化。对于男同性恋者而言，在同妻在场的情况下，他们可以通过同妻直接或间接地将自身的性别认知结果转达给亲密关系人。但是当没有同妻时，男同性恋者再建构自我性别身份后，缺少了中间重要的信息传递介质。

最后，同妻的缺场也使得周围他者对男同性恋再建构的性别身份接受意愿降低。"同妻"角色的出场本就意味着男同性恋者是有试图去满足他者和环境的期待，这种尝试的失败能够作为一种较为有力的说服依据，使得自己更容易被接受。尝试带来的失败和不尝试即放弃是两种不同的结果。没有同妻，对于男同性恋者周围的人群及社会来说，某种程度上说明他们不曾努力去尝试过"正常"的生活，这会带来"不甘心"的心理结果，从而增加了男同性恋者在自身新的性别身份前台化过程中所面临的困难。

本节从理论猜想上讨论了同性恋文化对传统性别文化的冲击，也探讨了"同妻"在男同性恋冲破传统性别文化羁绊、消解与重构自我性别身份中的作用。研究中提出了这样一些观点：首先，性别文化和同性恋文化并非是简单的包含与被包含的关系，二者之间是交叉关系。其次，同性恋文化在性别分类、不同性别的社会分工、性别独立性及性别的自由性等多方面冲击了传统的性别文化。再次，对于男同性恋者而言，同妻在场与缺场会影响到性别再建构过程中的压力与困难性。具体到男同性恋与同妻的互动而言，本节认为，"同妻"对于男同性恋者来说具有符号意义，她们就像是传统文化的标志物。这使得男同性恋者和同妻的冲突具有了双重意义：反传统和寻找自我。

本节的理论阐述是基于前人研究基础上进行的分析，所提出的一些观点更类似于理论假说。事实上还存在着诸多遗留问题有待于进一步研究，尤其需要结合调查进行深入分析。包括：

（1）对于那些直接跳出传统性别文化的束缚、拒绝走进与异性缔结的婚姻的男同性恋者而言，他们采用了哪些策略在自我调适中塑造自己的性别身份？他们又是如何面对社会质疑的？

（2）不同性格特征的男同性恋者们在与同妻互动过程中，如何制造、解决矛盾冲突？已有研究表明性格特征会影响一个人的行为方式、互动中的决策过程。那么不同性格特征的男性恋者，与婚内异性妻子的互动自然也会体现出不同。

（3）孩子在男同性恋者与妻子的互动中，以及男同性恋的性别身份定位中扮演了怎样的角色？显然没有生育子女的家庭中，男性所承担的责任与角色分工都会有差异。孩子作为传统性别文化中，对于成年男性的职责定位的一个重要因素，他（她）对男同性恋的性别角色判断必然会产生一定的影响。

第七章 作为弱势群体的同妻边缘
生活困境及其解困方式

必须承认，包括同性恋丈夫在内的他者因素是使同妻陷入弱势且边缘生活困境的重要原因。同妻群体自 2015 年 4 月以来，受到国内外主流媒体和网络媒体的广泛关注，《纽约时报》《中国日报》《参考消息》等都刊发了相关报道，对弱势的同妻群体的生活处境，面临的生理风险以及面对的社会压力给予了充分重视和人文关怀。从男同性恋丈夫的角度出发，不难发现同妻在婚姻中的边缘过程是极其特殊和渐进而缓慢的。由于种种因素的影响，最终凝聚在同性恋丈夫眼中的边缘处境也多种多样，尤其是家庭地位和社会地位的边缘处境、生理健康困境等，越来越引起人们的社会焦虑和社会同情。在了解到这些同妻边缘处境之后，就不难在寻求同妻边缘过程和边缘处境的解决方案上达成共识，即应该依赖于同妻主体的自我觉醒、同性恋丈夫的勇于承担和社会舆论的包容。

同妻问题与其说是一个全人类、全球化时代的性别问题，不如说更是一个具有"中国语境"和"中国经验"的地方性性别问题。随着时间的延续和社会的发展，同妻现象世界和生活世界会呈现出新的、难以预见的面相和征候。时至今日，同性恋不仅是一种话语性权力的存在，而且也是一种社会事实性存在。其存在正在改变着自身的内在逻辑，同时更改变或部分地改变着以异性恋为根基的主流性婚姻家庭关系及生活状态。同妻社群之所以成为媒体持续关注的话题，概因于它的弱势群体的边缘社会处境以及与同性恋的各种社会交集。换言之，从所处的性别文化处境来看，同妻的边缘化生存状态是具有特殊性的。

第一节 从同性恋中引发的同妻问题

2015 年 6 月 26 日，美国联邦最高法院 26 日以 5∶4 的投票结果裁定，同性婚姻合宪。至此，美国 50 个州的同性情侣都将有权利步入合法婚姻，13 个州对同性婚姻的禁令随之撤销。多元的经济形态造就了多元的社会文化，多元的社会文化造就多元的价值观念，不同人群阐释不同的生活方式，其中"同性恋"群体就是以不同于"常态"的性取向为取向，同性恋群体一直是受到排斥、歧视的，他们是被主流文化隔离在外的群体，是饱受争议的弱势群体。潘光旦在《性心理学》译注中也只是强调同性恋只是一种性的逆转，是一种基于生理的改变。[①]

在国内目前已有的相关研究中，同性恋相关研究多是将同性恋当成研究客体，将同性恋者视作弱势群体，对男同性恋的这方面的研究大多集中于男同性恋社交中的性关系，比如 20 世纪 90 年代潘绥铭和吴宗健着重研究中国男同性恋社交中的性关系，[②] 并对男同性恋的性行为提出了自己的建议，即同性恋者应以自己和他人对等的权利作为动力和前提，在不能侵犯他人权利和爱情为原则的前提下，从事性行为。[③] 但是，中国的男同性恋者由于各方面的原因，选择了与异性结成婚姻，违背了以上所说的"人权道德"。国内的研究目前同时也关注了男同性恋中易被传播的艾滋病等问题，多是从医疗健康或者社会结构的角度着手，叶枝等在《歧视知觉与男同性恋艾滋病感染者创伤应激障碍的关系：应对方式的中介作用》一文中提出歧视知觉可以直接预测男同性恋艾滋病感染的者 PTSD 的严重程度。[④] 唐日新等在 2015 年 7 月发表了同性恋伴侣研究，从同性恋伴侣关系建立与发展，伴侣关系质量，家务与权力分配，冲突与暴力行为，性行为与艾滋病等方面分析了同性恋伴侣的基本情况，[⑤] 并且提出同性恋伴侣婚姻合法化可能是将来一段时间内

---

① 潘光旦：《性心理学》，生活·读书·新知三联书店 1987 年版，第 282—299 页。
② 潘绥铭、吴宗健：《中国男同性恋社交中的性关系》，《青年研究》1993 年第 12 期。
③ 潘绥铭：《性的人权道德》，《甘肃理论学刊》2008 年第 7 期。
④ 叶枝、陈丽华、郭葳：《歧视知觉与男同性恋艾滋病感染者创伤后应激障碍的关系：应对方式的中介作用》，《中国临床心理学杂志》2015 年第 1 期。
⑤ 唐日新、李倩、张璟：《同性恋伴侣关系研究》，《江西师范大学学报》（哲学社会科学版）2015 年第 4 期。

值得关注的问题，关于同性恋和同妻周边的研究在近两年也有所增加，张北川等人是研究男同性恋艾滋病问题的知名学者，他们研究了同性恋的婚姻之后，得出同性行为仅是一种生理需求，同性恋者不愿维持稳定的同性关系，因此其性伙伴和数量很难固定、多数为偶然的，这就增加了 HIV/STD 在人群中传播的危险性。

此外，他们还分析了在中国 MSM（即 Men who have sex with men，指"男性性接触者"）人群结婚的最大目的是减轻家庭和社会对其施加的压力。① 而在 2015 年初，张北川等又发表了几篇关于固定性伴是男男性行为者的女性的身体健康和影响因素的相关文章，不过张北川并没用同妻这一概念，而是大范围地将那些并没有走入婚姻的女性包含在内，使用了固定性伴是男男性行为者的女性群体这一概念，文中得出结论，该群体是一个易患艾滋病及性病和抑郁症等心理障碍的高危人群，急需帮助。② 在制度领域，众多学者也在同妻方面做了诸多有益探索，王静在同妻离婚困境中讨论了将同妻情形纳入可撤销婚姻制度内的合理性，认为从民法角度看，同妻的被欺诈，既违背了诚实信用原则，又违反了婚姻自由原则。③ 复旦大学王森波则从另一方面，从同性恋的角度就法律规制问题，从法律角度论证了同性婚姻的正当性，建议对同性关系给予法律认可，减轻同性恋者的社会心理压力，使社会对同性恋者的偏见逐渐消除，避免同妻现象的产生。④ 虽偶有先例，但目前国内在法律方面还较少研究同性恋婚姻（同性婚和异性婚）的立法问题，说明同妻维权的道路殊为不易。

近年来，哈尔滨工业大学社会学系唐魁玉教授及其团队对这一领域的诸多性别问题（包括被美国《纽约时报》重点报道过的同妻、同夫关系问题）进行了深入研究，比如关于同妻的社会建构问题进行的虚拟社会人类学研究、关于同妻群体社会生活适应现实情况的研究。在关于

---

① 史同新、张北川、李秀芳：《婚姻状况对男男性行为者的艾滋病高危性行为影响研究》，《中国艾滋病性病》2008 年第 5 期。

② 张北川、李洋、李秀芳等：《固定性伴是男男性行为者的女性之相关健康问题及影响因素》，《中国性科学》2015 年第 1 期。

③ 王静：《试论将同妻情形纳入可撤销婚姻制度内的合理性》，《兰州教育学院学报》2015 年第 7 期。

④ 王森波：《同性婚姻法律问题研究》，博士学位论文，复旦大学，2011 年，第 34—54 页。

同妻群体如何与悲惨命运抗争的研究中，研究团队认为：中国的男同性恋者由于各方面的原因，选择了与异性结成婚姻，违背了"人权道德"。另外，风险社会理论也可以分析同妻社群生活的艾滋病风险。在此要说明一点，同性恋的双重生活特质，① 决定了研究者必须付出更多、更细致的工作努力，才能揭示出同妻的生活本质。

同性恋群体和同性恋同妻群体所带来的问题在越来越开放的社会中变得越发突出，过往的研究多集中从同妻群体本身来研究同妻群体的日常生活境况及所遭遇到的歧视与问题，本章将着重从男同性恋的角度，探究一下同妻在婚姻中不断被边缘化的过程，以及同妻在婚姻中的边缘处境，并试图通过对男同性恋的访问，寻求解决问题的方式。

同性恋群体在社会学研究中是较为敏感的群体，由于其群体对外的排斥性，研究起来更是困难重重，同妻群体更属于社会学研究的新兴领域，相关文献较少，但目前针对特殊群体边缘化的理论已经相当成熟，在此基础上有所借鉴，从同性恋丈夫的角度对同妻进行的田野研究会减少理论探索的烦琐程度。

互联网的普及，使得现实社会中异常分散的群体——同妻和同性恋者在网络中聚集起来，网络促进了同妻和同性恋者的聚合，既增加了他们群体之间的互动，也增加了他们与外部人员的联系。受益于此，笔者才有机会接触到这些日常生活中不易接触的群体。本章通过虚拟田野调查的方式，通过访谈 43 名同性恋丈夫，从边缘生活的角度，深入研究了同妻陷入弱势生活困境的自身和他者原因。与此同时，提出了一系列使同妻摆脱困境的措施或解决方式。

第二节　同妻的边缘生活困境

一　家庭地位边缘困境

妇女边缘化社会地位有着强烈的历史延续性，传统的"两分领域"及其意识对中国的传统中下层女性边缘化地位产生了重要影响。男人及男人活动的相关领域如国家、市场等被视为公共领域而受到重视，女性

---

① ［美］吉野贤治：《掩饰：同性恋的双重生活及其他》，朱静姝译，清华大学出版社2016 年版，第 84 页。

及女性相关领域如情感、家庭则被视为私人领域而遭轻视。两分领域与男女角色的分离相对应，形成了关于社会、劳动分工以及家庭的传统意识形态。

而作为一种更加处于弱势地位的妇女——同妻，则处于更加艰难的一种边缘困境，传统意义上原本属于她们领地的家庭和情感，因为在不知情的情况下，嫁给了一位男同性恋的丈夫也面临即将丧失的风险，即使在私人领域的情感和家庭中，也面临着妻子权利的缺失和母亲权利的缺失。

同妻逐渐成为家庭生育机器，中国的传宗接代和重男轻女思想过于浓重，少部分同妻能够在生育前，发现丈夫的端倪并且悬崖勒马，既成事实之后，同妻原本的性生活，逐渐减少甚至消失，同妻自身就像一个机器，她们的生育被有计划地开启和关停，她们制造的产品不属于自己，生育的子女只是为了夫家传宗接代，甚至在得知胎儿的性别并非男性的时候，这台机器还有可能被紧急叫停。

> 家里就我一个孩子，上学的年龄就比同一届大，我妈就更着急了，让我早点成家，上学那会儿就托人给我介绍，老家一个地方的，毕业了，赶紧让我俩结婚，就指着抱孙子，我妈之前催了我多少回了，后来（妻子）好不容易怀上了，给我妈高兴坏了，对她也特别好，但是七八个月的时候，例行产检，为了套医生话就说想要女孩儿，医生说那这次你们可非常如意了，我妈回家就哭了。前后对我媳妇儿就判若两人。现在我妈劝我再要一个，然后天天去公园找中医，说要男娃，现在是我媳妇儿也知道我的底儿了，待不了多久就得离了，肯定不可能再要了（二胎）。

有一些受访者表示，他们和妻子离婚后，自己的母亲仍然非常后悔，经常叫前妻到家里来，幻想他们还可以复婚，他们也哭笑不得，因为他们知道，母亲想让前妻给自己家传宗接代。他们也苦笑道：这就是中国现实啊。多么的无奈、可悲，这也是同性恋和同妻的婚姻现状。

> 离婚之后，也没听说她找其他人，两家也都住得挺近的——（前妻住）过马路对面小区。去年中秋节，我妈就把她请我们家来

吃饭来了，问东问西的，然后我妈居然当我面问她，介不介意复婚啥的，说小勇年轻时候走点弯路，以后肯定会正常回来的。我桌子底下踢了我妈好几脚。当着我妈面也不好说啥，过后我还请她吃饭，让她别误解，不是我的意思，是老一辈比较那什么。

同妻也面临妻子身份的缺失，名义上同妻是家庭的女主人，是整个家庭不可或缺的一部分，是家庭对外政策的制定者，实际上夫妻二人同床异梦，同性恋丈夫对家庭生活毫无兴致，仅有的是对孩子的责任感；而在那些没有孩子的无性婚姻中，同妻和她们的丈夫就像是同一屋檐下的合租者，同妻承担着过多的家庭责任，与丈夫有着零星的家庭交流，丈夫婚后仍然和自己的男朋友或者圈内人保持着男男性关系。为了不再被家人催促，为了得到一份表面的安宁，同性恋丈夫把家庭和妻子当成了社会舆论的挡箭牌。

我也是没办法，每天不敢早回去，早回家干啥，睡前你不那个能交差？只能每次都装加班，回去晚，然后倒头就睡，回去早了，就赶紧开电视看球赛找个正事儿，把她熬睡着，家里大事儿小事儿都是只有从吃饭的时候两个人商量啥的，孩子现在两岁多，看不出来啥，以后你说长大了他有意识了又是一个新问题。因为我有家庭这个事，也不敢毫无顾忌地和自己圈内的人说，上门闹也不好处理，而且也不好找稳定的男朋友，谁也不愿意当个地下的小三，我们自己人都鄙视的那种。

同性恋丈夫通过压迫婚姻中处于弱势地位的妻子来获得短暂的自由。在发达国家，妇女和同性恋者都是社会上处于某种弱势地位的人群，这种地位使得彼此容易成为对方天然的同盟军。而在中国的情况比较复杂，家长制、男权制和夫权制影响深重。这种社会背景下，女性要有成为"贤妻慈母"的义务，男性则是"无后为大"。男同性恋进入婚姻还是中国强力灌输孝文化的结果，强调婚姻和生育的文化使得男同性恋必须结婚。同性恋丈夫和他们的妻子成了天然的敌人。妻子在婚姻中有名无实，隐瞒和欺骗使得丈夫在面对妻子的时候做不到坦然，有些受访者表示与妻子关系的紧密程度甚至不如自己的女性朋友和同事。

> 大学的时候玩得比较开，所以有几个大学里留这工作的同学知道我的身份，我是在本地上的大学，毕业之后大家都闲下来的时候一个月能聚一次，跟她们聊天更深入更多一点，什么都可以说，也不用隐瞒。但是回家之后，感觉自己就马上得穿上另一件衣服，要很受限制，当初（与妻子）也是认识三个月，没产生什么矛盾，双方父母都催就领证了，当时也没考虑那么多，早晚得结还不如早结就完。

而在家庭之外的大家族中，部分同妻也得不到婆家尊重，甚至有可能在事情真相大白时候，婆婆选择和儿子站在一起，倒打一耙，诋毁同妻不守妇道，要求她们净身出户，而同妻在离婚这一关上，面临着很多法律限制，为迅速摆脱很容易屈服选择接受。

> 我家当时知道我喜欢男的，我爸的意思就是，你七大姑八大姨的孩子都结婚了，你自己家的事儿你自己处理，但是得让我和你妈逢年过节走亲戚面子上过得去。当时结婚的时候，钱我拿大头，她家出的小部分，但房子上我妈没让写她的名，后来闹离婚的时候，一切听法院的，她基本上没得到什么额外的好处，我妈有次出去还拍到一张她和她同学一起吃饭的照片，说她出轨。但是后来我私下里给了她三万块钱，就当补偿吧。

受访者中有极少数开明的婆家在得知自己的儿子是同性恋之后，主动劝儿媳离婚，长期的家庭生活中，他们和儿媳已情同母女，这是因为他们受教育水平越高，公婆越开明。

> 我妈骂我，说我祸祸人，说幸亏你俩没孩子，站在她那边，劝她和我离婚，跟我说让我俩协议离婚，房子啥的给她，说以后不管我了。那时候感觉我自己不是亲生的。现在离婚了之后，我妈的想法就是，我和你爸自己能养活自己，不用你养，也不想抱孙子，你过好你自己的，别祸祸其他小姑娘，喜欢男的你改得了你就改，四十岁结婚也不晚，你爸我俩也能给你再办一场婚礼，改不了这也不

是稀奇事，自己怎么做都行，别影响别人，现在他们关系也挺好，我妈上半年做手术，她还带东西来医院看了。

总而言之，同妻在家庭中遭遇困难，在大多数情况下都是单兵作战，很少有同盟者，而她们的同性恋丈夫，有他们的男性情人，有自己原本的社交圈。大多数情况下，女性外嫁还意味着重新建立自己的关系网络，这导致她们在婚姻遇到问题时，倾诉的对象相对受限。

二　同妻社会地位边缘困境

社会地位是指人们在社会关系体系中所处的位置，这里所说的同妻的社会地位的边缘状态是相对于同性恋婚姻环境而言的。我们之所以选择将男同作为他者之一，是因为他们是造成同妻弱势生活处境的重要他人。在同妻自述方式之外，以丈夫视角加以补充分析具有"镜像"折射意义。同妻成为生育机器，面临妻子身份缺失，甚至得不到婆家的尊重，这仅仅是同妻群体在家庭层次面临的难题，而在社会层面上，同妻群体还有着更多难言的苦衷。

首先在职场上，同妻由于自身的境遇问题很容易处在一个非常尴尬的边缘人地位，边缘化是社会学上的一个比较抽象的说法，通常是指非中心、非主流的，或者说被主流所排斥，所不能包容。同妻的边缘化并不是客观地被职场、被同事所排斥，而是由内心主观的边缘化逐渐影响到现实里客观的边缘化，同妻由于自己的身份问题，对自己不断产生怀疑，总认为自己与其他人不同，并没有一个幸福的家庭和温柔体贴的丈夫。继而影响工作心情，一些情绪控制能力较差的同妻，则常把这种大家都不知道的隐藏的边缘化感觉映射到现实工作中来，不愿意和同事交流，逐渐产生隔阂，最终不仅从心理上觉得自己是和大家不一样的边缘人，甚至在工作中也形成了这样的局面，最终对单位和同妻自己都会产生负面影响。对工作单位而言，同妻这种边缘心理乃至最后边缘行为的出现会破坏团队合作氛围，导致人际关系的紧张和组织效率的下降，从而影响整个环境的整体绩效。对同妻个人而言，由边缘心理导致的不合群的行为，负面影响更大，特别是被忽视、被孤立的感觉可以直接影响心理健康水平，导致心理问题的产生。他们会感觉到自己离领导和整体组织越来越远，体验到被"边缘化"的感受，并由此影响同妻与同事的关系，甚至未来的工作和生活，有受访同性恋者表示，曾有妻子的单位领导或同事询问过，妻子最近状态不是很好，是不是遇到什么困难了。

> 我和她是兄弟单位的，研究所，她领导和我们单位老大挺熟悉，互相有单身的，当初就把她介绍给我的，后来处着合适两人就结婚了，所里没人知道我是同性恋，所以我的情况应该是属于你说的那种骗婚，后来有次我手机丢了，那时候圈内的朋友找我，没找着，因为我用他手机给媳妇儿打过电话，就找到她，她一下子就觉察出来了，后来问我，没忍住我就说了。之后她请了几天假，然后从那之后，我去她们所接她下班的时候，她领导问我，是不是你们家老人有什么意外了，说我媳妇最近工作情绪好像不是很高，也给我弄得挺自责的，我也提心吊胆的。怕她把这事儿捅出去。

而对于一些情绪控制能力较强的同妻来说，能够很好地将自己内心的情绪压抑在心底，并不在工作单位表露出来，在职场并没有面临边缘化的处境，在大家面前仍然是家庭幸福、工作上进的女强人，但这种情况也更容易让她们产生极强的心理落差，自己是女强人，在职场风生水起，而在家庭却面临着丈夫不疼、婆家不爱的窘境，更窘迫的是这种状态根本无处诉说，外人眼中的风光幸福和同妻自身面对的实际处境有较大差异。很多受访者表示，自己的妻子在外人面前风光无限，但是回到家中状态比较疲惫，还得给孩子忙这忙那，自己因为性取向的问题，并不能具体安慰她们什么，有时候也很愧疚。

> 她在银行算中层，下面管着点人，当时我们俩认识得也比较快，银行办业务就认识了，她也忙事业，28岁，和我认识半年不到就结婚了。后来发现了我的身份，就感觉不一样，在家里，下属打电话来的时候，说话啥的风格非常凌厉，安排得也挺妥当，回家来就经常忘这忘那，好几次忘带钥匙把自己锁在了门外，对我的话，感觉还是之前那样，没太表现。也经常给我网购一些调理治疗的书，她为这个家庭付出的挺多，实话说。

其次是日常社交的边缘困境，与职场上的由主观心理带来的边缘化不同，同妻在闲暇日常中的边缘处境则是由客观的不一致带来的。朋友聚会时谈起的共同话题，比如丈夫的工作，孩子的顽皮，甚至夫妻性生活的和谐程度，同妻对此并不能深度参与，甚至某种程度上，别人引以为乐的话题，是同妻十分害怕和抗拒的，无法参与和不被认可，使得同妻们对以某某为名的聚餐，甚至日常生活空闲时间的谈话都十分抗拒。比如逛超市遇到熟人这些微不足道的小事，对于同妻来说，都极可能意味着心理阴影，有受访者表示，自己的妻子曾因为参加聚会，大家问她打算什么时候要孩子的问题，而中途离席。长期无法融入日常社交的话题会导致同妻一直缺乏自信、不敢在公共场合发表自己的意见。当发表自己的意见和想法时，期待得到认可，会感到紧张，形成社交忧虑。

> 不知道我是同性恋之前，结婚之后一年她都挺好的，我们家日常东西都是成双成对的，手机也是一样的，一黑一白，手机壳只让我用她专门定制的那个，牙刷什么的都是情侣款。后来因为我晚上不碰她，还有她发现我手机装 blued① 之后，估计猜出来了，也跟我挑明了。我默认之后她就开始很排斥那些情侣的东西，水杯和手机壳都换了，以前朋友带上家属什么的出去聚会她也很乐意去，现在我求她给个面子，她也经常用身体不舒服来搪塞我，我跟她解释，没人知道我是同性恋，她说既然她能猜出来别人也能，不想出去被人看成傻丫头看笑话，早知道是同性恋绝对不跟我结婚。

此外，中国有句古话叫"嫁出去的女儿泼出去的水"，出嫁很大程度上意味着要重新建立社交圈，同妻在婚前的社交圈由于地域的分离，身份的转变和时间的限制，不再像之前一样得到维持，与此同时，婚后的社交圈，由于自己同妻的身份，又不能完全融入，造成了同妻社交圈断裂的困境。有受访者表示，自己在带同妻参加几对夫妇的聚会时，妻子在面对夫妻之间的社交时有很大压力，心跳加速，发言时口齿不清，大脑一片空白，然后就会结巴。不知道自己在说什么。

---

① 一种同性恋情趣社交软件。

　　她家不是本地的，刚毕业来这边工作，我舅和她在同一个楼上班，把她介绍给了我，她在这边基本没什么朋友，处对象那会儿，除了跟我在一起，就是工作或者宅在家里，结婚以后也就是基本上下班就回家，出去玩什么的，也都是跟着我，和我的朋友一起。所以当她知道我有同性恋的倾向的时候，没跟我闹起来，因为闹完，早晨还得我开车送她上班，干点啥也不大方便。现在她也慢慢地接受了这个事实，但我对她真特别好，无愧于心那种。甚至还让她去学制陶什么的，希望让她多交点朋友。

　　同妻在社会上遭遇困难，相对于她们在家庭的处境要好得多，同妻还有她们的丈夫，大多数都可以维持表面的联盟，一起面对来自于职场，来自于社交的压力，尽管她们的丈夫和她们并不是一条绳上的蚂蚱，但至少，在家庭意义上，夫妻两个仍然是亲密无间的战友。

三　生理健康边缘困境

　　同妻的生理健康问题也同样处于困境之中，主要问题是身体健康遭受威胁、极度不和谐的性生活和心理健康受到威胁等。

　　中国学者 2016 年初发布的报告称，同妻是中国最容易受到艾滋病威胁的高危易感人群之一。他们呼吁社会关注同妻的生理困境和健康权益保障。中南大学同妻问题研究课题组 2016 年 1 月在长沙召开"中国同妻艾滋病易感性、生存质量及其权益保障研讨会"，与会者包括多位医学、法学等领域学者和十余位同妻。会议通过的《关于中国同妻健康与权益保障的共识与建议》指出，以男同性恋为主体的男男性行为者与配偶发生性行为时普遍缺乏安全措施，近年来已出现多起同妻被传染艾滋病的法律诉讼。

　　别人我不清楚，我自己还可以，保护措施做得挺好的，没有赶上那些病，但我确实有认识的朋友的妻子被他们自己传染了尖锐湿疣（性病），死不了人但是心烦啊，我也是偶然得知的，我也肯定不会故意去坑她。这方面我还是挺小心的，不管是保护自己还是保护她都挺负责任的。

　　生理健康方面存在的另一个问题是同妻在性方面得不到满足，有报道称，一位同妻到 60 岁了还是处女，听起来夸大，但只有身在其中才能领悟。除了双性恋，对于单纯的男同性恋来说，他们的性幻想对象只能是同性，对异性根本提不起欲望，再优秀的女性也不能对他们构成吸引。为了满足家人传宗接代的愿望，他们一般都是在新婚期跟妻子亲热一下，等妻子怀上孩子以后，基本上就不会和妻子过性生活了。有的只是怕家人知道自己的同性恋身份，或者是为了完成家人必须和异性结婚的指令，不得不和女性结婚。因此，在这种关系中，不要指望他们能对自己的妻子有多深的感情。离婚几乎是"同妻"们迟早要面临的问题。

　　确实兴趣不在她那，我妻子挺漂亮的，美人坯子一个，大家也都说我捡到宝了，但我俩总共（性生活）次数，一只手能数过来。每次那个之前我得先跟我男朋友发消息调调情，后面才好办，不然完成起来很费劲，因为每次都费劲，又怕被传出去说自己那方面不行，所以只能要个孩子就赶紧躲了，一怀上孩子就可以光明正大不碰她了，加上爸妈也催着要，所以刚结婚两个月就有了，结婚之前从来没碰过她，她还跟我岳父母说我这人挺正经的，值得托付终身。一直到最后离婚，这方面确实委屈她。

　　而只要是正常、健康的女性，都会有生理需求。长期的性压抑会极度危害女性的生理健康，为各种妇科疾病留下隐患。性压抑的苦恼者常常处于一种羞愧、焦虑、愁闷、自卑的精神状态之中，同妻会产生心理和生理上的变化。首先是性情改变。无精打采，烦躁不安，无所适从，对工作也会失去信心，遇事不冷静，不耐烦，四肢乏力。其次表现在性功能方面，女性性能力也会减退，影响未来生育；若同妻性兴趣浓厚，容易导致出轨，把性兴趣转移到其他人身上，出现婚外情，导致同妻家庭进一步破裂，给家庭带来不幸，这也是当前离婚的原因之一。

　　同妻的心理健康遭受着巨大的威胁，她们与男同性恋生活后，对待人生，对待社会，对待男人的看法，都会发生严重变化。长期的压抑，使心理变化尤其明显，从健康角度看，她们很多人需要心理医生的帮助，以摆脱心理亚健康的困境。

第三节　同妻生活困境的解困方式

一　同妻的自我觉醒

随着人们对男同性恋群体了解的加深，学术界对于同妻的研究越来越深入，媒体也开始广泛报道同妻的事情，特别是报道一些同妻极端的生活困境案例。这在给同妻群体带来社会关注和同情的同时，也树立了弱者形象，而这可能会加剧同妻沉浸于痛苦的状态，使她们不断悲天悯人，也许同妻的社会身份并没有让她们倒下，因为还有孩子或者说家庭的存在可以让她们继续维持这种状态；但这种社会传媒造成的大众对于同妻群体的过度同情反倒成为压垮她们心理底线的稻草。在平等的社会中，没有人甘愿被贴上"婚姻先天被欺骗者""不幸和可怜的女人""弱势群体"的标签。而这种通过大众传媒的方式，将同妻群体的弱势生活展现给广大受众，让同妻意识到自己就是大家所说的不幸的那群人，大庭广众之下将自己的伤口展示给大众看。然而仅仅是让同妻意识到自己的身份，这并不是社会学意义上追求的觉醒。

必须说明一点，大众媒体是"双刃剑"。其对同妻群体的报道中、因为立场、态度和采访得来的资料的真实性等原因，常常会对同妻群体带来或有利或有害的传播效果。当然，同妻群体也会在这种大众舆论环境中悄然觉醒。

同妻的自我觉醒可以依赖非政府组织以及小范围的民间社团的帮助，这些非政府组织，比如"粉色空间性文化发展中心"，这些组织致力于为处于社会弱势地位的各种女性团体提供支持与帮助。他们会为受到不公正待遇的同妻群体发声，定期举办讲座，联系法律专业人士解决婚姻问题，邀请心理咨询师解决她们的心理问题，甚至与医院争取联系，及时检查，早做诊断，帮助她们远离艾滋病以及其他性病的威胁。

"最近知道她和一个律师走得挺频繁的，我妈跟我说是因为去了一趟民政局之后变的。我们俩共同的大学同学、跟她关系挺好一个女生，也问我说，你俩感情是不是出问题了，所以有时候跟她聊天发短信啥的，总得装糊涂，怕她套我话拿证据"，一个同性恋谈及自己的妻子时候说道，他怀疑可能是民政局向她推荐了一些帮扶组织。

除去非政府组织和民间社团之外，同妻的觉醒也表现在依靠同类社群的互助，以建立社交网络的方式彼此相互诉说与鼓励，甚至结对与她们的同性恋丈夫较量。比如 G10，因为他的妻子的 QQ 账号是在家里电脑中登录的，他无意中登录过几次，感觉到非常惊讶。

> 有一次她的 QQ 没退，然后送女儿上学了，我正好在家，也就看到了。她们一个群里基本上天天都在聊天，什么话题都说，感觉特别抱团，有点和其他群不太一样，发言也特冲。她们如果知道有些女的是事先知道他们的丈夫是同性恋，还愿意嫁的话，（她们会）想将这种极少数婚前就知道了还要为爱而嫁的傻女人骂醒。对我们也是各种言语攻击，说人渣都是轻的。她们说我们良心泯灭、道德沦丧、丧心病狂、心理变态。要是谁在群里说自己离婚了，大家都开始高兴和庆祝。

诚然，同妻的觉醒一般是以离婚为最终标志的，同妻选择离婚，是一件足以值得庆祝的大好事。至少证明，这个女人的精神与灵魂在婚姻形式彻底死亡时，终于得到了瞬间的解脱与片刻的喘息。如果说同性恋者的救赎，更多的是向外面世界争取权利来寻求同性世界的一片彩虹天地的话，同妻与同女友的救赎，更多地依靠从内而外的自我救赎。先完成自我觉醒，然后重新开始自己的崭新生活。

二 男同性恋的主动承担

在研究同妻问题时候，学术界都在避免脱离男同性恋者而单独讨论同妻的倾向，同妻与进入婚姻的男同性恋就像是一枚硬币的两面，单独揭开任何一面都只是管中窥豹，所以在解决同妻面临的社会困境的时候，身为丈夫的男同性恋者扮演着至关重要的角色。

骗婚的男同性恋者为社会大众所不齿是因为，他们在要求别人尊重自己的性取向的同时，自身并不尊重自己的性取向，很多时候社会压力只是他们不接受自己的一个借口，尤其当有部分同性恋嘴上说着"追求爱情的自由，我要我的独一无二无性别的爱情"，脸上却是"装出常人的样子，相亲之后追求平淡生子是福"，是无法用自己的理智去控制自己行为的利己主义者。他们并非是父母逼婚，也并非真的是怕社会歧视，这些想法的背后是部分男同性恋者"养不养娃到时候再说，好歹也得留个香火""先找个挡箭牌搪塞过去"这样的缺乏责任感的行为。当骗婚的男同性恋以为全世界都在伤害、压迫他们的时候，他们的反抗行为，便从伤害另一个弱势群体，即并不知道他们真实身份的妻子开始。

> 就像 G7 所说，"偶尔也觉得自己找小燕结婚这么做特别的龌龊，但在这个大环境下，你很难按照自己想要的方式（生活），加上自己还是想要个孩子，也不想让别人总斜眼看我，人不为己天诛地灭，我想过得好，肯定多少要牺牲点别人，所以结婚后，基本上什么事，只要能办到的，我都没不听她的。"

但也有很多男同性恋认为"一颗老鼠屎坏了一锅粥"，认为和直女结婚的男同性恋是他们这个群体的败类，甚至有的男同性恋主动站在同妻的角度，替同妻维权，就像 G8 说的：

> 我们这个圈内有人说我不厚道，帮着外人坑自己，我个人是不认同的，她们发出声音，是她们的权利，我们和同妻有各自争取权益的权利。而从媒体宣传这个角度来讲，我去帮着同妻说话也让我们自己的曝光度更高，大家就会越来越意识到其实不管是同妻还是我们都是偏见和社会歧视的受害者，这其实对这两个群体来说都是一件好事。

还有一些受访者比较理性，从社会环境和个体两个方面来表达自己对这方面的态度，就像 G9 说：

> 其实，如果是看待同妻所面临的社会困境的话，那么可能更多的错在社会这个大环境，如果是看待一个男同骗婚这个个例的话，错绝对是在这个男同性恋人。虽然他有许多苦衷，但是他也可以跟很多其他人一样，不选择骗婚这条路，自己去承担，他既然选了骗婚这种行为，他就有错。

但他也理性地表达了自己对于自己这个社会态度的担忧。

一定要找人负责、一味谴责男同性恋中的骗婚者甚至将矛头扩大到整个同性恋群体（的做法）对于彻底解决同妻这个问题并没什么帮助。因为整个社会面临的不是一两个个例的事情，而是很多这样类似的问题，在中国到处都有。或许这个社会对我们态度好一些，可以让我们也拥有自己正常的生活，同妻等悲剧才会减少。换个角度想一下，就算大家再怎么谴责那些骗婚的人，那些骗婚者就会悔悟不骗婚了吗？可能只会因为外部社会环境的不宽容……只能选择骗婚这条路了吧，其实很多人是被逼上这条路的，我觉得，真正能让那些人不骗婚的方法，只有让他们骗婚的收益还不如骗婚的成本高的时候，他们也就放弃了。

由此看来，男同性恋者在解决同妻困境这一社会问题中的态度——是制造新一个同妻悲剧，还是用自身的行为去影响身边的同性恋者，由此减少悲剧的产生——在解决这一难题上，就显得尤为重要了。男同性恋个体中有能力、有力量去挣脱外界的束缚，去选择自己的生活，而不是被这个社会规范所掌控的人目前来说仍然是少数。虽然从目前的状态来说，社会大众对同性恋的认同程度在不断地增加，也产生了普遍的宽容心理，但在多数人的内心深处，尤其是男同性恋他们自己的直系亲属的内心观念里，传统婚姻观念仍然相当牢固，特别是统治中国两千多年的主流儒家文化中的"不孝有三，无后为大"的孝道生育观念，也在无形之中对不婚的同性恋者产生了巨大的压力。

我有三个姐姐，爸妈生我的时候就是想要个男孩儿，我要是跟他们说实话了，不敢想他们会怎么想，爸妈岁数都挺大了，我爸尤其都快七十了，要是（让他知道）等了二十七八年，从小宠着希望给自己抱个孙子的老幺竟然喜欢男的，实在不敢冒这个险。现在这么晚还没结婚，已经要被他们念叨死了，估计年末就得确定对象，然后听爸妈安排，结婚之后有个孩子再出来，他们也安心。

现代的伴侣婚姻所强调的男女平等、爱情基础虽然对传统婚姻的价值观造成了冲击，这一方面淡化了婚姻的生殖养育功能，催生了同性婚姻的诉求；另一方面也使得同性恋者进入异性婚姻的成本加大。据统计，在美国、法国，结婚的人数在 30% 左右，日本是 40%，但在拥有数千年家庭观念的中国的结婚压力过分严重，所以一些人迫不得已，就开始出现"形式婚姻"，即男同性恋找女同性恋结婚，而且可能部分的同性恋者也有传宗接代的想法。但找到女同性恋者形婚的可能性远远不如稍加隐瞒找一名异性恋女性结婚来得迅速和直接，这样更不用面对婚前形婚协议，对于男同性恋丈夫来说是稳赚不赔的生意。

> G11 说："和那位（指同性恋人）商量过，我们俩肯定不能生，但是吧，肯定以后想有个小孩儿，领养的话，养别人肯定还是没有自己生的好。代孕也花钱也还容易触碰法律底线，只能说这样对我来说是比其他选择好一万倍。再说，现在结婚的男的女的，也好多都是相亲，也没什么爱不爱的。就当相亲了，好多女的看上男的有钱了都嫁了，何况她还喜欢我，我也并不是对她没感情，就像朋友一样，也不是不愿意跟她坦白，只是多一个人知道多很多危险。"

社会上仍然存在男同性恋进入异性婚姻的各种形式的解释：社会逼迫论，父母逼迫论，歧视压迫论，生育本能论，双性选择论，形式婚姻论。凡此种种，同妻这个问题本来也存在巨大的争议，有的还关乎生命伦理，也并非一两篇文章就能厘清的。但不管怎样，这种现象是既定的事实，也就是不管男同性恋者是因为何种原因走进了异性恋的婚姻，总之，因为他们选择进入异性恋婚姻的这个决定造成了大量的同妻存在。她们就真实地生活着并且面临着多方面的困境。社会上的同妻群体不是某一个男同性恋造成的，但对于一个特定的同妻个案来说，G11 的确是他妻子人生悲剧的来源。

三 社会大环境的包容

对于解决同妻边缘困境的办法，如上文所说，要从同妻和他们的同性恋丈夫两方面着手，而这两方面都依赖于社会大环境的包容。一是制度层面，即法律上的同性恋婚姻合法化和保护同妻相关法律的健全，前者注重惩戒，给同性恋婚姻一个具体的边界。后者注重保护，保护同妻群体在法律上的合法权利不受侵犯，从制度上消除同妻产生的可能性。

二是文化层面，首先应该提倡男女平等与合法领养，以此来逐步影响重男轻女和传宗接代这样造成同妻产生根源的传统观念；其次应唤醒社会尊重女性的意识，减少将女性视为生育工具的错误思想，促进女权意识的觉醒；再者，同妻问题产生的根源在于男同性恋在婚姻上的错误选择，解决同妻问题仍有赖于社会文化对于同性恋者的理解和接纳，不同性取向的人之间相互尊重和理解是解决这一问题的根本方式。

在过去 10 多年里，全球已有 3 大洲的 10 多个国家先后承认了同性婚姻的合法地位，而荷兰在 2001 年 4 月 1 日成为世界上第一个实现同性婚姻合法化的国家。此后，比利时、西班牙、加拿大、南非、挪威、瑞典、葡萄牙、冰岛和阿根廷也先后承认同性婚姻关系合法。2015 年 5 月，天主教势力强大的爱尔兰通过公投批准了同性结合的合法性。2015 年 6 月 26 日，美国联邦最高法院 26 日以 5∶4 的投票结果裁定，同性婚姻合宪。2016 年 5 月 11 日，意大利总理马泰奥·伦齐赢得了议会下议院关于同性婚姻合法化法案的信任投票。该法案允许同性婚姻与异性婚姻具有同等权利。另外，还有一些国家承认在其他国家登记的同性婚姻关系，还有一些国家以民事结合伴侣或同居伴侣的方式，承认同性恋配偶关系及其相应权利。

> 我们也不愿意去骗，感觉挺缺德的，迫不得已的十个里占了八个，如果中国同性恋可以和你们一样，像北欧那样，同性恋婚姻合法化，正常结婚，买房啊，生育啊，都有正常的法律法规，然后可以领养孩子，中国经济再发达点，父母不用指着儿子成家立业养老，那样的话大家就不会对我们有什么看法，我们也不用把别人施加给我们的压力，再施加到女人身上去，你说是吧？长沙那案子不知道你关注没，在中国，身为一个同性恋实在是有太长的路要走。

只有同性恋婚姻合法化了，才有可能进一步立法确定男同性恋骗婚是违法犯罪，同妻才有可能不被成为第三者。对于同妻来说，丈夫心中永远是男人，那些男人就是她们婚姻中的第三者；而同妻又被视为他们男男之间的第三者，同妻的丈夫永远是精神和肉体双出轨。中国一部分男同性恋对同性恋婚姻合法化没有兴趣，甚至是反对同性恋婚姻合法化，是因为不愿意放弃与异性结婚带来的红利，即免费子宫，免费劳力。而现在女人离婚的顾虑总是比男人多，所以婚姻对于男同来说是一个低风险高回报的事，所以才对同性恋婚姻合法化百般阻挠。说到底，同性恋婚姻合法化还是与女权运动有关，女权运动蓬勃发展，可以促进同性恋婚姻合法化，一起面对第三者与家庭暴力等诸多问题。同性婚姻合法化会在一定程度上减少骗婚，最重要的意义在于为惩治骗婚提供土壤，也为真正洁身自好的同性恋提供一视同仁的法律保障。

第四节　结论与反思

单一同妻是家庭的悲剧，但一群同妻是社会的悲剧。不要戴着有色眼镜或事不关己地看待同妻所遭遇的种种困境，因为下一个人或许就是我们身边的人，我们对处于弱势状态下的同妻，必须予以同情，但对待同妻问题应持正确的态度，既不应歧视也不应过分猎奇，更不需要无谓的同情。对同妻问题与案例的讨论，绝对不能扩大化，以免给这个沉默的数量可观的社会族群带来更多争论与非议。可喜的是，社会环境正在变得越来越宽容，我们这一代人正在接触开放的观念，越来越多的身边人都是强烈抵制同性恋者骗婚行为的。

虽然同妻在家庭、职场和社交中遭遇困难，但在这些具体的环境下，尚有寻求解决问题的措施和余地。然而与这些相比，更严重的问题是她们对生活的不信任，同妻身份带来的影响是深远而持久的。不幸婚姻的结束是一个暂时性终点，同妻内心的伤痕仍然无法治愈，如果育有儿女，那她们还会因为抚养费及子女教育问题，与她们的同性恋前夫藕断丝连，瓜葛不断。曾经是男同性恋的妻子的这个事实，让这段经历中丈夫对女人不尊重的耻辱与伤害的画面，刻在她们潜意识与内心最深处，往往会影响她一辈子。大部分同妻在离异后会毫不犹豫地选择与这段时期的社交完全了断——既包括她们的同性恋丈夫，也包括通过各种方式结识的同妻——开始自己重新生活，不想再与同性恋丈夫，甚至与同妻群体有任何多余的瓜葛。

将同妻问题的解决完全寄希望于道德的约束是不可行的，也很难将社会责任感强行置于个体人性之上。解决问题需要从多方面着手，一是要尽可能站在同妻的角度，帮助她们建立良好的身份认同并了解如何脱离困境，促进同妻的觉醒；二是通过宣传个案唤醒同性恋丈夫的责任感与担当意识，提倡以我度人，主张换位思考，同时宣传同性恋相关知识，不断提高社会宽容度；三是呼吁同性恋婚姻相关法律的建立，保护同性恋与同妻的合法权益，这也是解决这一问题的关键所在。

第八章 同妻婚姻维持与解体的过程分析

为了更好地对处于弱势和边缘困境中的同妻群施以援手还必须系统研究同妻婚姻维持与解体的过程。本章基于社会性别理论视角首先对比分析了同妻选择维持婚姻的经济、子女、面子、情感及军婚五大影响因素，无论是主动地用心付出还是被动地隐忍承受，他们的婚姻大多充斥着不幸；而在婚姻解体问题上，无法忍受欺瞒、婚姻暴力、艾滋病困扰及情感错付等原因使同妻同夫选择坚持离婚，由于道德、法律等社会支持不足，他们在离婚中遇到的过错归责、子女抚养等权益保障问题比常人更为棘手。

无论是婚姻的维持、解体或是再婚，同妻群体都是受害者，她们往往处于弱势的地位，并受到社会的同情。同情的同时也要反思已婚同性恋家庭是在人们对性别文化的理解与包容不足的情况下产生的。只有通过长期努力从各角度接受同性恋合法合理合情，才能避免已婚同性恋家庭不断衍生，从根本上帮助减少同妻这一不幸群体的再生。

第一节 问题的提出

一 研究背景

婚恋问题是中国社会转型时期典型问题之一。近几十年来，我国离婚率攀升、闪婚、"剩男剩女"现象，"第三者"、同性恋等各类与婚姻相关的问题越来越严重，这些问题涉及的已不单单是婚姻，更包括由婚姻衍生出的子女生育抚养、财产纠纷以及性别权力与地位等方方面面的问题。这其中男同性恋及他们与异性走入正常婚姻的问题逐渐得到研究，由此产生的同妻及附属群体也成为社会学关注的社会边缘群体之一。

我国社会目前对于"同性恋者"群体已经有了一定的认同与研究，但与许多更为开放的欧美国家相比，这种认同又是十分具有局限性且不合法的。同时，中国传统婚恋文化很大程度上影响了同性恋者的婚恋观，使他们"被迫"与异性走进婚姻组成家庭，而同妻同夫不可避免地就此产生。无论是同妻们开始规模化地呐喊，还是在网络上众多已婚女同性恋者活跃地交友寻找婚外情，这些现象的出现都说明同妻问题的严重性不言而喻。与此同时，同妻这类弱势群体的存在日渐显现以及其婚姻家庭的特殊性都要求各界对其有更进一步的学术领域探究，借此研究可以推进社会从人文、文化、法律等多个层面对两大弱势群体有更多的理解、关怀与帮助。

二　国内外在该方向的研究现状及分析

（一）国外研究现状

关于社会性别理论的研究。国外学术界女性主义的核心概念是"社会性别"，社会性别研究由此开始。[①] "gender"本身的词义为"性，性别"，而在女性主义研究中则有其独特的意思——社会性别。和"sex"不同，"gender"的提出是将性别从生物学学科研究中分离出来，赋予它社会属性。女性主义学者索尼娅·安德马赫尔等人在编制女性主义概念性工具书时指出："在女性主义第二次浪潮初期（上世纪 60 年代），社会性别被准确定义出来，其最核心的内容是提取性别中的社会文化意义并将其与生物学概念进行区分，这一概念的提出是参照心理学家罗伯特·斯托勒而来。"[②] 除此之外，美国的女性主义学者奇默尔曼和韦斯特也对社会性别与性别两个概念进行了区分，指出社会性别是一种社会权力与地位的体现，通过个体心理、文化影响和社会生活方式等被塑造形成。[③] 后现代女性主义学说对于女性的不平等地位是这样描述的，他们

---

① 刘霓：《社会性别——西方女性主义理论的中心概念》，《国外社会科学》2001 年第 6 期。

② Sonya, Lovell, Terry, Wolkowitz, Andermahr, Carol, *A glossary of feminist theory*, Hodder Arnold Publication, 1997, p. 102.

③ West, Candace, Zimmerman, Don H., *Doing Gender*, in Myers, Kristen（ed.）, 1998, p. 167.

认为女性因社会性别文化而活在诸多先赋的外在压力下，需要服从早已规定好的外在强加于自身的纪律并要遵从既定规范，在这种制约下女性得以掌控自己的行为和身体，男性与女性的社会性分区更为明显。①

女性主义发展至 20 世纪 70 年代左右，国外诸多女性研究学者逐渐从单一关注女性生物性和社会性差异视角出发，发展为将男性与女性进行对比研究二者的社会地位、话语权力等，社会性别理论由此发展到新的阶段。

关于同妻的婚姻关系的学术研究。国外有关同妻的学术研究目前还十分少见。原因有以下几点：一是国外社会环境与我国大不相同，西方开放发达国家已经在很大程度上接受同性恋现象，即便一些国家目前还未批准同性恋婚姻的合法性，但同性恋早已不是羞于启齿的话题；二是国内外传统文化的继承与影响不同，我国传统文化中"婚嫁、生育"是重中之重，而国外则新兴许多"单身贵族""丁克家庭"等婚嫁思想，同性恋者可以选择不与异性结婚，而与同性结为伴侣关系，这是与中国截然不同的婚恋文化现象之一。因此，国外的研究更多集中在同性恋问题及"同性伴侣关系"上。

有关同性恋文化的研究较为著名的是酷儿理论（queer theory），该理论一个重要观点认为性取向不是生而天然存在，在培养影响的情况下性别认同也可以是后天形成的。② 美国酷儿理论学者大卫·哈珀林也指出："尽管在不同的地域、社会和历史时期都有一些个体进行过同性性行为，仅仅是在近段时间，仅在我们社会的某些领域，这些个体行为才被认定为同性恋。"③ 著名性别研究学者朱迪斯·巴特勒认为异性恋文化本身是一种建构文化，"异性恋文化的意义根据社会变迁而变化，不具有普遍性亦不是与生俱来的。长久以来，异性恋一直以正常、纯粹、正确、无须解释的姿态自居，标榜自己"④。她主张反思异性恋历史，认可同性恋文化存在的合理性。

---

① Ramazanoglu, *Explorations of Some Tensions between Foucault and Feminist*, Routledge, London and New York, 1993, p. 191.

② Teresa De Lauretis, "Queer theory: Lesbian and gay sexualities", *Social Science*, 2008, p. 79.

③ David Halperin, "*One hundred years of homosexuality: and other essays on Greek love*", Psychology Press, 1990, p. 46.

④ Butler Judith P., *Gender Trouble*, Taylor & Francis, 2006, p. 138.

关于同性伴侣关系的研究。国外关于同性伴侣关系质量的研究较多，劳伦斯·柯德克是该领域专家人员并进行了多项研究。他发现女同性恋伴侣比男同性恋伴侣关系更为稳定，但是两种同性恋伴侣关系都不及异性婚姻关系稳定；[1] 在另外一项研究中，他通过"关于亲密，自主，平等，建设性问题处理以及关系解体时所面对的障碍"五个维度对236对已婚夫妇、126对同性同居者进行调查，发现同性恋同居伴侣之间与已婚夫妇相比较，有更多的自主权与平等权，关系的解体也更容易且频率较高，亲密度方面女同性恋高于男同性恋。[2] 大卫·麦特森研究认为，同志父母指的是其中至少有一方是同性恋者，他们也可以顺利地抚养孩子成长，但这类父母往往会被认为不是普通父母而受到另眼看待。[3]

上述关于同性恋的研究大致表明国外对于同性恋及同性伴侣关系的接受程度与包容度都较中国更强，部分学者甚至认为应该反思"异性恋正常规范"（或"强制性异性恋"）这样一种异性恋霸权逻辑思维，恋爱关系并不一定是以两性关系为基础，多元化存在应该是合理的。

关于虚拟人类学的相关研究。虚拟人类学又被称为"虚拟民族志""虚拟田野调查"，顾名思义，是指在以互联网信息技术为搭载平台所新生的沟通交流场域赛博空间（cyberspace）中从事人类学虚拟田野调查研究。早在20世纪90年代，美国等一些信息技术发达的国家学者就已开始探讨人类学在线研究问题。他们的研究主要集中于如何建构起人类学研究所需要的"虚拟田野"以及在虚拟田野中进行人类学调查需要把握的注意事项。

阿帕杜莱认为虚拟社会具有跨地域性与多重异质性且基于网络建构，方便研究者进行在线比较研究与调查。[4] 威尔逊与彼得森指出，互联网通信技术的发展带来了信息社会的形成，新的虚拟社区与网络交际

① Lawrence A. Kurdek, "What Do We Know About Gay and Lesbian Couples?", *Current Directions in Psychological Science*, Vol. 14, 2005, pp. 251 – 254.

② Lawrence A. Kurdek, "Relationship outcomes and their predictors: Longitudinal evidence from heterosexual married, gaycohabiting, and lesbian cohabiting couples", *Journal of Marriage and Family*, Vol. 8, 1998, pp. 553 – 568.

③ David R. Matteson, *The heterosexually married gay and lesbian parent*, Gay and Lesbian Parents, 1987, pp. 138 – 143.

④ Appadurai A., *Global ethnoscapes: notes and queries for a transnational anthropology*, Recapturing Anthropology: Working in the Present, 1991, pp. 191 – 210.

交流现象出现，使人类学的研究领域得到扩展。① 权力关系同样也嵌入在这种新的生活世界中，值得进一步研究调查。② 惠勒在探究网络田野调查时指出，需要线上与线下两方面调查配合起来，并注意使用二分法来区分真实与虚拟的、个人与集体的特性等。③

（二）国内研究现状

关于社会性别学的研究。社会性别理论于 20 世纪 80 年代开始走入我国，将女性作为主体纳入社会性别研究范围，围绕女性的地位变迁、事业发展及男女平等问题展开。

陶铁柱、谭深在 1987 年对"妇女学学科建设座谈会"进行了总结，认为本次座谈会是关于男女同步时代的理论探究，指出潘绥铭、汪琦等知名学者开始从不同角度建设妇女学学科；④ 王政也强调社会性别学的发展带动了我国妇女事业的发展；⑤ 同时她作为密歇根大学教授，研究范围不局限于国内，指出社会性别理论在国际领域上相比于国内更具有深度和广度，例如"男性研究"这一概念就是由社会性别这个概念延伸而来，需要有一个男性群体带有自觉意识来塑造男性研究，否则社会性别男权至上的思想重复出现并被巩固。⑥ 郑也夫则尖锐地提出，提倡男女平等，是提倡二者具有平等的权利而非只看结果，与此同时他也认为为了保证正常的社会秩序，存有一种让绝大多数人接受的家庭中明确的性别角色分工是必要的。⑦ 畅引婷、邸晓星通过比较研究发现我国的性别研究一大特点在于围绕妇女问题展开，妇女拥有绝对的主体地位且研究大多具有批判性质。⑧

---

① Samuel M. Wilson, Leighton C. Peterson, "The Anthropology of online communities", *AR Reviews in Advance*, Vol. 7, 2002, p. 449.

② Ottmar Kullmer, "Benefits and risks in virtual anthropology", *Journal of Anthropological Sciences*, Vol. 86, 2008, pp. 205 – 207.

③ Wheeler D., *New technologies*, *old culture*, Culture, Technology, Communication, 2001, pp. 187 – 212.

④ 陶铁柱、谭深：《男女同步时代的理论探究——"妇女学学科建设座谈会"综述》，《社会学研究》1987 年第 6 期。

⑤ 王政：《浅议社会性别学在中国的发展》，《社会学研究》2001 年第 5 期。

⑥ 王政：《社会性别研究在国内外的发展》，《性别平等理论研究》2009 年第 5 期。

⑦ 郑也夫：《男女平等的社会学思考》，《社会学研究》1994 年第 2 期。

⑧ 畅引婷、邸晓星：《妇女：性别研究的学科性质与时代特点》，《郑州大学学报》（哲学社会科学版）2010 年第 7 期。

1. 关于同性恋婚姻的研究

随着同性恋这一社会问题的突出，他们的婚姻也成为医学、伦理学、社会学及法学领域学者关注的重要问题之一。融合各领域研究可知近年来关于同性恋婚姻问题主要有三个研究方向，下面将分别讲述。

关于同性恋婚姻"合法化"探讨，主要集中同性婚姻权与立法、同性婚姻的合法性与困境等几方面。陈哆在研究中指出同性恋者也有进入合法婚姻的诉求，他们的合法婚恋权利应当通过立法来予以保护；[①] 魏盈君以各国案例为基础指出在世界多个国家同性恋立法趋势下，中国同性恋婚姻走向合法是必然；[②] 李霞认为我国同性恋者婚恋合法化，可以采用"同性伴侣"方式，但需要建立一套有别于常规婚姻的制度；[③] 胡启岚指出"法理价值中的人权、自由、正义与秩序，同性婚姻合法化均符合以上诉求，应在法律层面上接受同性恋婚姻，再逐步去除其污名化问题，在道德层面上使社会接受"[④]。

韩旭至认为同性婚姻与异性婚姻并存将会引起冲突，带来人们婚姻观念的改变；[⑤] 郭晓飞从法社会学的角度提出婚姻制度如果完全建立在爱情基础上是脆弱的，且其实现的可能性很小，因此他认为同性婚姻因为不具有生育基础而不能与异性婚姻有着同样的地位与确立，[⑥] 这些都是同性婚姻面对的困境。另外还有部分学者从医学角度阐述同性婚姻可能带来的男同性恋者艾滋病、性病传染加剧等问题，认为同性婚姻合法化需要慎重考虑。

关于"形式婚姻"的探讨。"形式婚姻"的广义概念界定为：男女双方为了某种目的结为夫妻，形成名义上或者法律认可的夫妻关系，但实际上并非以真正的夫妻身份生活。狭义概念则是指男同性恋与女同性恋通过婚礼形式或经法律渠道登记结婚，实际上都是"假结婚"。我们这里只引用其狭义概念。

形式婚姻多是同性恋为了免受如父母催促、同性恋身份隐藏等多重

① 陈哆：《关于同性婚姻的立法的思考》，《法制与社会》2011 年第 9 期。
② 魏盈君：《同性恋婚姻立法模式及典型国家的立法例》，《学理论》2013 年第 20 期。
③ 李霞：《论同性婚姻合法化》，《河北法学》2008 年第 3 期。
④ 胡启岚：《同性婚姻合法化的法理价值》，《法制与社会》2009 年第 7 期。
⑤ 韩旭至：《婚姻与同性婚姻》，《中国性科学》2012 年第 1 期。
⑥ 郭晓飞：《中国同性恋者的婚姻困境——一个法社会学的视角》，《法制与社会发展》2009 年第 4 期。

社会压力而做出的选择。目前我国国内对于形式婚姻的社会报道与讨论很多，但落实在学术研究的很少。自由撰稿人老藕在研究中指出目前有八种状态的形式婚姻，认为形式婚姻只是同性恋群体为解决特殊性取向带来的问题而采用的办法，会带来很多负面影响，残局难以收拾；① 杨柳青同样对同性恋群体形式婚姻进行了初步探究，认为这是对婚姻中的任何一方都不负责任的婚姻形式。②

2. 关于已婚同性恋者的婚姻关系研究

前文已介绍国外学术界目前对于同性恋者与取向正常的异性结婚没有太明确的研究，主要集中于探讨同性恋问题；国内学术界对与同妻相关的研究尚处于起步阶段，仅有少数学术研究明确关注同妻。大多数研究仍停留在非正规学术报道的层面上，诸如"同性恋者妻子怎么过""妻子向同性恋丈夫索赔"等报刊，一定程度上也可以说明大众传媒已开始对同妻问题加以关注。

虽然同妻、同夫还属于各学科边缘关注群体，但是一些学者已经开始在研究同性恋问题时关注他们在异性婚姻中的婚姻关系。常进锋、陆卫群研究发现已婚男同性恋者会在他们的异性婚姻中想尽办法隐藏同性恋者身份由此导致婚姻存在各种危机，这种非常规化的婚姻应该得到适当干预；③ 魏伟、蔡思庆研究发现大多数已婚男同会在寻求婚外恋情的同时尽量维护和妻子之间的关系，很大一部分原因在于愧疚心理与为了隐瞒自己的同性恋身份④；桦桐、杨针通过 5 个代表性个案分析已婚同性恋家庭，发现在这类"畸形"家庭中，因性向的不同造成了双方在性、情感和其他方面的冲突，夫妻间关系会因为丈夫同性恋身份的曝光而不同程度破裂⑤。通过上述研究可知，他们的视角大多是从婚姻中同性恋者一方出发，而不是将同妻作为研究所关注的落脚点。

① 老藕：《同志群体里的形式婚姻》，《性别多元：理论与实务》2012 年第 5 期。
② 杨柳青：《中国式的"完美"——同性恋群体形式婚姻初探》，硕士学位论文，湖南师范大学，2009 年。
③ 常进锋、陆卫群：《已婚男同性恋者婚姻关系的社会学分析》，《中国性科学》2013 年第 7 期。
④ 魏伟、蔡思庆：《探索新的关系和生活模式——关于成都男同性恋伴侣关系和生活实践的研究》，《社会》2012 年第 6 期。
⑤ 桦桐、杨针：《通过 5 个代表性个案分析已婚同志家庭》，《性别多元：理论与实务》2012 年第 5 期。

3. 关于虚拟人类学的相关研究

虚拟人类学在国内更多地被称为"虚拟民族志"，即在网络空间内寻找调查对象并与其建立相应调研关系，利用互联网渠道来收集资料，[①] 这是信息社会人类学获取资料的最主要方法。虚拟民族志的特点主要体现在调查场所发生变化，由原来的实地走访转变为虚拟网络社会，随之也带来了人类学调查范围的扩展、隐私问题可调查性增强等多个新特点，成为人类学研究新的重要使用方法之一。

目前国内对于虚拟人类学的研究主要集中在它从传统向现代的转变、新兴特点及需要注意的伦理原则等。朱凌飞与孙信茹对"虚拟田野"中网络调查的可靠性与可实施性进行了说明，认为将互联网看做真实存在的"虚拟社会"，实际上是可以反映出现实社会状况的，同时指出虚拟民族志与传统民族志的区别及可能遇到的资料证实、真实性与文本误译三个困难，并且要认识到虚拟田野中的对象仍然是具有思想的真实的人；[②] 卜玉梅阐述了虚拟民族志的特点及常用的参与观察、在线访谈等方法的使用，并着重强调虚拟田野的伦理与原则，重新思考传统，不能因为网络的存在而放弃传统民族志方法，而应该将二者有机结合形成互补关系，[③] 这是对虚拟人类学良好应用的经验性案例。

第二节　同妻婚姻维持的过程分析

目前我国同性恋者大多会在适婚年龄走进异性婚姻，与一名性取向正常的异性结为具有法律效应的夫妻关系，目前学术界对这类家庭没有明确定义，暂被称为"已婚同性恋家庭"。并不是所有的已婚同性恋家庭都立刻走向了破裂，部分同妻在发现自己的另一半是同性恋者往往会选择继续挽救与维持自己残破的婚姻，其中缘由、维持的方式等根据现有的案例可分析出一定的类型，但是在同妻群体上又有着因婚姻状况的主客观因素而导致的不同结果。

---

① 朱凌飞、孙信茹：《走进虚拟田野——互联网与民族志研究》，《社会》2004 年第 9 期。
② 同上。
③ 卜玉梅：《虚拟民族志：田野、方法与伦理》，《社会学研究》2012 年第 6 期。

一 影响已婚同性恋家庭维持的五大因素

有人可能会说，既然同妻已经确认自己丈夫是同性恋，他根本不可能用异性的眼光爱自己，为什么不尽快离婚呢？事实上婚姻的结束并不是一件易事，往往牵扯到夫妻双方、子女、父母等多人的生活，调查总结出以下几大影响已婚同性恋家庭婚姻能够继续维持的因素，分别是经济能力、子女抚养、面子问题、尚存的情感以及隐性约束条件。

（一）经济实力影响婚姻"存亡"

生计问题在家庭生活中具有不可替代的地位。家庭的存在，除了人这一主体外，物质满足也是必不可缺的。现代社会经济发展迅猛，女性不再是传统社会中仅扮演相夫教子的角色，而是开始有独立的工作能力并拥有供养自己的经济实力。但不可否认的是，女性的这种经济能力是有限的，在职业选择、职业发展以及薪资水平上都相对低于男性，这也让家庭中的女性与男性有着不平等的经济地位。马克思的政治经济学中"经济基础决定上层建筑"的观点适用于家庭维持问题，在对同妻的调查中发现，部分人之所以选择仍然在婚，没有经济能力是重要影响因素之一。

同妻 TQ13 是全职太太，因为没有独立生活的经济能力只能不和同性恋丈夫摊牌，暂时继续维持婚姻，打算找到合适的工作后和丈夫离婚，目前正在求职中。

> 我觉得自己也不差，一开始还以为是他外面有女人……用 QQ 小号试他才发现他是同性恋。他家庭条件好，收入又高，我也是因为这个结婚后就不工作了，要是现在离婚了我都没办法养活自己，真后悔自己就在家闲着……我先搜集着证据，一边还找着工作，有合适的工作了我就起诉离婚。还好年轻，也幸好还没有孩子。

同妻 TQ11 已经结婚 9 年，生了女儿后因为身体不适便辞了工作在家照顾家庭，丈夫对自己照顾较为周到却不喜肌肤之亲，怀疑丈夫出轨，后发现丈夫是同性恋并不止一次和男人发生过性关系。考虑到自己和女儿的健康问题（有感染艾滋病的风险）以及将来的生活，TQ11 打算重新工作，离婚时争得女儿抚养权。

　　生孩子后可能是坐月子没坐好就落下毛病了，我本来打算休息一阵子再回去工作，可一是工作情况不允许，二也是我家那位后来说干脆别工作在家带孩子吧。他在一家私企当经理，挣得挺多，我也就答应了，可是现在看来我必须得有自己的工作，自己挣钱来养活我和女儿，我怕我染上艾滋病，更怕我孩子哪天不小心感染！虽然他待孩子也好，但是我不能把孩子交给他抚养。

　　以上两个案例都是同妻因为没有独立经济能力而选择仍然在婚姻内，但是这种维持是短暂的，她们都明确地表示当拥有经济能力后自己终将会选择离婚。一般说来，同妻在维持婚姻问题上由于经济能力差异导致地位的不平等，同妻选择继续维持婚姻一定程度上受经济因素影响。

　　（二）子女是家庭维系的核心

　　婚姻是由夫妻二人构建而成，而家庭则包含了更多关系对象，子女是其中极其重要的一点。同夫、凡是有孩子的同妻在思量是否离婚这个问题时可以说都将子女作为最重要的考虑因素。想要给孩子一个完整的家，让子女避免在单亲家庭成长，身为人母的同妻选择牺牲了自己的婚姻幸福，但作为父母的两大群体在这个问题虽然都是为孩子做打算，却又处在大不相同的境地，思考的角度以及处事办法也都有很大的差别。

　　为了孩子能在一个有亲生父母的家庭中成长，同妻TQ6虽然现在已经与丈夫离婚，但是在此之前出于保护孩子与同性恋丈夫坚持了8年没有幸福感的婚姻。

　　这些年要是没有孩子，我早离了，日子怎么熬过来的只有我心里有数。那个死同性恋，没生孩子之前哄着骗着和我上床，等怀孕了碰也不碰我，我当时也没多想，还以为他挺护着我。他倒是也算疼孩子，可是没多久我就发现他是同性恋，当时孩子那么小，让她一出生就在单亲家庭长大？我眼睛都要哭瞎了，可是又有什么办法。为了孩子我和他过了8年，几乎是没有夫妻生活，别说他不给，就是给我都嫌脏！他总拿家里的钱上外面去和同性恋挥霍，我实在是忍不了，就和孩子净身出户了。

同妻 TQ6 的婚姻让人同情，她为了不让刚出生的孩子就失去父爱，和不爱自己的丈夫共同生活了 8 年时间，隐忍了丈夫对家庭的不负责与出轨行为，自己最美好的青春也因为孩子而失去。TF5 和 TQ6 的不幸遭遇是相似的，因为他们守着要给孩子一个完整的家庭这一同样的目标而维系着这种畸形婚姻关系。

诸如上述因子女而维系婚姻的案例还有几个，在此不一一列举。通过这些案例可以分析出的是虽然维持婚姻的理由是多样的，但子女是影响同妻坚持维系婚姻的最重要因素。父母对孩子的爱让他们选择放弃了自己的生活自由，甚至是寻找更好归宿的机会。

（三）"面子"文化的影响

"面子文化"是一种具有中国特色的文化现象。原因在于中国人追求集体主义价值观，十分注重自己在他人眼中的形象，在满足个人需求的同时极看重自己在群体中的社会地位与声誉影响，极端现象则是重"他者"眼光更甚于重自己内心想法，生怕自己"丢了面子"。父母、朋友、同事、邻里……这些与个人生活相关的人群对自己的生活有着不同程度的关心与关注，因此同妻在处理自己婚姻问题时也会不同程度地考虑自己在这些人群面前是否丢了面子，甚至还有同妻因担心这段家丑外扬后自己的同性恋丈夫会在社会上没面子而选择隐忍不发，访谈中发现此类情况确实存在。

同妻 TQ3 与 TQ9 都是因为顾及各种面子，一直撑着没有离婚。TQ3 深爱对自己照顾有加的丈夫，但她无法接受丈夫是同性恋的事实，又怕丈夫是同性恋的事情被父母及其单位同事知道损害他的名声和面子，因此正在想尽办法渴望扭转丈夫的性取向，挽救自己的婚姻；而同妻 TQ9 则是为了一岁半的孩子以及顾及人情面子，对外时总是和丈夫默契地上演"恩爱桥段"，回到家后冷战吵架，婚姻虽在却也已经面临崩溃。结合 TF4 的案例可以看出，同妻在因为"面子"维护婚姻这一问题上，虽然处理的方法各有不同，但是目的却是一致的。但是因此因素而维持到底能持续多久还不可知，访谈对象在交谈时也多提到当这出戏无法再演下去时，婚姻也将走到尽头。

（四）单方面的感情付出

维持婚姻的原因中，单方面感情付出这一点比较明显地体现出同夫、同妻对待婚姻的不同态度。由于女性大多有心思细腻、心软的特性，加上长久以来父权制社会女性作为"他者"①存在，对"本位"男性的依附感强于男性对妻子的依附，可以看到女性往往会因为对同性恋丈夫尚存感情而舍不得和他离婚，担心他离婚后无法生活。

同妻面对婚姻困境总是显得更加脆弱与无助，当丈夫向自己央求不要离婚，同妻原本坚定的心又开始动摇。同妻 TQ11 在前文提到过，她的丈夫虽然是男同但对其生活照顾有加，只是在夫妻生活不和谐，几个月才能有一次且十分勉强不情愿。TQ11 因顾及孩子又舍不得这份感情，一直在犹豫是否结束婚姻；TQ3 与其情况相似，她深爱对自己十分呵护、关心的丈夫，却接受不了丈夫在外与其他男性一夜情的行为，心中苦恼不已，想改变丈夫性取向并努力拯救自己的婚姻。

这些人或是感觉自己如行尸走肉般的与自己不爱的丈夫一起生活，或是一边在婚外和同性情人相爱，一边心怀愧疚给另一半些许生活上的照顾与安抚；或是干脆明目张胆地在外面一夜情、寻情人。可以说，放不下感情的同妻活在了自己给自己编织的谎言中，她们往往不清楚事实比他们想象的还要残酷。婚姻中需要夫妻双方相爱，而她们的付出与得到是远不成正比的，婚姻将如何继续下去在他们眼中也是未知数。

综上所述，同妻之所以继续维系婚姻主要是出于五大原因：经济能力、子女、面子、情感以及军婚，其中子女与情感、面子等因素往往是同时存在的。同妻并没有选择结束婚姻，或是暂时在婚走一步看一步，或是寄希望于通过自己的努力能让这段畸形婚姻逐渐走向"健康化"。接下来将进一步讨论同妻采用哪些方式来处理自己残缺的婚姻，她们之间的处理方式又有何不同。

二 维持婚姻的处理方法

在选择了继续自己与同性恋丈夫生活下去后，同妻都会采用相应的方法策略让自己舒心些，也让家庭生活更顺畅些。通过调查访谈我们总结了三种处理方式，分别为：默默承受痛苦隐忍不发型、寄希望于转"性"型、相敬如宾型。

---

① Simone de Beauvoir, *The Second Sex*, Xiyuan Publishers, 2009, p. 309.

（一）默默承受"畸形婚姻"的不幸

选择这一种方式维持婚姻的同妻对婚姻的未来并不抱有太大希望，她们往往选择暂时不离婚，等待时机成熟、离婚对自己有利时则可能会不再沉默，与同性恋爱人的婚姻最终将以破裂收场。

怀有身孕的同妻 TQ8 目前就处于这种境况。TQ8 怀有 6 个月的身孕，到这个月份堕胎一方面于心不忍，一方面将对自己的身体产生不可估量的危害。TQ8 目前已经搜集到丈夫是男同的部分证据（和男人的暧昧微信，GV，男同照片），但是丈夫始终不承认自己的男同身份。由于我国婚姻法对于婚姻中与同性出轨这一问题暂无法律可依，同妻在以丈夫是男同为理由起诉离婚时得不到法律应有的支持，搜集到的证据也难以为她在离婚环节中为自己争取更多利益。与 TQ8 交谈时可以感觉到她还是舍不得堕胎，倾向于将孩子生下来，考虑到腹中之子她只能选择隐忍着丈夫是男同这一"不堪"事实，继续收集更有利的证据并等待丈夫能够亲口承认自己性取向是男人，将来如果真走向离婚时尽可能争取到孩子的抚养权，如果法院能够将过错方定为其丈夫，同妻则可以为自己和孩子争得更多的财产和经济利益。

TQ1 所处境遇比 TQ8 好得多，据其描述结婚 2 年，每年性生活只发生 10 次左右，艾滋病检测为阴性后就没有再接触丈夫；没有孩子也坚决不要，处事态度坚决得多。她的婚姻维持是短暂的缓兵之计，为的是用 QQ 小号等方式搜集更多丈夫是男同的证据。

当时感觉年纪到了为结婚而结婚，2010 年经人介绍和他相处几个月后就结婚了，可是他对我可以说毫不关心，我发烧别说让他照顾了，连句话都不问。婚后两地生活，头一年夫妻生活也没超过 10 次。发现他是同性恋以后就再没有过了，我嫌恶心，脏。刚结婚那会儿特傻，还想生个孩子缓和我俩之间的关系，现在真庆幸自己没孩子。我去年年末几次提出过离婚，可是死同性恋威胁我找死，不同意离婚。他给我等着，我先抻着不离，他做什么我都忍着，我申请了个 QQ 小号，装成同性恋调他，我就不信他那死德性不上钩，我知道他在外面肯定和别的同性恋发生过关系了。等我有更多证据我要他好看，骗我骗得这么惨，他有一丁点考虑过我的感受吗？

（二）寄希望于爱人转变性取向

采用此种方法维持婚姻的，大多是对另一半同性恋爱人尚存有感情的同夫、同妻。他们寄希望于通过自己不断地情感付出、生活上无微不至的照顾、打子女亲情牌以及苦口婆心地劝说让爱人多花些心思在婚姻家庭上，最终目的更是希望爱人能逐渐改变性取向，与自己一道回归正常的两性婚姻关系与家庭生活。

比如同妻 TQ3、TQ11 因为深爱丈夫，也感受到丈夫除夫妻生活以外对自己的关照有加，都在为改变丈夫性取向而努力，她们采用的方法基本是一致的。

> TQ3：我去检查过 HIV 了，还算幸运躲过死神。我真不想再让他接触那个混乱的圈子了，他在外面常常一夜情我是知道的，时间长怎么能不感染艾滋？我很怕，怕他得，也怕自己得。自从知道他是同性恋后，痛苦是肯定的，可是我们从大学就认识了，我是爱他的，我相信他对我也还是有感情的，我想和他好好过日子。平日里总是变着花样地做各种菜，给他买新衣服，虽然从来都是我一个人逛街……我只希望他能看到我对他的好，我甚至想要个孩子稳定我们之间的感情。可是要了孩子麻烦会更多，我是知道的。偶尔几次发生关系，我都能感觉到他的心不在我这里，有时候表情是痛苦的，我知道他勉强……我也很为难！我到底该怎么办，才能让他走出同性恋圈，我不知道……

TQ3 的表述中可看出，她对自己丈夫怀有深情，并不像一些同妻那样满怀激愤称呼自己丈夫为"死同性恋"，话语中也处处为丈夫考虑，担心他感染艾滋，甚至为他与自己发生关系的勉强感到不忍。她渴望通过自己的努力把丈夫从同性恋圈子拉回来，但效果似乎并不明显，丈夫人在家心却不在，让 TQ3 倍感无力。

同妻用尽方法寄希望于让同性爱人转变性取向回归家庭，但是效果都不尽如人意。性取向究竟是如何形成，有无改变的可能在这里无法深究，但通过多个案例可知同性恋者性取向转变十分困难，同妻的种种努力最终可能会落得一场空。

（三）谅解与包容

同性恋走入正常的异性婚姻所组成的已婚同性恋家庭，虽然给他们的爱人定性为他们所不愿意接受的"同妻"身份，但并不是所有的此类家庭婚姻生活都只有灰色痛苦。在访谈中笔者也接触到少数同妻与同夫在与爱人处理家庭婚姻问题时相对得当，双方本着为家庭、为孩子、为对方着想的原则维持婚姻与家庭。幸福对于每个人来说定义是不相同的，我们不能说性取向正常的两性结为夫妻就一定会幸福，也不能说身为同妻家庭就一定是不幸连连，往往自己认为幸福才是最合适的。接下来案例中的同妻 TQ15 在明确了自己同妻身份后，依然愿意和有同性倾向的爱人继续生活，并且家庭、婚姻生活都比较正常，没有因此而受到太大影响。TQ15 与丈夫结婚 6 年，2013 年初得知丈夫有同性取向，但是至今夫妻仍生活较和睦。

> 刚知道那会儿心里真是接受不了，可我们俩这些年感情也真的是挺好的，他承认他是有些喜欢男的，我更愿意相信他是双性恋吧，至少他对我也还是很好的。他结婚以后没有再混过了，至少没有彻夜不归，我相信他说的话。其实除了性生活不是特别好，我觉得他是个负责的丈夫与爸爸，也是个孝顺的儿子、女婿，更何况夫妻那事儿我也都适应的不错，我也不是个欲望特别强的人，呵呵。有时候心里也会想，他是不是心里老放不下找男的，可是我真的没想过离婚，只要他别再去那个圈子鬼混就不会离。话说回来，再结婚就一定能找到更好的吗？说不定找的还不如我爱人，要让一个好好的家散了，何苦呢。

案例中的当事人实际上对自己的另一半是同性恋都心有芥蒂，但是出于他们的爱人"同性恋情结与表现"并不突出，同妻的处理方式通常是用包容与谅解的心态解决家庭矛盾，寄希望于能依靠彼此间的感情、对各种责任的担负使家庭生活一如既往。可以说这是已婚同性恋家庭维持最为得当的方法。

三　维持结果大多不尽如人意

现今的社会快节奏、人人浮躁，婚姻似儿戏，闪婚闪离、离婚率逐年升高等诸多问题显现，一个正常的家庭想要好好经营下去尚且困难，更何况是夫妻其中一方是同性恋者。在访谈中我们发现，尽管同妻尽可能去维护这个非正常的家庭的运转，但效果却大多不尽如人意。已婚同性恋家庭的维持总结起来大致分为三种情况：

（一）勉强度日，婚姻状况接近崩溃

同妻对于婚姻的维持大多出于主动、被迫两方面原因，如 TQ6 出于对孩子的保护和同性恋丈夫继续生活在一起，然而丈夫越来越出格的行为让她忍无可忍，最终选择结束 8 年毫无滋味的婚姻；同妻 TQ12、TQ11 是出于经济不独立这一原因，暂时维持着已经危机重重的婚姻，待到她们有一定经济能力时很有可能脱离婚姻束缚；TQ8 则出于犹豫着是否要生下已 6 个月的胎儿而支撑着婚姻；TQ1 则因为起诉离婚证据不足需搜集更多有力证据而拖着自己的婚姻残存下去……这些案例中的婚姻维持行为是被迫做出的，她们对自己的婚姻已基本不抱有希望，知道自己的婚姻终将走向解体。无论是出于何种原因，她们对于婚姻的维持都是暂时的，或是缓兵之计，或是挽救无力。

（二）表面尚且和谐，实则危机四伏

TQ9 出于对孩子的保护、维护父母、双方在同事朋友前的面子，常常对外上演夫妻恩爱桥段，回到家中冷热战争不断；维持一段根本没有法律效应的"假婚姻"，这令同妻憋屈不已，只能一个人坚持着所谓的婚姻，在适当时间宣布和"丈夫"离婚。在外人看来，他们的婚姻家庭似乎幸福圆满，而内心的愁苦只有她们自己清楚。同妻只能打碎钢牙咽到肚子里，有苦不能言说，而婚姻的维持不过是时间更长一些罢了，重重危机终将压倒本就"不结实"的婚姻。

（三）爱情与亲情融合换来极少数回归和睦的生活

此种婚姻维持可以说是已婚同性恋家庭最好的婚姻走向，在前文中提到这样最终较为完满的婚姻结果是很少的，需要有三个前提的存在才有可能，最重要的是同性恋爱人的同性取向表现并不十分明显且没有影响到夫妻关系的特别出轨的行为。这种婚姻最终会回归到平静的家庭生活，需要同妻对另一半爱人很强的包容与理解。同时婚姻是否能一如既往地存在也取决于有同性恋倾向的一方能否始终坚持对家庭的忠诚与责任感，二者缺一不可，如此已婚同性恋家庭生活才能趋于普通化。

同妻对于婚姻维持大致受五大因素影响，分别是经济能力、子女、社会面子、情感以及其他特殊情况。几大因素互有交叉与叠加迫使同妻采用或弱或强的方式处理婚姻维持问题：隐忍不发与寄希望于同性恋爱人"转性"并不利于婚姻的继续，而在一定前提条件下更多的包容与理解、谅解则有可能使已婚同性恋家庭存在下去。

第三节　同妻婚姻解体的过程分析

婚姻解体即夫妻婚姻关系破裂结束，也就是离婚。离婚是指夫妻双方采用协议或诉讼的方式在相关民政部门登记后解除婚姻关系，最终终止夫妻之间权利和义务的法律行为。① 两性间的婚姻关系告急终至解体有很多原因，而对于同妻而言则有着和普通离婚更与众不同的难言苦衷，在办理离婚的过程中相关权益的维护也因为法律的不尽完善而得不到保障，甚至在离婚后仍被前一段"畸形婚姻"问题所困扰，这种影响可能伴随同妻一生。

一　坚持离婚的原因
（一）无法接受性取向欺骗

有一位同妻曾经在访谈中颇有感触地表达了对丈夫找同性婚外情人时自己的立场："如果他找的是女人，我可以去拼一拼，可他找的是男人，性别都不一样，我要怎么和他斗。"的确，当突然面对自己深爱的丈夫、妻子性取向是同性这一事实时，许多同妻或同夫因为无法忍受同性爱人无情地以自己为挡箭牌向社会隐瞒同性恋者身份、无法接受这种非同寻常的出轨而选择结束同性恋骗来的婚姻。

同妻 TQ5 和丈夫是同学，丈夫主动追求自己 5 个月就办婚礼，婚后丈夫对自己极其不好，生活 AA 制，只有夫妻之名，财产全是丈夫家婚前财产，婆家对自己看管很严并要求他们领养孩子。婚姻是个彻头彻尾的骗局，丈夫甚至要求她替自己保守性取向的秘密。TQ5 净身出户，气愤不已，决定将丈夫是同性恋的事实公之于众。

---

① 陈雯：《离婚：一项社会学视角的思考》，《内蒙古社会科学》（汉文版）2009 年第7 期。

　　这样的婚姻如果我还傻了吧唧地和他过日子，我真应该一头撞死。想当初觉得他是我同学人还不错，想不到从头到尾他们家把我骗得团团转，他爸妈肯定知道他是个同性恋，想拿我当他儿子挡箭牌，门儿都没有。幸好幸好，我和他一次那事儿都没做过！没有被他白白占了便宜，只是就这么结婚又离婚了，一分精神补偿费都没拿到，而且再结婚我就是二婚，我真不甘心！

　　同样，TF9、TQ7 也因无法接受同性恋者的骗婚行为而离婚，他们感到自己不被尊重，也因自己被利用而愤愤不平。不过，也有一些同妻表示如果丈夫能收敛回归家庭，她们愿意给丈夫机会维持婚姻关系。

（二）不堪忍受家庭"冷热"暴力

　　热暴力是我们日常提到的通过武力粗暴地对待他人以解决问题，造成他人身体伤害；而冷暴力更像是伤人于无形之中，家庭冷暴力常见的情况有冷漠无言、无情感联系、疏远伴侣等，并伴有"零语言交流"、性生活敷衍等行为，这些发生在家庭婚姻生活中的情况会伤害夫妻关系，使被施暴者遭受精神摧残与伤害，实则是一种精神虐待。

　　婚姻中的冷热暴力近年来频频被报道，心理学家指出这与人们社会关系变淡、人心冷漠有直接关系。但是在已婚同性恋家庭中出现的冷暴力与热暴力更多源自于夫妻二人不同心、同性恋一方对婚内爱人没有感情，长此以往夫妻双方的交流逐渐减少，作为同夫、同妻一方如果在未明确自己身份的情况下会烦恼于为何夫妻关系如此淡漠，而当他们得知自己身份后仍长期遭受到冷热暴力时，婚姻也就走到了尽头。

　　同妻 TQ14 多次无端遭受丈夫家庭暴力，虽然碍于婚姻捆绑难以脱身，但是她无时无刻不在思考如何掌握更多有力证据证明同性恋丈夫犯错以起诉离婚；TQ6 为孩子坚持了八年婚姻，八年中丈夫越来越肆意妄为，常常夜不归宿与同性恋情人一夜情，回到家中对自己冷淡无比，基本不讲话。可以想象几年来 TQ6 的精神饱受摧残，日子过得也不可能舒心；TQ7 的丈夫是男同性恋中的"0"（同性恋爱中的女性角色），行为举止女性化，对 TQ7 极度小气并乱发脾气，以各种理由不和 TQ7 有身体接触，这也是冷暴力的一种表现。无论是热暴力还是冷暴力，任何一个正常人都无法长期生活于这样的环境中，精神与躯体饱受摧残后便是婚姻关系的终结。

（三）远离恐艾患艾的困扰

艾滋病（HIV），一个让人不寒而栗的词语，是一种危害性极大的传染病，通过性接触、血液及母婴方式传播。根据中国疾控中心 2013 年数据显示：1—9 月新增艾滋病病毒感染者约 7 万例，其中通过性传播感染比例为 89.9%，此中经同性性行为传播感染的比例高达 20.8%，远高于经针头注射吸毒、母婴传播感染比例。[①] 在同性恋者的性接触中，尤其是男同性恋感染艾滋病的概率极大，这与他们特殊的性交方式以及男同圈滥交行为有很大关系。[②] 在这种现实面前，同妻们无法避免地成为潜在艾滋病高危感染群体。在虚拟社区同妻吧中，同妻吧友互相提示要严防艾滋病感染，更有同妻自述通过和男同丈夫发生关系后不幸染上 HIV 病毒失去生的希望，一件件案例触目惊心的同时也让人十分揪心。

同妻 TQ11 得知男同丈夫常与同性恋一夜情后担心丈夫感染艾滋病，虽然对丈夫尚存感情，也希望能让孩子生活在有爸爸妈妈的家庭中，但是考虑到最基本的自己与女儿的健康问题，有恐艾心理的她已经基本不与丈夫发生性接触，并做好了离婚的打算。

> 除了他是同，总出去混圈外，人真的还行。可是我怕，他不干净，和别的男人乱搞，得了艾滋病怎么办？我劝过他，可是他也不改，哎！再这么下去，我怕我和孩子都会受到影响，不一定真能得上，可是天天这么担心精神压力好大，我快撑不住了。

（四）想寻得更好的归宿

因为受到欺骗而组成的已婚同性恋家庭给同妻带来的幸福感是极有限的，十几年的夫妻之间总会有培养出感情与更浓的亲情，加之有子女的维系，这类已婚同性恋家庭尚有存在的可能；对于刚组成的家庭来说，年轻夫妻间感情相对脆弱，夫妻关系不稳固，同性恋一方身份公开后，同妻会趁自己年轻考虑结束婚姻关系，希望能尽早远离是非，寻得

---

① 中国疾病预防控制中心、性病艾滋病预防控制中心：《我国艾滋病防控工作背景》，《中国艾滋病防治信息》2013 年第 12 期。

② 陈美芬、赵建佳、裴立晓：《男男同性恋艾滋病综合调查分析》，《中国卫生检验杂志》2013 年第 1 期。

更好的归宿。

同妻 TQ2 和丈夫婚后不到两年确认了丈夫男同的身份，丈夫死不承认并联合自己家人将家庭矛盾与不和谐的责任都推给 TQ2。TQ2 很是伤心，本想和丈夫和平离婚，但因看到他自私的表现，搜集了各种有力证据并请律师诉讼离婚，最终分割到了大部分财产，可以说结果较其他同妻好很多。

> 我没想把事情做得这么绝，我只想好聚好散，是他逼我的，他家人没一个好东西，都知道他是同性恋也知道他乱搞，还帮着他说话，把责任都推给我，我做了什么啊！他先不仁别怪我不义，我下了 blued 软件（男同性恋交友软件）居然也找到了他，把他约出来，呵呵，他就是一滥人，都没问太多一钓就上钩，证据面前他不得不低头。还好，我没有孩子，不然离得不会这么痛快。现在只希望自己能早点摆脱这段婚姻的阴影，下次真要擦亮眼睛选个正常人。

二　离婚过程中的烦扰

离婚是一个家庭的解体，常常会伴随着许多矛盾与纠纷，而已婚同性恋家庭在解体过程中同样包含着普通家庭解体时存在的问题：过错归责的判定、子女的抚养问题、财产分割、情感伤害等等。由于已婚同性恋家庭类型的特殊化，婚姻解体时会遇到有别于异性恋家庭的情形。[1]

（一）过错判定与归责

夫妻忠诚于彼此与精神、生活的互相扶助是婚姻关系中最核心的道德价值追求。[2] 按照正常逻辑理解，同性恋者在婚前隐瞒自己的性取向易导致婚姻家庭不幸福，给予伴侣的情感冷淡，夫妻生活也无法正常进行，侵犯了伴侣的夫妻权、健康权等多项权益，在婚姻解体时过错与责任应归结为同性恋一方，但实际情况却并非如此。同妻往往因取证困难、法律不完善与司法支持不足等原因在离婚时保护不了自己的权益。

---

① Timothy J. , Bilars and Evren Savci, "Lesbian, Gay, Bisexual and Transgender Families", *Journal of Marriage and Family*, Vol. 6, 2010, pp. 480 – 487.

② John Finnis, "*Marriage: A Basic and Exigent Good in his Human Rights and Common Good*", Oxford University Press, 2011, p. 330.

前文提到的同妻 TQ5 离婚时净身出户，原因就在于一方面她的丈夫婚前财产分界清晰，婚后严格实行 AA 制，和她没有任何共同财产；另一方面她起诉同性恋丈夫骗婚无果，没有得到法律支持，致使 TQ5 为及早脱离苦海，愤然净身出户。与此类似的情况还有很多，由于法律的不完善缺少支持，同妻、同夫起诉同性爱人骗婚基本全部被驳回，同性爱人欺骗结婚对象的错误与责任就此被抹掉。

值得一提的是，男同性恋婚外同性恋情相对于女同性恋婚外恋更容易被觉察与确定，证据的搜集与判断也较女同容易些。女性较为亲密的肢体接触、语言交流往往被认为是正常行为，例如互相称呼"亲爱的""老婆"、拥抱甚至普通的亲吻都不足以作为是女同性恋的证据，因此同妻在起诉同性爱人骗婚时更容易些。

（二）子女争夺与抚养

同性恋者选择和异性走入正常的家庭婚姻，除了父母、社会压力"逼着"自己结婚，"不孝有三，无后为大"的传统思想也促使同性恋者用此种结婚的方法实现传宗接代的"责任"。子女的出生给家庭带来欢乐的同时，在家庭解体时也成为麻烦的来源，表现在法院对子女抚养的判定。

同妻 TQ11 与 TQ14 目前都仍然在婚，但是都已做好离婚的打算，她们相同之处在于目前没有工作，暂时没有独自抚养孩子的能力，因此当前如果离婚，孩子的抚养权很容易落到同性恋丈夫手中，而她们又担心孩子在丈夫那里无法得到很好的照顾，更担心孩子心理健康受到丈夫同性恋取向严重影响，都想尽快找到工作，在离婚时能把孩子的抚养权争夺过来；TQ6 离婚时为了能把孩子抚养权争夺到手付出了高昂代价——净身出户换来了丈夫不与自己争取孩子抚养权。

（三）财产分割矛盾

财产分割问题与第一节提到的过错归责判定是密不可分的。如果同性恋隐瞒性取向与异性结婚被法院判定为骗婚行为，得到法律支持与认可，同妻在离婚时为自己争取更多财产权益是有可能的，但目前情况是骗婚行为难断定，同妻的财产分割权益得不到应有的保障。

同妻 TQ7 认识到自己受骗后毅然决然地离婚，却为此付出了高额代价——净身出户。她的丈夫在婚前个人财产划分明确，婚后实行 AA 制，和自己没有任何共同财产，使同妻陷入经济被动局面。由于我国新

《婚姻法》保护婚前财产，TQ7 在这场婚姻中只充当了丈夫一家人利用她掩饰其同性恋身份的工具，自己的权益没有得到任何保障，更不必说得到任何经济方式的补偿。

相比之下同妻 TQ2 离婚时对于自身财产权益的保护比 TQ7 好得多。她面对丈夫一家人无情的责骂与羞辱后选择了在压力下反击，在受到他们羞辱、和对方谈判争吵时设置了隐性摄像头录制视频作为强有力证据，同时保存多份电话录音、短信等都有利于在她离婚时向法院提起诉讼，并请专门律师为自己打官司，结果是 TQ2 得到了婚后多半的共同财产及男方家庭给予的 6 万元精神赔偿费。

> 他们一家人都是混蛋，我只能用更多方法对付他们，跟他们讲道理根本没有用。我和他们谈离婚时，说他是同性恋，故意激怒他，他受不了我激将居然大方承认自己是同性恋，我看他妈妈一点特别的反应都没有，就知道她早知道自己儿子有这毛病了。我在法庭上放视频时，他们那副嘴脸都没得看了，哈哈，我是不是也跟着有点变态了？可是他们真的太伤我心了，我本来打算好聚好散，是他们咎由自取。

同妻群体在遭遇到同性恋者骗婚时成为弱势群体，她们有苦不能言，有家不温暖，甚至遭受到无故的羞辱与打骂，只能选择结束这段无法向他人言说的痛苦婚姻。

围绕着骗婚、家庭暴力、艾滋病困扰以及寻找新归宿几方面，我们分析了同妻坚持与同性恋爱人离婚的四大主要原因，并阐述了在离婚过程中她们遇到的与普通人离婚时遇到相同的问题却又有更大的麻烦。总之，同妻群体的婚姻经历往往很痛苦，甚至连离婚过程也很漫长。

第四节　讨论与反思

前文叙述了同妻因为多种原因苦苦维持着与同性爱人的残破婚姻及他们在离婚问题上遇到的种种困难与烦扰。无论是关于婚姻的维持还是解体问题，在此都有必要做更多的讨论：已婚同性恋家庭是否有必要继续维持？离婚后的他们是否能够得到属于自己的新的幸福？同时也需要反思，同妻们受到的伤害是否一样，而究其错处是否都是与其结婚的同性爱人所为。

一 名存实亡的婚姻是否应该维系

在前文中，我们阐述了同妻采用各种方法来维系自己与同性恋爱人的婚姻，有默默承受一切痛楚隐忍不发的，有希望通过自己努力使爱人性取向转变回归家庭的，还有包容爱人性取向特征，谅解其过错的。可是，这样辛苦维系的结果除了极个别家庭换来了夫妻间平淡的两性家庭生活外，大部分家庭都过着仍然是水深火热的生活，随时面临着婚姻家庭关系的瓦解。我们不禁要问，这样名存实亡的婚姻是否应该由同妻继续苦苦挣扎着维持下去，这样的维持真的有意义吗？

同妻 TQ8 和笔者诉说自己的生活现状时，每每谈到自己"无助""伤心""迷茫"等心态时，多次使用省略号，透过她的文字表述笔者能够体会到她作为一名怀孕 6 个月的同妻妈妈得不到丈夫任何关心，饱受冷漠对待的无助心情。

> 看着人家怀孕，丈夫百般照顾，我心里就像下着瓢泼大雨一样……这不只是我的孩子，也是他的孩子，我对于他的意义不过是借腹生子的工具……那这个孩子出生，能幸福吗，能缓和我和他之间的关系吗？多半是不能的吧……可是我舍不得把他打掉，已经是个成形的孩子了，我是个妈妈我不忍心。谁能告诉我怎么办……

同样地，同妻 TQ3、TQ11，出于对自己爱情的尊重，对孩子成长的负责、对家庭完整性的考虑，都是在不断地用真情、用生活上细致入微的照顾以及敞开心扉的交谈，试图扭转爱人的性情，却都收效甚微。原本存有的希望慢慢破灭，她们看不到这段婚姻的终点将去向何方，心里满是无助与迷茫。我们作为研究人员，应该保持价值中立的客观态度，不能说这种婚姻维持是无效与无意义的，但是在和访谈对象交流中仍然觉得，她们的这种苦心经营往往得不到应有的回报。

二 婚姻解体后的生活

摆脱了与同性恋婚姻关系的同妻获得了身体自由与精神上的放

松，开始了新生活。一段婚姻的结束后，同妻要面临新的选择，那就是要开始一段新的婚姻组建新家庭，还是从此以后单身一个人生活。在对虚拟社区的调查并结合部分同妻访谈可知，同妻再嫁的难度往往比较高。

（一）选择再嫁

前文中提到同妻因恐艾远离婚姻，希望在新的婚姻中求得幸福。但由于上一段婚姻中的丈夫是男同身份，对自己再嫁产生很大影响，一方面是同妻遇到的问题，是新任伴侣的性取向难以甄别，一朝被蛇咬十年怕井绳；二是同妻再嫁时，只有隐瞒自己过去"不堪的"婚姻经历才容易和新任丈夫过上幸福生活，同妻吧中几位同妻都表示自己根本无法和新任丈夫坦白过去，她们担心新任丈夫无法接受，也不愿意让自己这段痛苦不堪的过去让更多人知道，可是心里一直存有愧疚感；但如果向新的丈夫坦白自己的过去，可能招致更多的痛苦。我们在某虚拟社区贴吧中了解到一位同妻 TQ17，再婚后和丈夫相处融洽，逐渐培养出较深的感情，当她因对新任丈夫的爱意而向他说明自己第一段婚姻时，她的丈夫竟然因为她前夫是男同性恋而无法接受与她再生活在一起，特别是新任丈夫无法忍受男同性恋与男人有过性接触又与其妻子发生性关系，担心自己健康的同时更是心理上过不去这一道坎。结果可想而知，同妻 TQ17 的第二段婚姻又一次失败，她对男人几乎失望，更是痛恨她前夫，毁了她的青春与来之不易的幸福。

传统的中国婚嫁文化中，男人可以有三妻四妾，女人若不幸失去丈夫便要为其守身如玉，视贞节为人生最重要的事直到生命的终结。虽然现代社会已废弃这种陋习，但是曾经根深蒂固的文化仍有部分残留在人们的头脑中。男人多次娶妻不足为奇，且掌握社会资源更有资本再娶，而女人若是多次嫁为人妻则会遭人背后议论，社会性别下男女不平等表现至此。加上同妻再婚背着上一任男同丈夫不洁性行为这一负担，使得她们再嫁时颇受歧视与偏见。可以说，摆脱了与同性恋爱人的婚姻是崭新的开始，但相对于同夫群体，同妻更需要"抹去"过去的记忆后再去面对新生活才能获得幸福。

（二）离异后无奈的单身选择

并不是所有同妻在经历过一次婚姻失败后会继续走入下一段婚姻中。一些同妻会因孩子的缘故暂不做再婚打算，另有一些同妻因为前一段婚姻内心受伤难以抚平，对男人失望，不想草草地再投入到新的感情中。

同妻 TQ6 为了女儿和男同丈夫保持了八年的婚姻关系，最终仍因无法忍受丈夫和其他男性搞婚外情带着女儿净身出户。在婚内或是做出离婚的决定，都是出于对女儿的保护：

> 本想让孩子在一个有爸爸妈妈的环境下长大，可是孩子渐渐懂事，问我"爸爸为什么总是不回家"，时间长了担心女儿知道他是同性恋，影响孩子心理健康。

同妻 TQ5 和丈夫结婚年头较短，没有生育子女，因此离婚后自己没有孩子问题拖累。但她仍没有马上结婚的打算，准备过一段时间的单身生活。因为第一段被男同欺骗的婚姻失败，TQ5 表示有点身心俱疲，更是害怕辨认不善再遇到一个男同性恋，所以对下一段婚姻还处于观望态度。

三 弱势群体中的弱势

同妻群体在家庭解体时受伤害的程度却有所不同。精神、情感、身体经受着摧残，让她们变得从原本自信到自卑无比，对外扮演恩爱有加的夫妻，两人对坐时又回到冷漠如陌生人的状态，只能一个人躲在角落背着父母孩子偷偷哭泣。这种心酸她们本不该有，她们本应该有的是像其他家庭一样小两口幸福的生活。

TQ10 怀孕后丈夫突然不像从前对自己有欲望，曾一度感到自卑，直到看到丈夫的日记才明白了一切。

> 我曾一度怀疑自己，为什么突然丈夫就对自己没有了兴趣，自己作为女人就这么不合格吗？还是他在我怀孕期间有了外遇？直到我发现他的日记里写满了和我在一起生活有多痛苦，和其他男人开房的细节，我一瞬间明白了所有的事，那一刻我的心死了，是彻底的绝望，我抚摸着肚子对我的孩子说，孩子啊，你和我怎么这么可怜……

同妻 TQ16 是笔者接触到年龄最大的访谈对象，已经 56 岁。她的丈夫三年前承认同性恋身份后行事开始肆无忌惮，甚至把男伴领回家中。碍于子女情面、对丈夫的感情以及生活压力，TQ16 没有离婚，但她的心也已经死了，去年开始信基督教，祈求心灵得到净化。

> 他周末会到外地会网友，周五晚上下班就坐火车去石家庄，周六又会从石家庄去沧州会另外一个网友。平时下班也不会和我多说话，其实孩子们都觉察到了，可是我还要骗他们说他出差，太忙，我不想让孩子们知道他们的爸爸是这样一个人，我一个人苦就够了。

四 错不仅仅在同性恋者

同妻的不幸婚姻，来源于她们的同性恋爱人对自己的欺瞒，利用异性婚姻遮盖了他们是同性恋者身份这一主流文化所不能接受的事实，正如一位同妻所说，自己成为了男同丈夫的遮羞布、挡箭牌；婚后部分同性恋爱人把自己当成"生孩子的工具""借精之所"，更是让同妻与同夫伤心不已；只有单方面感情付出的婚姻中，同性恋爱人给予自己的是无尽的冷脸相对甚至打骂不休，家庭冷热暴力让同妻身心受损。

但需要反思的是，这种种错误，难道都只是同性恋者独自造成的吗？不是的，这种错误是社会性别文化、男同性恋的自私心理甚至是同妻"自愿性"行为共同造就的。同性恋者行为过错是不可否认的，但是男女同性恋者与异性走入婚姻，他们会因为自己的性取向被掩饰而兴奋不已吗？恰恰相反，他们并不因自己的性取向而感到羞耻，而是因为有着来自社会、父母等众多压力的压制下，他们没有勇气"出柜"，向世人展示他们的真性情。主流社会性别文化定义了男性、女性特有的性别特征，两性所有社会行为都应该符合社会性别文化所规定的一切：性取向、伦理价值、生育制度与规范……一切都要在框架内有条不紊地进行，不容许越轨行为发生。① 而同性恋者正是不想让自己成为为数不多

---

① Randolph Trumbach, *Sex and the Gender Revolution*, *Volume 1：Heterosexuality and the Third Gender in Enlightenment London*, University of Chicago Press, 1998, p. 302.

的、暴露在公众面前的越轨者，才选择用异性婚姻来逃避世人异样的眼光。所以宏观上说，是社会的包容不足导致了已婚同性恋家庭的产生。

最后，有一种情况不可忽视，那就是同妻主动帮助同性爱人的"自愿性行为"错上加错。已婚同性恋家庭的不幸不仅仅源于同性恋一方的自私自利行为，少部分同妻更是充当了"志愿者"将自己送入了无尽深渊中。

第九章　虚拟社区中同妻群体生活适应问题及其策略

中国同妻群体有什么特点？她们目前的婚姻家庭状况又是怎样的呢？同妻群体属于社会弱势群体，她们的社会生活适应状况如何？她们又是如何通过网络进行互动？存在什么问题？她们是否能顺利走出阴霾？上述问题是我们必须回答的，同时我们也要正视她们的弱势生存状况，不失时机地帮助她们寻找生活适应的道路或策略。这不啻为本书全部智力性工作的出发点和落脚处。同时，也是本书着力于促进人民美好生活建设的意义所在。

第一节　人类生活适应研究
——理论与实践

一　关于生活适应

生活适应指的是个体在环境中有效地与他人交往的程度，它不仅包括个人态度与行为是否符合社会认可的标准，也包含了个人、家庭、学校及社团的关系。"社会适应"在社会学的研究范畴内强调的是一个互动的过程，是社会环境与所处其中的适应主体之间的互动。而心理学范畴之内的"社会适应"强调的是适应过程中作为主体的人的心理机制。《社会学百科辞典》里对"适应"的近义词"调试"是这样解释的："即群际之间、人际之间的相互适应过程。在此过程中，适应的主体可以通过改变自己行为方式等来适应环境，以达到彼此和谐的关系。"[1]还有一些学者研究的是移民的适应问题。如美国学者高斯西德在研究中

---

① 袁方：《社会学百科辞典》，中国广播电视出版社 1990 年版，第 12 页。

发现，可以将移民的适应问题界定成一个过程，观察在这个过程中移民是如何对变化了的经济、政治、社会环境等问题做出反应的。[①] 国内学者中，朱力在关于民工社会适应的研究中提出，社会适应是指社会角色和生活环境对于适应主体而言一直在变化，使得适应主体在心理活动和行动方面需要不断进行调适以适应这种变化。[②] 适应的本质一方面是个体内在的心理和谐关系，另一方面是个体与社会环境间的外在平衡关系。内在和谐与外在平衡相互依存。社会生活适应是社会适应的具体表现形式，笔者在此给出的同妻社会生活适应的概念是指同妻在得知自己"同性恋妻子"身份后在再社会化过程中，逐渐接受自身所处新环境中的生产、生活方式以及行为规范，并在与社会环境及环境中的人互动的过程中不断调整自己的行为方式，从而能够进行良好的社会行动的过程，并且将此行动控制在社会规范的范围之内。此概念既包括了在婚姻中的同妻，又包括离婚的同妻和同女友。

二 "三个世界"理论

本章主要采用哈贝马斯的社会行动理论作为分析线索，是因为同妻的社会适应过程与一系列的社会行动是相对应的。哈贝马斯提出了"三个世界"的理论，他认为，"世界"可区分为三部分：客观世界、社会世界和主观世界。客观世界也可称为"客体世界"，指真实存在的"客体"世界。社会世界是合法化的个人关系的一个"总体"，实际上指规范、价值等被认识到的社会期望。主观世界是人们"自发的经历"总汇而成的世界。哈贝马斯还根据行为者与三个世界发生的不同关系，将社会行动区分为四个类型：目的性行动、循规性行动、戏剧性行动和交往行动。目的性行动是以行动者与客观世界的关系作为前提的，指行动者权衡各种手段并选择一种对实现目标最适当的手段的一种行动。循规性行动与社会世界相联系，是行动者以群体的共同价值、规范作为指导自己的取向的一种行动。戏剧性行动是行动者在公众或观众面前有意识地控制自己的表现的一种行动，与行动者的主观

---

① Goldscheider, G., *Urban migrants in developing nations*, Westview Press, 1983, pp. 210 – 226.

② 朱力：《论民工阶层的城市适应》，《战略与管理》2002 年第 6 期。

世界和所处客观世界都相关。社会交往理论认为社会行动是至少两个或两个以上主体间以语言和符号为媒介，以言语的有效性为基础，以达到相互理解为目的，在意见一致的基础上遵循规范而进行的社会调解，使社会达到统一，并实现个人同一性与社会化相统一的合作化的合理的内在行动。

三　田野实践

鉴于绝大多数同妻还处于沉默之中，同妻们心理大多敏感脆弱，甚至防御性特别强，所以无法用量化研究的方法进行大规模随机抽样调查，即便进行量化处理，测量出的信度和效度也未必理想，综合以上原因，本章采用质性研究来分析，主要采用观察法和深度访谈法，访谈内容围绕同妻社会适应展开。具体采用虚拟人类学的方法，在网络环境下进行"田野调查"，选择同妻QQ群和同妻微博博主作为观察对象，参与到QQ聊天及微博互动中，以此方式进入观察现场。并且逐步和一些被观察者建立好友关系，使其能够作为个案提供给笔者更多更真实的资料。除此之外，笔者还对"同妻家园网"和"天涯社区同妻部落"等知名网站上的帖子进行了资料整理和研究。

本章所涉研究的田野调查分为以下几个阶段：

1. 2011年7月，初步观察阶段。观察的网络平台为"天涯社区同妻部落"，主要看同妻们发的帖子和回复的内容，简单了解同妻的生活状况和心理状况等。

2. 2011年8月至2012年2月，集中观察和个案确定阶段。笔者通过加入两个同妻QQ群接触到大量同妻。A号QQ群为196个成员，其中大部分是现任同妻、前同妻或者同女友，只有极少几个男同性恋者以志愿者的身份出现。B号QQ群人数为193人，成员相对多元化，有同妻、同性恋者、同性恋者的母亲、学者、新闻工作者以及易装癖等少数人群。笔者在QQ群里的研究方法主要是观察法，有时只看不聊，有时参与话题讨论。按照每周二记录聊天记录的方式对同妻群内资料进行汇总。个案的确立一部分是直接通过群聊整理个人信息，另一部分是单聊，聊天基本围绕个人婚姻状况、子女状况、经济状况以及适应方面的话题展开，以深度访谈的方式获得资料。

自2011年10月底"同妻家园网"建成以来，笔者又开始长期关注此网站，截至 2016 年 2 月网站注册会员为 7000 多人，"同妻家园网"是同妻的第一个正式性、非营利性网站，主要是向社会宣传同妻相关资讯、为同妻提供法律和心理援助等。在"同妻故事"板块中，同妻会将自己的故事以帖子的形式发表，这也是笔者部分研究资料的来源。除此之外，笔者还在微博上关注了"同妻在行动"和"同妻联合会"等同妻相关微博，也和几位同妻针对某些博文进行在线探讨、互动等，这些都为笔者的研究提供了资料。通过这段时期的大量调查工作，笔者对个案进行了整理和编号，最终筛选出 16 个经典个案，在个案分析时使用。

3. 2012 年 3—4 月，电子问卷发放。在一定程度上了解了同妻状况并结识了部分同妻的基础上，笔者通过滚雪球的方式发放电子问卷，希望从量化角度对一些问题进行分析。问卷发放 231 份，实际收回 173 份。我们对问卷做了统计分析，并在后文中具体展示。

4. 2013 年 9 月至 2016 年 12 月，团队中的其他成员对上述研究被试以及其他同妻在各个网络社区进行了多次持续跟踪研究，从而形成了对同妻群体弱势生活特征以及寻求社会支持方面的本质性看法，提出提升其社会适应能力的一系列措施。

第二节　同妻群体特征描述

一　同妻的类型

作为同性恋群体的衍生群体，同妻的被报道程度和社会关注度还处于较低的状态。学术界对其研究也处于起步阶段，目前尚未出现权威的类型划分。基于对同妻的接触和进一步了解，加上网络调查的结果，我们试将同妻的类型进行如下划分。

第一，根据目前婚姻状况来看，可划分为现任同妻、前同妻和同女友。现任同妻是指目前正处于和男同性恋者合法婚姻中的同妻；前同妻是指已经通过法律手段和男同性恋者解除婚姻关系或者正在办理离婚手续的同妻；同女友是指和男同性恋者处于恋爱关系当中的女人，尚未取得合法婚姻关系。

第二，根据得知同妻身份的方式划分，可分为主动得知型和被动得知型。主动得知型的同妻，多为主动发觉丈夫有异常行为或偏好，发现丈夫爱看同性恋性爱影片或图片、QQ 交友都是男性、异常关注同性恋网站或相关内容、平时着装打扮有女性化倾向等，于是同妻对丈夫的行为产生质疑，主动查看丈夫的 QQ 聊天记录及手机短信来搜集证据，最终证实丈夫的同性恋身份。被动得知型的同妻，在日常生活中发觉的疑点较少，直到亲眼见到丈夫在家中和同性恋伴侣发生亲密行为，或者丈夫的男性伴侣主动来摊牌，这时她们才发觉丈夫的性取向为同性。

第三，根据婚内丈夫给予同妻的情感体验，可分为照顾有加型、性冷落型和完全冷漠型。受到照顾有加型对待的同妻相对来说还是比较幸福的。这类同妻的丈夫多为双性恋者或有双性恋倾向，他们对男性和女性都有强烈的好奇和欲望，也愿意为家庭付出，承担男人的责任。这类家庭生活比较和谐，并育有子女，夫妻间矛盾相对较小。即使丈夫承认自己同性恋身份或者有过与同性的性行为，妻子也多会选择婚内解决此事，并不选择离婚。但这种类型的同妻在笔者中接触中非常少。受到性冷落型对待是指同妻的丈夫在生理上冷落妻子。这类同妻的丈夫大多心思不在女人和家庭生活上，有的男同性恋者在完成生育任务后就疏远和冷落妻子，有的干脆无法和妻子身体接触。这类同妻占的比例很大，处境也非常尴尬。受到完全冷漠型对待的同妻，不仅生理和心理都得不到关爱，还经常遭到恶语诽谤或家庭暴力。有些同性恋者除了选择骗婚来隐瞒自己性取向之外，还更进一步地选择诽谤妻子婚后外遇、婚后不生育，或者在妻子发现其同性恋身份后对妻子大打出手。这类情感体验的同妻比例较小，但离婚的决定都很坚决，并且更加积极主动地站出来替同妻争取权益。

第四，根据从得知同妻身份到目前适应的状况来看，可分为从事公益宣传型、远离苦海型和无法解脱型。首先，从事公益宣传类型的同妻，是指在媒体前勇于站出来说出自身遭遇的同妻，并呼吁社会关注同妻的遭遇。例如来自西安的萧瑶（网名），已经离婚，她是较早站出来的同妻之一，参与拟定和发表"同妻联合声明"，并创办了"同妻家园网"，还是儿大主要同妻 QQ 群的创办者和管理员。萧瑶积极与媒体合作，努力为同妻群体争取关注度和话语权，为有共同遭遇的姐妹营造家的感觉，并努力宣传同性恋相关知识和艾滋病防御知识等。另外一位孽海心（网名），她也是离婚后投身从事平权运动，努力缓和同妻和同性恋者之间对立的局面，倡导用和平理性的方式解决问题，在新浪微博的关注度和影响力很高。其次，远离苦海型的同妻，是指已经结束婚姻或者主动提出离婚申请的同妻，她们在自我精神调节和亲朋好友的支持下，选择离开同性恋丈夫，结束无性的婚姻。这类同妻占的比例很大，她们自己努力争取新的生活和新的幸福。虽然离婚不能完全消除她们内心的伤痛和对丈夫的痛恨，但这类同妻大多持有积极乐观的人生态度，她们相信一切会好起来。在自己走出苦海的同时，她们也在 QQ 群和论坛上积极鼓励其他还在犹豫和纠结的同妻姐妹早日看清现状，走出阴霾，用自身的经历激励其他人。这一类型和前文提到的从事公益宣传型的同妻，都是生活适应状况比较良好的类型。最后，无法解脱型的同妻是目前适应状况较差的一个类型，甚至有些人适应失败。她们更多选择忍受或抱怨人生的不公平。通过与这一类型的同妻接触，我们发现，这段特殊的经历对她们的生活和事业影响十分严重，她们的精神压力很大，对待问题多持消极悲观甚至极端的态度。这类同妻的家人大多也不支持离婚，觉得离婚影响孩子成长，更主要的是怕影响家族声誉或者同妻自身的名誉。这类同妻受到更多煎熬，无法接受现状，无法适应变故和新生活，甚至有些人有过轻生的念头。

二　同妻的群体特征

（一）群体数量

　　想了解同妻群体的数量，首先要了解男同性恋者的数量。2004 年12 月 1 日，我国官方首次公布"同性恋白皮书"称我国处于活跃期的男同性恋人群约为 500 万到 1000 万人，而国内学者估计的人数在 2000 至 5000 万之间。据有关专家保守估计，中国目前处于性活跃期的男同性恋者至少有 2000 万。中国著名社会学家刘达临教授估计男同性恋者90% 以上会选择结婚，其中 80% 会进入婚姻或已经在婚内。由此可见，中国的同妻数量至少在 1600 万名以上。① 由此可见，同妻是一个数量相当大的群体。但活跃在网络上的同妻人数仍相对较少，例如在"同妻家园"门户网站的注册人数为 2890 人，几大主要同妻 QQ 群上限也基本为 200 人，估算活跃在 QQ 群内的同妻人数约为 1000 人，因此显露出

---

① 刘达临、鲁龙光：《中国同性恋研究》，中国社会科学出版社 2005 年版，第 44—46 页。

来的只是冰山一角。更多的同妻选择沉默和隐忍。

（二）年龄、婚龄分布

同妻的年龄分布跨度很大，笔者在案例中遇到的同妻最小的有 22 岁，最大的为 67 岁。根据问卷的反馈显示：大多数同妻年龄分布在 18—25 岁和 26—35 岁之间，婚龄主要在 10 年以内。同妻群体的年龄分布情况如图 9 - 1，婚龄分布如图 9 - 2。

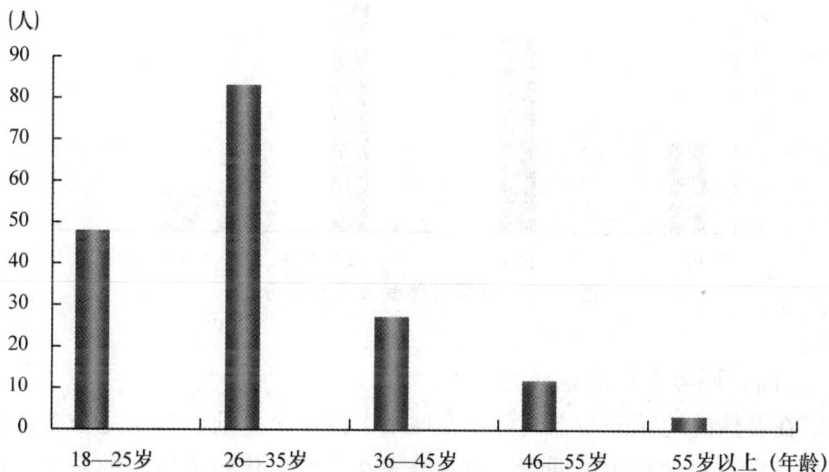

图 9 - 1 同妻群体的年龄分布

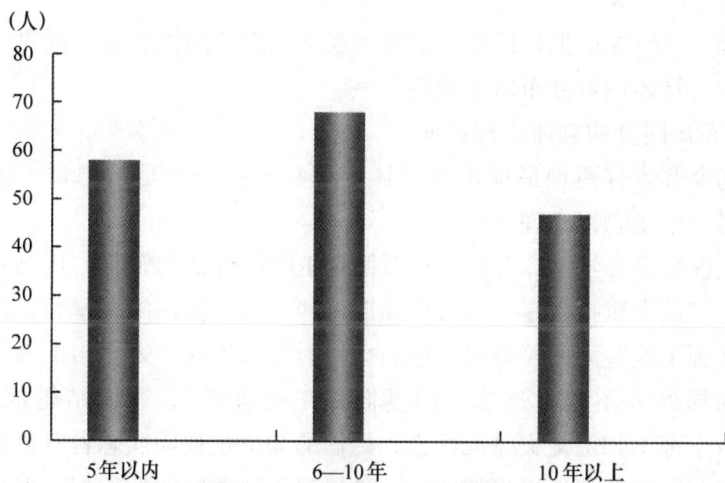

图 9 - 2 同妻群体的婚龄分布

（三）受教育程度

群体的受教育水平大多为大学本科，其次是高中学历，初中学历和本科以上学历分布较少。群体受教育程度分布情况如图9-3。

（人）

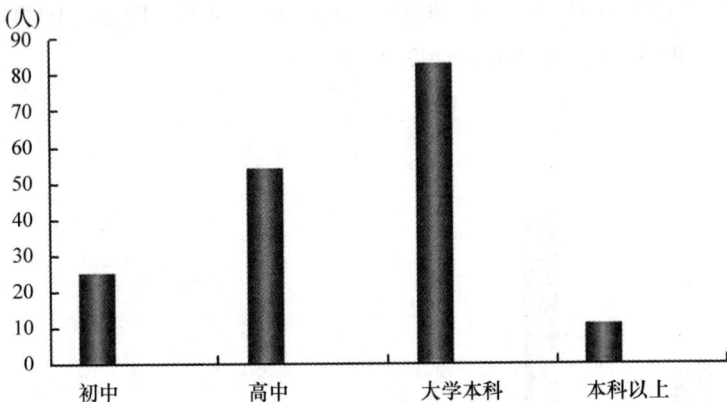

图9-3　同妻群体受教育水平分布

（四）同妻群体的地域分布

在群体的地域分布上，分布在城市中占绝大多数，其次是分布在城镇中，在农村的很少。同妻一般都分布在经济文化较为发达的城市，特别是北京、上海、成都、广州这些大城市，是同性恋者活跃的中心，当然也就是同妻聚集的地方，而城镇和农村相对保守和闭塞，加之上网条件较差，导致在虚拟社区中经常处于互动状态的同性恋者和同妻也就相对较少。具体地域分布情况如图9-4。

（五）同妻的群体心理特征

同妻群体有两种最突出的群体心理特征：一个是斯德哥尔摩综合征，另一个是怨恨心理。

先说斯德哥尔摩综合征。对斯德哥尔摩综合征的解释，用马基雅维利的一句话来概括就是：当人们预期一些人会对他们施以暴行，但实际上却受到了这些人的善待时，他们会以为自己欠这些人更多的人情。我们作为局外人不难看出来，同妻们是"受害者"，她们结婚的时候，90%以上都不知道丈夫是同性恋，她们的知情权被同性恋者有意地剥夺了。有些同性恋者婚内出轨的话，又侵犯了同妻们的配偶权。但是有相当一部分的同妻在受到冷落和被剥夺权利之后，再受到丈夫的一点儿恩惠或者温柔的对待，就会觉得无比的幸福，离婚的想法也会一扫而空，这就是斯德哥尔摩综合征的体现。

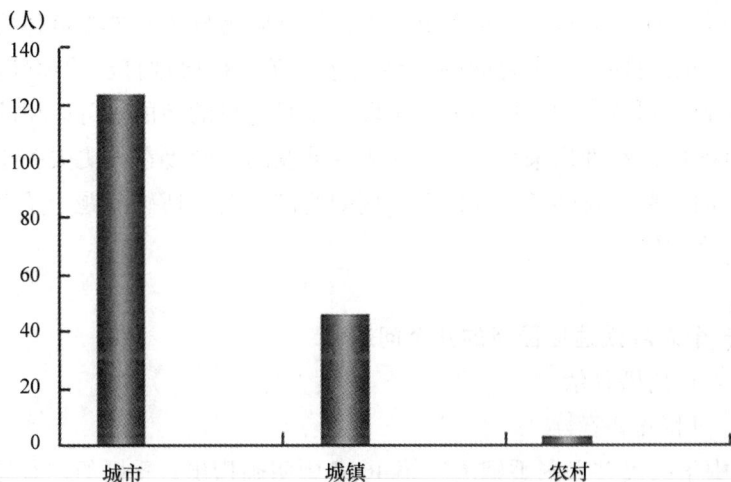

（人）

图 9 - 4　同妻群体地域分布

再谈怨恨心理问题。怨恨心理也是同妻群体明显的心理特征。舍勒曾经对怨恨这种常见的人类心理情感做过精彩描述："怨恨是人们对心灵的自我毒害，虽然有前因后果，但仍侵蚀内心。正是因为人们抑制了某种负面的情感或情绪，无法宣泄出来，才产生了怨恨，并且为其提供了持久的动力。同时，这种自我毒害长时间地影响人们的价值判断，使人们出现价值错觉。"① 同妻们认为男同性恋是通过骗婚的手段来隐瞒自身性取向，或是为了延续家族香火而结婚生子，同妻们觉得自己成为了男同性恋的"挡箭牌""生子机器"，是男同性恋带给自己不幸的婚姻和痛苦的经历，是男同性恋者剥夺她们作为女人应得的一切，由此产生了强烈的怨恨心理。行动上多表现为对男同性恋者，甚至是对全部男人的谩骂和诅咒。

① Scheler, *The moral construction of resentment. Scheler anthology*, New York：Kodansha International，1999，pp. 401 – 428.

第三节　同妻个人层面适应问题分析

个人层面适应从一般意义上可以看作是同妻群体与外界群体之间的互动。如跟同性恋丈夫之间的互动。这种互动是通过自己的理性计算，从而找到达到特定的目标的最佳手段，是具有目的性的。可以用哈贝马斯的目的性行动理论来解释。本章主要涉及的是同妻在与丈夫关于离婚问题上的各种利益的考量和博弈，例如经济问题、情感问题、子女问题和安全问题等。

一　个人层面适应围绕的几个问题

（一）离婚补偿

1. 补偿难以落实

《中华人民共和国婚姻法》第46条中明确指出，重婚的，有配偶者与他人同居的，实施家庭暴力的，虐待、遗弃家庭成员的，凡是有以上情形并导致离婚的，无过错方有权请求损害赔偿。但在笔者调查中发现，办理离婚手续的过程中，环节都相对复杂，并没有想象中过错方给予非过错方精神补偿或物质补偿那么简单。突发状况也很常见，下面笔者介绍几个案例。

首先，有配偶者却与其他人同居的男同性恋者是相对常见的，只是同居的对象是同性，不易被察觉，目前对已婚人士与同性之间的同居并没有明确的法律法规约束，所以指证此类情况为同性恋者同居比较困难。同妻S的丈夫在外地工作，常年与一名男子同住，理由就是合租省钱，但S偶然间发现丈夫和室友的关系不正常，申请协议离婚。但是丈夫不同意，也不承认自己是男同性恋，法律完全拿他没办法。同时二人在婚后还共同贷款20余万，以目前的状况离婚S不仅要背负共同债务，还无法得到相应的精神赔偿。同妻S还没有做出下一步打算。而有的同妻在发觉丈夫婚后与第三者同居，在协议离婚无果的情况下，进一步起诉离婚。同妻X在和丈夫商议协议离婚未果后，决定起诉离婚，但在法庭上丈夫的表现让她震惊。丈夫坚决不承认自己是同性恋，说X不爱家，乱扣同性恋的帽子就是为了拿着钱走人。用X的话说，"登记用几分钟，离婚却要一年"。X的离婚之路也许更长，因为X的丈夫不但不同意精神赔偿，反而对她索要青春损失费和名誉损失费，一定要 X 给他钱他才会考虑离婚。

其次，男同性恋者在被妻子发现身份后恼羞成怒，同妻离婚不成反被打的案例也是存在的。M 早在一年前就发现丈夫是同性恋，为了证明这一点，在一次对话中 M 进行了录音，里面有丈夫承认自己是男同性恋者的证据。后来被发现录音的事，M 就遭到了丈夫的毒打。在 M 起诉其丈夫后，其丈夫在法庭上哭着说是 M 打他和他妈妈，为了保护自己妈妈才动手打妻子的。由于录音作为证据在法庭上作用不大，M 不但无法得到补偿，有可能还会失去孩子的监护权。

2. 补偿金额不足

有的同妻在和丈夫协议离婚过程中，双方达成了对赔偿金额的共识，但因为种种原因赔偿金无法及时到手，或者最后得到的赔偿金额不足。同妻 N 和丈夫协议离婚时决定索赔 20 万人民币，房子归丈夫。但是丈夫索要结婚时彩礼等资金，向 N 提出要 6 万元，二人经过协议达成一致。但 N 忽视了一点，买房子时夫妻二人向 N 的娘家借了十多万块钱，当时没有借条只是口头借据，离婚时没有借据凭证，这件事也就无从查证，本来是婚姻受害方的 N 却在离婚后未得到预期赔偿数额，最后算下来只得到不到 2 万元的精神损失费。同妻 E 在提出离婚之后，与丈夫深入谈了一次，丈夫也完全同意她提出的条件。但不久后丈夫自杀，虽然没有成功，但是让 E 深深觉得内疚，就把丈夫留给自己的离婚赔偿金当作医药费又花在了丈夫身上。虽然名义上得到了赔偿，但实质上补偿金额都严重不足。

当然，也有个别案例是成功获得赔偿的，但那是极个别情况。J 的丈夫就答应在离婚的时候把几套房子和车子都留给 J，觉得自己这么多年欺骗 J 是可耻的，想用物质补偿的方式得到心灵的自我救赎。

目前我国的法律对同性恋者婚外情的约束的确存在盲区，很多经历过离婚过程的同妻都表示，很难证实丈夫和同性之间发生了性关系，即使确定发生，也没有相关法律来制定罪名或判定同妻为受害方。更何况许多同妻都是通过 QQ、短信等方式发现丈夫的性取向，律师也提示过，这种 QQ 聊天记录和手机短信记录的证据不具有法律说服力，想通过这些东西打赢官司很难。所以同妻的离婚索赔状况总体上不乐观，有的同妻为了摆脱这种生活只好选择了净身出户。

（二）共同财产分割

在确立婚姻关系后，夫妻财产共同所有是家庭财产管理的主要方式。共同财产是家庭整体利益中最直接也是最重要的部分，是在考虑离婚时的激烈争夺对象。一方面因为它是离婚后各自生活的一个经济基础，另一方面它是一种无须再投入就可以获得的净胜收益。通常在离婚的时候，双方都希望财产的分割有利于自己，既有极力夸大共同财产的，又有想方设法缩小共同财产的。

当一方极力地夸大共同财产时，这部分财产大多是在对方的控制之下。甚至将对方的私人财产也算入共同财产。同妻 L 在结婚前自己开家外贸小店，和丈夫结婚后丈夫给 L 3 万块钱作为扩大店面装修的用途，但在离婚时 L 的丈夫声称这家小店是夫妻二人合资开的，财产分割应该以平均分割为原则。此外，极力缩小共同财产的例子也有，同妻 W 和丈夫的经济收入都由丈夫来管理，每月工资 W 都交给丈夫，丈夫统一安排花销和存款等，按照 W 的话说，"结婚 3 年，怎么也攒下小 5 万了吧"。但是在离婚时上报共同财产时，W 的丈夫说银行共同存款才 1 万，其余都作为平时日常开销了。W 诉说平时花销并没有多少，即使花销也一定是丈夫花在其他男人身上了。这种在离婚时尽量缩小共同财产的做法，也是试图能分得更大份额的共同财产的途径。

（三）夫妻感情关系

在调查研究中，绝大多数同妻反映生活中无幸福感，或者满是苦痛。原本就处于无性生活状况下，再加上得知丈夫同性恋身份并且长期在外有婚外情时，夫妻间的信任和感情就随之破裂了。大卫·切尔在《家庭生活的社会学》中认为："最痛苦的离婚是来自于通奸所导致的，这种突如其来的变故使婚姻一方在情感上严重被背叛，丧失了信心，承受着巨大的痛苦。这是因为通奸行为并非是夫妻双方都自愿接受的，它与那种存在于夫妻之间的、'真爱'的理想关系相抵触。因此，建立在一个人对另一个人的特殊的感情基础之上的婚姻秩序就被打破了。"一些男同性恋者对妻子表现出"破罐子破摔"的态度，即对夫妻间感情完全不在乎，终日在外找情人，与妻子形成互动停滞或完全无法互动沟通的局面，夫妻间关系裂痕就到了无法弥补的地步。

另外，性对于婚姻关系的影响也很大。在以往社会中，婚姻主宰着性，即"性专一"。20 世纪 80 年代初中国进入社会转型加速期，性的因素对于夫妻间的感情和婚姻质量来说，作用明显加大。① 婚姻中的性爱功能一方面满足双方的生理需要，另一方面也对婚姻起着一种调适作用，促进婚姻的稳定。长期性生活不和谐或者完全无性，都会导致夫妻双方内心产生隔阂。因此，无论是对于婚外性还是长期分居引起的性关系破裂，再加上同性恋者是和男人发生婚外性关系，这些都直接威胁着婚姻的稳定。

（四）子女抚养问题

抚养子女的责任首先源于父母与子女间的亲子关系。家庭是由横向的夫妻关系和纵向的亲子关系构成的，夫妻关系可以用法律的手段解除，但亲子关系是种血缘关系，不会随着婚姻的破裂而消失。因此，无论离婚与否，夫妻双方都有对子女抚养的责任和义务。其次，如果离婚，子女抚养责任意味着一种离婚成本。学者程鑫指出，中国学者的研究也表明，离婚家庭的孩子容易形成抑郁、憎恨、多疑、孤僻、嫉妒、易怒等心理特征，他们在各种心理状态上都比正常家庭的孩子差。② 同妻在做离婚打算时也会考虑到这一点，很多同妻都表示，"不希望孩子成为婚姻的牺牲品"，"不离婚就是想给孩子一个完整的家"，抑或从更现实的角度考虑，如"自己无法独立抚养孩子"等。

二　个人层面适应的途径及原因分析

按照社会交换理论，人具有理性，人与人之间的互动要求的是一种互惠关系。在夫妻关系之间也是如此。人总是希望以最小的投入得到最大的回报，尤其当自身利益受损时，这种个人利益最大化的想法更为突出和明显。以下笔者将从交换理论和目的性行动理论出发，对同妻在个人利益层面的权衡问题进行分析，从理论层面解释同妻选择离婚或者维持婚姻的原因，也就是解释同妻对婚姻中资源交换的一个权衡，从而说明同妻个人层面适应的情况。

（一）经济交换

经济交换的不平等和错位，是同妻在博弈中思考的主要问题。从整体上看，尽管我国市场经济不断成熟，女性教育水平也在不断提高，但

---

① 转引自郑杭生主编《社会学概论新修》，中国人民大学出版社 2002 年版，第 182 页。
② 程鑫：《离婚家庭对子女的心理发展的影响》，《辽宁税务学院学报》2008 年第 6 期。

是中国妇女的劳动就业收入明显低于男性，夫妻为婚姻关系提交的工资收入的性别差距仍然很大。需要注意的是，妻子对于婚姻的经济贡献还体现在家庭服务上。除此之外，妻子还能为丈夫解除后顾之忧，如照顾孩子和老人，打点好生活中的琐事，使丈夫能有更多的精力和时间投入到增加收入中。从这个意义上讲，妻子也在一定程度上为丈夫的收入做出贡献，即由妻子从事家务劳动等所构成的时间机会成本转化而来的丈夫更加稳定的现时收入或者未来更快的收入增长。

> 个案14："我一直怀疑，他跟我结婚，真的只是让我帮他分担房贷什么的。他也向我说过，一个人供房贷太累，生活质量也下降了，毕竟只是普通的销售，工资不高。"

个案14闪婚闪离，27岁，江苏人。自己开一家贸易公司，个人经济状况不错，不需要男人养活自己，甚至可以养活男人。在得知丈夫是同性恋时态度很明确，认为"赶紧闪人"，坚决不能耗下去。加上本来就是闪婚，没什么感情基础，所以果断选择离婚。

> 个案37："现在想到他就恶心。我说离婚，他说不会挽留我，我爱怎样就怎样，他不会改！结婚15年我就是他的免费保姆，孩子也不管，家也不管，什么都不管。我气得心脏都要罢工了，只能靠吃着药压着。"

个案37今年38岁，结婚15年，有一个12岁女儿。这位同妻任劳任怨十几年，对家庭付出了全部青春，女儿从小都是她管，丈夫什么都不过问。家里的大事小情也是她打理，公婆生病住院也是她伺候。她以为这样丈夫就能安心在外打拼了。她的时间成本和青春成本换来丈夫的收入增长，但没换来丈夫对其经济上的回报，丈夫挣来的钱都拿去给男朋友买东西了。所以她在2011年11月提出离婚，办理房屋过户等一系列手续。

然而有些经济无法独立的同妻，会选择维持婚姻。个案16："老公做部门经理的，月薪8000多元，我不想离，我还要靠他养活我呢，没有爱情的婚姻也是婚姻……"此案例中，这位同妻就首先考虑的是婚姻的经济共同体的特点，并将爱情和婚姻分得比较清楚。

（二）情感交换

情感交换是否平等，是同妻在利益博弈过程中主要考虑的问题之一。"执子之手，与子偕老"是所有女性对爱情和婚姻美好向往的生动表达。然而，正当同妻努力经营婚姻时，却发现丈夫开始用各种借口来逃避情感付出，甚至发现丈夫将情感付出给别的男人。妻子在婚姻中成了情感不平等交换中的受损者。根据笔者的调查显示，同妻在被问到"配偶能否做到按时回家，不在外留宿、不出入同性场所并且在生活上对自己体贴照顾"的问题时，39.3%的同妻回答是"几乎不能做到"和"完全不能做到"，另有46.2%的同妻回答"基本可以做到"，只有14.5%的同妻回答"完全能做到"。可见，在与同性恋丈夫的婚姻中，丈夫情感不专一和婚外情引起了夫妻双方情感投入不对称。性爱交换的平等问题也是同妻考虑是否离婚的主因之一。在以往社会中，婚姻主宰着性，即"性专一"。由于同性恋者的性取向问题，导致大多数同妻很难在性爱上获得满足感。他们表现出的或者是亲密态度不真诚，或者是偷工减料"应付了事"，或者干脆无法和妻子亲密。在调查研究中，同妻被问到"是否有和谐美满性生活"的时候，40.5%的同妻回答"半年少于5次"，34.1%的同妻回答"几乎没有"和"完全没发生过"。

> 个案17："……他说他愿意改，如果可以他愿意付出一切，所以我不怪他是同性恋，不怪他因为同性恋的本性而对我做的一切。但首先他是人，我不能原谅的是他做不到一个人该做的，成天不回家，只顾着自己出去玩乐，什么都不管，就像没有这个家一样。他这样做，还成天喊着要改，我不能相信了，心都死了……我们的要求真的太低了，就这样就能让我们心软，可这么低的要求，他们也不能一直做到，偶尔的一次，我们都如获至宝似的，捧在手上，甚至会时时回忆，何苦呢？我不想这样了，我付出爱，我也希望得到爱，不会糟蹋了自己的付出。"

个案17是位32岁的现定居于西安的同妻。结婚3年半的时间里，丈夫经常出去玩儿，完全不顾家。当初她完全是为了爱情撒下了年迈的父母，大老远从南方的老家嫁到西安的。刚发现丈夫是同性恋时，她希望帮助丈夫改变性取向，丈夫也是答应不出去找男人。可在一年多的相处之后发现，丈夫不但没有像说的那么好，反而更是夜不归宿，双方情感付出严重不对等。结婚后一直过着无性的生活，自然也没有孩子。这位同妻坚决选择离婚，理由就是无法过这种无爱无性的婚姻生活。

> 个案8："他说他还要这个家，只是那时候的一时冲动才去找了前男友。我觉得他既然真想好好生活，好好有个家庭。他对我各方面都挺好的，也爱孩子，那我觉得就无所谓了。"

个案8是一位结婚3年的同妻，26岁，育有一子。在和她的交谈中发现，她和丈夫之间还是有感情的，感情基础也比较深，并且丈夫爱家爱孩子，对于自己的情感付出能及时给予回应，所以她决定继续和丈夫生活下去，并没打算离婚。

(三) 子女问题

子女问题主要涉及离婚对孩子的影响。总体来说，父母离婚对孩子的影响会因家庭情况和个人心理素质而异。但要是在此过程中处理不好，容易造成青少年成长过程中的叛逆心理，负面影响就扩大了。这样会影响孩子的学习和生活，也不利于亲子关系的建立，更不利于孩子的人格培养。在一项美国学者对离婚家庭与子女关系的研究中显示，父母离婚对子女的正面影响是小于负面影响的，并且负面影响是全方位的，包括了心理、学业、行为、健康、人际关系、婚恋观，等等。甚至父母的离婚还会导致代际相传，提高了子女未来婚姻的不确定性。以上学者的观点都表明，离婚对于孩子的成长负面效应是大于正面效应的，有孩子的同妻在面对婚姻取舍的同时，都在思考离婚对孩子的影响问题。

> 个案45："我现在就是不相信男人了，但是为了女儿还得维持着这个表面上的家。"

个案45这位同妻，年龄40岁，有一个15岁女儿，女儿在上中学，正是人生观形成和人格培养的重要阶段，她于2009年在家里发现丈夫的同性恋情，但为了女儿一直假装出夫妻恩爱家庭和睦，更不敢离婚，就是怕女儿知道之后人生观、价值观都被颠覆，再走上歧途。

我们还采访到了一个 23 岁的男孩，他的父亲就是一位同性恋者。

> 个案 29：我小时候我妈就知道了，为了我一直没离婚，等我长大了才离的，以前我妈经常出差，一出差我爸就总带些同性朋友来家里住，当时也没觉得什么，只是觉得他认识的人都有点儿娘娘腔。长大了懂事儿了才知道原来我爸是同性恋，当时挺气愤也特别羞愧，就觉得人家爸爸都好好的，怎么我爸这样呢?! 那些年我都不理他，就当没这个爸，你说作为一个人，既然结婚了就要对妻儿负责任，怎么有脸出去乱搞呢，还和男的搞! 后来我爸得病了（艾滋病），得了就活不了，也没几年时间了。我现在和他关系还缓和点儿，偶尔看看他怎么样，但是心里还是无法原谅他，他太自私了。

这位 23 岁的男孩表示自己的性取向正常，目前就读于普通大学，但是由于家里的变故导致心情长期压抑，成绩也相当一般。当被问及未来有什么打算或职业规划时，他显得很茫然。

当然也有同妻为了孩子的健康成长坚决选择离婚的。比如个案 41："我家是儿子，我得坚决离婚，这儿子万一跟他学也不男不女了怎么办! 他毁了我的人生我认了，我可不能让他毁了我儿子!"个案 41 是位 45 岁的同妻，她的儿子还不到 20 岁。离婚后给孩子带来的心理创伤她自然知道，但是出于对儿子成为同性恋的忧虑，她还是离了婚，并且不让儿子和父亲过多交往，怕儿子被带入同性恋的圈子里。

（四）安全交换

在我国，性别差异体现出来的婚姻安全交换也很突出。有学者的研究表明，从抽烟、酗酒和赌博等不良习性统计来看，已婚女性抱怨配偶沾染这些行为的比例远高于男性，其中抽烟的比例高出 26.2%，酗酒和赌博的比例分别高出 11.6% 和 6.7%。[①] 而对于丈夫是同性恋的家庭，患艾滋病的风险又比一般家庭增加很多，在调查中有约 15% 的同妻表

---

① 徐安琪、叶文振：《中国婚姻研究报告》，中国社会科学出版社 2002 年版，第 50 页。

示丈夫有明显的患艾滋病的症状或已经患病。很多同妻都十分担心自己被丈夫传染，在被调查的同妻中，有26.6%的同妻定期做血液测验。此外，同妻还屡遭家庭暴力，在我们的调查中，37.6%的同妻表示遭受"家庭冷暴力"，38.7%的同妻表示"有肢体冲突"，并有15%的同妻表示"受严重家庭暴力"。

> 个案14：我被我前任打过一次，把我从房间拖到阳台，说要一起跳楼，拳打脚踢，一周后，我身上好多地方都青了。
>
> 个案21：我要求离婚，离不成还被打得腰骨断了，当时报警了，法医报告是轻伤。本来我发现他是同性恋已经一年多了，我一直为了孩子给他机会，帮他隐瞒这事，可最后被打成这样，我绝望了。

从上述个案可以看出，婚姻中的个体安全无法得到保障，也是同妻选择离婚的原因之一。

第四节　同妻社会层面适应问题分析

人处在群体中会按照群体组织内部的规范行事，这种群体内达成共识的习惯以及价值观等都具有"惯性"，会对身处其中的人的行为产生影响。正因如此，可以用循规性行动理论来解释社会层面的行动（主要指同妻作为社会群体内部成员之间的互动行为）。循规性行动是指"社会群体的成员依据共同的价值来决定他们的行动，只要在规范适用的情景，个体行动者就遵从规范，规范代表了群体所取得的意见一致。"① 社会层面上的适应状况与社会关系有很强的相关性。对社会关系的探讨，可以从人际关系、群体关系等方面来进行。本章主要以A和B两个QQ群为例，通过对比分析来介绍同妻人际关系和群体关系的状况。群体中规范形成的过程，如图9-5所示。

---

① 黄陵东：《人类行为解读：韦伯与哈贝马斯的社会行动理论》，《福建论坛》（人文社会科学版）2003年第4期。

```
┌─────────────────────────────┐
│      群体内成员间初步互动      │
└─────────────────────────────┘
              │
              ▼
┌─────────────────────────────┐
│          达成基本共识          │
└─────────────────────────────┘
              │
              ▼
┌─────────────────────────────┐
│          群体规范形成          │
└─────────────────────────────┘
              │
              ▼
┌─────────────────────────────┐
│         影响群体内部行为        │
└─────────────────────────────┘
              │
              ▼
┌─────────────────────────────┐
│     成员价值观、处事原则趋于一致  │
└─────────────────────────────┘
              │
              ▼
┌─────────────────────────────┐
│     群体成员按"惯性"做出行动     │
└─────────────────────────────┘
```

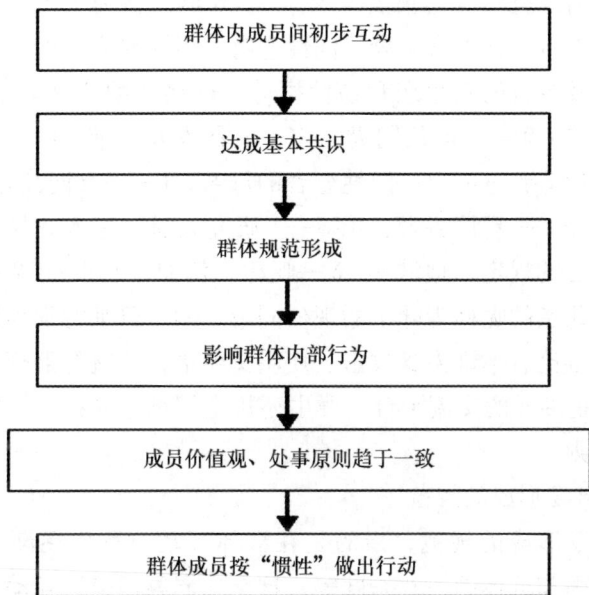

图 9 - 5　群体规范形成的过程

一　遵从群体规范

规范是群体结构的一个重要的表现形式。规范是在互动过程中形成的，它是群体中成员为了实现共同目标而产生的结果，是对影响群体成员的价值和行为的概括，同时也是成员本身接受，并希望彼此遵从的群体内部成员之间互动的秩序和规则。在以 QQ 群为群体的同妻中，成员们开始聚集在一起的时候，群体规范就形成了。QQ 群的同妻成员遵从以下两种规范：制度性规范和自发形成的规范。

（一）制度性规范

所谓制度性规范，指的是进入 QQ 群的成员要根据群内规定规范自己的群名片，遵守群内聊天的语言规范制度等。例如不能有反党反社会言论、不许人身攻击、使用文明语言交流等。在笔者主要研究的两个 QQ 群中，都有明确的制度性规范。A 群 196 人，主要由现任同妻、前同妻和同女友组成，并有极少数的以志愿者身份出现的男同性恋者。群名片的含义如下：GW——现任同妻，前 GW——前同妻，GF——现任同女友，前 GF——前同女友，群名片设置也有要求，GW—地域—昵称，例如，GW—北京—叶子，就是来自于北京的现任同妻叶子。另外志愿者的群名片就叫"志愿者×××"。B 群人数为 194 人，是个相对多元的交流平台，其中有同妻、同性恋者、男同性恋者的家人、媒体记者和学者以及少数的双性恋和易性癖等。群名片的含义如下：GW——现任同妻，前 GW——前任同妻，GF——同女友，前 GF——前同女友，G——男同性恋者，GM——同性恋者的母亲，L——女同性恋者，B——双性恋者，TS——易性癖者，RES——研究人员、记者。其中群名片设置也是有自己的规定，地域—GW—昵称，例如，北京—GW—叶子，意思就是来自北京的昵称为叶子的现任同妻。两个群都特别强调了不能有反党反社会言论、不许人身攻击、使用文明语言交流等群规定，特别是 B 群，由于是多元的交流平台，群主还规定了杜绝歧视，一定要本着平等对话的原则。

（二）自发形成的规范

所谓自发形成的规范，指的是在群体互动过程中逐渐形成的价值观、处事原则和群体的一致态度等。这是在同妻们交往互动过程中逐渐形成的。下面通过表格来展示 A、B 两群的对比状况。

首先，从对事件的态度角度来说，两个群体有各自的规范和反应机制，如表 9-1 所示。

表 9-1 　　　　　　　　　　同妻 QQ 群交流的态度分析

	A 群	B 群
对同性恋者的态度	并不完全排斥和憎恨同性恋者，但是恨骗婚的男同	并不完全排斥和憎恨同性恋者，但是恨骗婚的男同
对男同性恋者性爱方式的态度	完全无法接受，觉得"恶心""无耻"等	基本能从生理和心理角度理解同性间性爱方式，但也有些排斥
对同妻情感问题的态度	前同妻和一名志愿者一致劝离婚，对纠结的同妻表示不理解，认为"只有离婚才是解脱"	对于不同情况的同妻有不同的建议，劝离劝维持的例子都有，基本能做到对症下药
对男性加入本群的态度	完全不让男性加入本群，认为他们就是"看笑话""找乐子"的，根本不是关注和同情的心理	建群之初就是多元化的群，允许男性加入，但如果语言肮脏或表现出目的不纯，会被踢出
对新生活的态度	憧憬 < 绝望	憧憬 > 绝望
对记者、学者采访的态度	不愿意 > 愿意	愿意 > 不愿意
对同妻发生婚外情或一夜情的态度	完全无法接受，觉得女人应该"守妇道""洁身自好""不能和同性恋一样"等	觉得"能理解""毕竟都是人，需要情感寄托或宣泄"

　　从表中可以看出，对于一些问题的态度，两个群表现的有些地方一致，有些地方有很大差异。例如对待同性恋者性爱方式的态度，A 群显然表现出极度反感，关键词基本都是"反感""觉得恶心""无法接受"等，这是由于 A 群中几乎都是同妻或者前同妻，处在其他立场的人特别少，对这个问题都具有相似感受。而 B 群当中由于交流的多元化，同妻在和同性恋聊天的过程中了解相关常识，会采用一种更平和、更中立的态度。这种态度确立之后，将会影响群体内成员对此类问题的态度，并且将此态度内化为自己看待问题时的态度，遵从群体的规范并且"循规"下去。最终形成群体内统一的反应态度。再如，在 A 群中对待婚姻的态度主要表现为"劝离婚"，大多已经离婚的同妻都劝目前纠结的同妻离婚，但是忽略了个体与个体之间的差别。每个同妻家庭状况都会有差别，有的不离婚是比较好的选择，但是由于群内几乎都是同样遭遇的人，所以看问题从一个角度出发的情况比较严重。又如在笔者采访中有关于你是怎么看待一夜情的问题，A 群中 68 份问卷中，有 42.6% 的成员回答"完全无法接受"，有 30.9% 的成员回答"生活中的压抑情绪需要释放，理解这种行为"，有 20.1% 的同妻回答"碰到让自己惊喜的人愿意尝试一下"，另外有 5.9% 的同妻回答"为了报复丈夫而发生一夜情"。但是值得注意的是，虽然只有 4 个人选择报复丈夫而一夜情的同妻，但都出在 A 群中。B 群中 105 份问卷中，回答"完全无法接受"的有 6.7%，回答"生活中的压抑情绪需要释放，理解这种行为"的占 57.1%，回答"碰到让自己惊喜的人愿意尝试一下"的同妻占 36.2%，没有人回答"为了报复丈夫而发生一夜情"。

　　遵从性又称为从众性，指的是在群体中，一个成员的行为受其他的成员影响的最显著的效应[①]。这一点在 A 群体内表现得很突出。当群内资格较老且成功离婚的前同妻在讲道理或劝导离婚的时候，经常会有 2 到 3 个成员附和，即群体中的一部分成员有强烈的愿望或倾向与其他成员的行为保持一致性，赞同或者选择接受群体中有权威地位的成员的意见。B 群中的群体规范则不同，B 群中倾向于具体问题具体分析的方式，在一位成员提出需要大家给意见的时候，B 群内成员基本能从各个方

---

① 蔡树培：《人群关系组织管理》，九州出版社 2001 年版，第 127 页。

面、各个角度给出意见，并且各方都尊重彼此的看法，有助于需要解决问题的同妻理性地思考问题。

其次，从群体交往的内容来看，两个群体关注的话题也不尽相同，这又决定了两个群体的对谈话内容的规范有区别。如表9-2。

表9-2　　　　　　　　　　同妻 QQ 群话题内容

A 群	B 群
如何发现丈夫是同性恋的	如何发现丈夫是同性恋的
自己丈夫在同性恋性爱中扮演的角色	自己丈夫在同性恋性爱中扮演的角色
双方父母、亲戚、朋友等是否知道此事	双方父母、亲戚、朋友等是否知道此事
谴责骗婚同性恋者	谴责骗婚同性恋者
倾诉、抱怨等情感话题	倾诉、抱怨等情感话题 饮食、电影、音乐、摄影、动画等娱乐生活话题 时事新闻、国内外热点话题等 同城聚会等线下交流

A 群聊天对话的内容就围绕着几个主要的话题展开，而且几乎是每天都重复这几个话题，不仅不利于同妻交往层面的良好适应，有时还传播了错误的信息。例如，A 群中宣扬的是同性恋先天论和无双性恋的言论，对于一些完全不懂同性恋知识的同妻来说，这种言论会导致她们的错误判断甚至是错误决定。相反，B 群由于是由不同立场的群体组成的，对于问题的探讨也是从各个不同角度进行分析，带来的是多元化的理解，避免了偏激的观点。同时也谈论生活、娱乐等方面的话题，在一定程度上减小了同妻心理上的压力。例如，B 群中一位昵称为 xpg 的男同性恋者，在群内的人缘很好，他很喜欢和大家分享美食心得或做菜经验，抛开两个群体的对立来谈论生活，这样不仅可以让同妻侧面了解同性恋者的生活，也可以通过这种交往方式舒缓同妻心中的苦闷，从而达到社会层面的适应。

在 QQ 群成员互动过程中，群体的规范逐渐形成。由于加入的 Q 群不同，导致两个群体内的同妻对待男同性恋者的态度、与人相处的心态以及价值观念等都有了明显区别，在群体互动中产生的这些习惯和价值观都有一定的"惯性"，同妻们的行动、思维等都会延续这种"惯性"。

例如，在 A 群中还宣扬无双性恋、同性恋天生论等观念，以至于 A 群的同妻都对此坚信不疑，在和任何人交流中都坚持这点，基于这点产生的思考方式和行为方式都是受到群内共同价值观的影响所致。当群体产生一个共同的判断标准后，个体各自的反应模式虽然各有不同，但是标准一旦建立起来，判断就会趋于标准化。

二　社会层面适应的交往特征

社会适应的最基本方面之一就是人际适应。作为个体的社会成员——人，时刻都在与其他成员间接地或直接地进行接触。因此，最基本的社会适应就体现在人们相互的交往过程之中。基于以上对同妻 QQ 群交流互动的描述笔者发现，同妻的交往特点最主要的有两个：同质性和双重性。A 群的同妻在交往中突出的特质是同质性，而 B 群的同妻更多体现的是双重性。

（一）同妻社会交往的同质性

同妻们除了和同性恋丈夫的交往互动外，最主要和最直接的交往就是与自己同类的人交流，即彼此交流。有些同妻已经选择离婚，虽然身份上甩掉"同性恋者的妻子"的帽子，但是身为同妻的几年过程中，交往习惯已经确立，直到目前为止并没有发生根本性的改变。在调查中发现，她们的交往仍然在潜意识中按照原有的一些习惯进行着，表面上走出了阴影，但实际上内心还是不愿意和外界过多地交流，她们担心在和外界交往的过程中暴露自己"前同妻"的身份，仍习惯于在网上的 QQ 群或者同妻网站上彼此互动。有些前同妻甚至都没告诉家人离婚的真正原因，身边的朋友也是一片茫然。当笔者问到"为什么会选择谁也不告诉或者任人猜测也不解释？"的时候，很多人都表示"这种耻辱是无法跟别人说的"，"这么丢人的事还是越少人知道越好"，或者"嫁给同性恋的滋味除了我们自己懂，谁能真正理解"。有些同妻过于敏感，对进群的男士都持有敌对情绪，认为他们就是来看笑话或者不怀好意，也拒绝和未婚同性恋者交流，自主切断了交往途径。因此，A 群同妻的交往面很窄，处于封闭或半封闭的状态。

除了交往的范围窄、圈子小之外，A 群同妻交往的同质性还体现在群内交流的话题都围绕着同性恋或相关内容展开。在长期对 A 群的观察中笔者发现，能引发大数量人群参与的话题或者问题有以下几个：谴责骗婚男同性恋者；探讨同性恋性行为中的角色分配，对同性恋相关知识的探讨；倾诉、抱怨或者彼此开导的情感交流。而对时政新闻、国内外咨询、生活上的一些大事小情聊得不多或不怎么关注，交往的话题相对单一。

美国社会学会主席阿里简德罗·波提斯认为，社会资本及其实现往往更依赖于群体生活的能力，以及个体在社会结构中调配资源的能力。① 然而，同妻既缺乏社会资本，又缺乏调配社会资本的能力。她们缺乏社会交往及其对象，即再次融入社会生活的社会支持系统，她们往往生活在一个同质性很强的封闭的小圈子里。在深度访谈时，我们发现，A 群的群体规范和习惯性行为都在一定程度上阻碍了群体成员获得新的社会交往对象的机会。

从交往方式的角度来分析，交往作为人类活动的基本模式、人类基础实践活动之一，它是主体间的沟通往来。当人们身处于不同群体之中时，不同区域内、不同时空内的人具有不同的思维和实践方式，也正是因为不同的交往方式才决定的。在一定意义上来讲，A 群的同妻交往方式有限，交往的对象也趋同，有很大的传统、单一、闭塞的特性，这也在一定程度上束缚了同妻打破固有人际交往圈子的积极性和主动性。

（二）同妻社会交往的双重性

相对于 A 群，B 群的同妻的社会交往的显著特征是双重性。她们在交往过程中，既表现出身为同妻或前同妻的交往封闭性的特点，又表现出普通女性希望追求幸福、敞开心扉的心态。一方面，无论 A 群还是 B 群，多数同妻还处于婚姻之中，传统的道德观念约束女性要忠于家庭和丈夫，即便是夫妻感情破裂、夫妻关系名存实亡，也需要女性做到身心都归属于家庭和丈夫。同妻们在与外界交往的时候，多多少少都会坚持着传统道德的约束。而另一方面，作为女性来说，比男性更需要情感寄托，在婚姻无实质意义的情况下，仍会希望寻找新的幸福或其他形式的情感寄托。B 群同妻在群体互动过程中结交许多不同质群体的人，有除了丈夫外的男同性恋者，有性学学者或研究同性恋问题的学者，也有疾病防疫中心工作人员等，在交往过程中同妻可以得到多维度且客观的信

① Alejandro Portes, "Economic Sociology and the Sociology of Immigration. A Conceptual Overview", in *The Economic Sociology and the Sociology of Immigration: essays on Networks*, *Ethnicity*, *and Enterpreneurship*, edited by Alejandro Portes, New York: Russell Sage Foundation, 1995, pp. 12–13.

息，在与不同的组织或群体交往和对话中，B 群的同妻变得越来越理性，对一些问题的看法也会趋于客观中立，尽量避免用同妻的身份审视问题。这都有助于同妻走出心理阴影，也逐渐建立了同妻们向正常生活回归的信心。因此，B 群的同妻与 A 群的同妻相比，除了表现出一定的封闭性特点之外，更明显的是倾向于过渡到新的社会身份，在交往过程中也体现出这种特征。

三　扩展同妻社会交往能力的途径

同妻交往既有同质性特征，也有双重性的特征。双重性的特征可以帮助同妻更深层次地成为普通社会成员的一分子，增强同妻交往的双重性，就需要摒弃其交往的同质性特征，那么如何能够实现这一点呢？如何能够推动同妻更好地适应社会生活呢？其主要途径就是与异质类人群交往，与异质类人群的这种交往，是适应社会的相对更高的层次，它满足的是生存适应这一层次之上的相对更高的需求，这种交往也显示了同妻主动适应社会生活的积极性。要从思想观念和日常交往方式上完成转变，具体来说就是要从两方面入手：一方面增加同妻与其他异质类社会群体交往的量，即社会交往活动的速度、广度和频度。另一方面，优化并提升同妻与其他异质类群体的交往的质，即各类交往结构，比如社会交往主体的结构、社会交往客体的结构以及社会交往内容的结构等。交往力是能够推动自身发展的动力，这种动力来源于交往主体的日常交往活动，并从交往活动中汲取各种动力因素。因此，交往力的大小就标志着在社会交往之中的个体能获得有利的发展条件的多少。人类社会中，交往不仅是联合个体的方式，同时也是发展这些个体自身的方式，交往的特殊产品是自我意识及内在独特的自我。[1] 在同质性的社会群体的交往过程中，交往力的欠缺带来的就是能利用的社会资源较少，以至于社会适应程度不高。那怎样才能增强交往能力呢？

首先，要实现交往主体的优化——同妻自身的思想意识结构。要采取措施通过恰当的渠道和方式了解知识，摒弃旧有的、不科学的观念，主动将自己融入社会生活中，体会和感受来自其中的不同文化形式。这

---

① Daniel R. Leisure Identities, "Globalization, and the Polities of Place", *Journal of Leisure Research*, Vol. 4, 2009.

样以开放的心态面对社会，才能使自身与外界各类交往对象交往兴趣、知识和能力等方面的不断增强。其次，要实现交往的客体的优化即优化同妻社会交往对象的构成。要采取措施打破同妻交往对象网络化、单一化以及亲缘化等方面的局限，不断扩大交往对象，丰富交往对象，广交朋友，不断提高其交往对象的层次以及规格。只有通过不断扩展、丰富交往对象的边界和层次，同妻群体才能不断从交往对象那里获得更丰富、更优质、更先进的理念和信息，在此基础上，推动自己更快发展。

第五节　同妻心理层面适应问题分析

一　社会认同视角下心理层面的适应现状

心理层面的变化，是衡量同妻能否实现摆脱痛苦的一个重要尺度。只有实现了在内心层面的适应，才能够说明同妻真的是摆脱了"同性恋者妻子"的标签，从而从同性恋者的衍生群体中的一员转变为普通社会成员。这实际上是一种社会认同的转变，即同妻不仅要在外在上转变，更要把握内心的转变。而这种认同是关于其他人对自己的看法的一种反映，是在想象着别人对自己进行评价时所形成的自我观念，也是在与他人交往中形成的。这正可以用哈贝马斯的戏剧性行动理论来解释。戏剧性行动指的是在观众面前呈现自己，而观众的构成是由互动的参与者各自为对方所构成的。

（一）社会认同

吉登斯在《现代性与自我认同》一书中说道，现代性可以产生边缘化、差异化等。边缘性群体指的是由于社会转型或者社会制度的变迁而导致一群无法通过正规组织表达自身的利益诉求的群体，他们是游离于社会正规制度以外的群体，无法获得正常的社会政治、经济、环境以及文化地位等。[①] 作为被边缘化的群体，同妻群体无法通过有效的渠道表达自身利益的诉求，更无法通过诉求表达来获取社会地位。在形成个体的社会认同过程中，需要不断与外界各个层面上的不同群体之间进行互动。具体包括自身身份认同，即对自身角色的判断和身份的归属判断；

---

① 刘传江、周玲：《城市社区治理结构转型与边缘性群体的计划生育管理》，《人口与经济》2003 年第 6 期。

群体身份认同，即对群体的认同感，还有目前生活状况、所处社会位置和受到社会关注度的适应和期望；社会生活认同，即对目前对于同性恋相关政策、婚姻法制度上的适应和期望等。在各个层面认同的相互促进作用之下，最终形成个体对自身的评定。我们可以思考下面几个问题：同妻在得知自己为男同性恋者的妻子的身份后是如何看待自己身份角色的？她们对未来又有何期望？已经离异的同妻的生活是逐步改善了还是没有变化？抑或走下坡路？她们自身认同或满意现状吗？没离婚的同妻又如何？同妻先是被"骗"进婚姻，后又被"推"到媒体舆论的浪尖，对同性恋者、对社会、对媒体及学者等有怎样的期待和态度？对现实中的政策、对自身被关注的程度等又有怎样的想法？她们对法律法规、政策方面有何想法、看法？

（二）同妻的社会认同现状

在调查研究中得到的回答里，我们可以找到以上问题的答案。"面对'男同性恋者的妻子'身份你的感受是什么"这个问题，大多数的答案都是无法接受，也不想接受，但是被迫扣上了这顶帽子。绝大多数人都认为自己是社会底层群体，是被道德和法制抛弃在外的一个群体，用她们的话说就是"和同性恋相比躲在更阴暗的角落里的一群人"。对于"你觉得社会对你来说是否公平"的问题，绝大多数的回答是"不公平"。可以看出，针对以上的问题的回答，有细微的差别，但总体上还是有很强的一致性。回答最为一致的问题就是认为自己是无法摆脱"同妻"或"同女友"的阴影，无论是没结婚的男同性恋的女友，还是在婚内的同妻，还是离婚的前同妻，不论年龄大小，不论文化水平高低，不论职业和所在城市的开放程度，几乎所有人都无法摆脱这个烙在自己身上的印记。出乎意料的是，和男同性恋者相处时间的长短并没有明显影响对身份的认同。笔者本以为离婚多年的前同妻或相处时间才几个月的同女友并不会觉得自己还属于这个身份，她们会觉得自己是普通的失恋或离婚女性，或者早已恢复到正常单身女性的心理状态。可调查结果表明，没有人能真正忘记这段经历和心路历程，没有一个能完全恢复到非同妻的心理状态。身份包含两层含义：作为分层概念的身份，是一种制度性标定，是以法律、制度等作为标志的；而社会心理学中身份的概念，还包含了"角色"的意义。想要达到自我身份认同的一致性，就要保证外部的标准和内部角色的确认一致。绝大多数同妻的心理认同中仍倾向于同妻身份，即使有些已经离婚或分手，虽然在制度上脱离了同妻的身份，但是心理认同还是倾向于原有的同妻身份，这就体现出了身份错位。也就是说，即使是解除婚姻关系，在法律和制度层面上认同自己的非同妻身份，但在角色扮演上仍然是同妻。这便形成了身份认同本身在两层含义之间的紧张，即自我身份认同的不一致。

当同妻被问及"是否对目前的生活状况满意"时，大多数同妻都表示对生活不满意，与此同时，觉得"人生就是一场悲剧，没任何意义"的同妻占到93.1%。同妻在与外界交往的过程中也有心理问题，她们多表现为不愿意广泛接触外界，更是觉得男人都是带着骗婚心理来和自己接触的。在对未来生活的憧憬中，也并不乐观，许多同妻表示都害怕婚姻、害怕男人，不敢再敞开心扉了。在被问到"是否对婚姻产生恐惧感"的时候，89.6%的同妻回答"是"。在被问到"如果现在有一个公开采访，你是否愿意在主流媒体上诉说自己的苦楚"的问题时，90.8%的同妻回答"不愿意"。

在涉及目前国内婚姻法律法规、对同性恋的社会态度和同性恋婚姻立法等问题的回答时，同妻都有强烈的不满感和迷茫感。34.1%的同妻对婚姻法有关离婚请求的相关规定只是部分了解，65.9%的同妻完全不了解。在被问到"是否清楚在搜集离婚诉讼资料的过程中该如何去做？"这一问题时，更是有96.5%的同妻表示"不清楚"。这些导致在同妻办理离婚的过程中困难重重，觉得法律和道德都不倾向于自己，失落感更加强烈。在被问到"如何看待同性恋婚姻合法化"的问题时，百分之百都回答支持。她们一方面希望"同妻到我为止"，另一方面，她们也清楚，根据目前世界同性恋平权运动的情况和国内相关立法来看，真正落实起来还有段距离。她们认为政府对同性恋群体不重视、不关注，对同妻群体就更加忽视了。或者有些媒体宣传了同妻群体，博得了一时的热点话题关注后就销声匿迹了，这些都让同妻很失望。

二　同妻心理适应不良的原因分析

个人对自身状况和外界环境的综合反映被称为社会认同。由普通女性转变为同妻，再希望从同妻转变为普通女性，意味着对身份的重新界定以及交往方式、生活方式的重新选择。那么同妻身份认同和心理适应为何会出现偏差呢？

（一）对同性恋的社会排斥

社会排斥体现在个人无法与社会相融合，并且被排斥在主流文化及主流生活秩序之外，它存在于个人、家庭或社群被边缘化或隔离的系统性过程之中。[①] 目前社会对同性恋的排斥主要体现在文化层面。社会倡导异性恋的主流文化，对其他亚文化忽视甚至排斥。大多数同性恋者都能感觉到社会各个层面对他们的不同程度的歧视，同妻作为同性恋亚文化圈的产物，当然也受到一定的排斥。

社会排斥的具体体现就是污名化。"污名化"是特定群体遭受社会排斥与歧视的结果。长期以来，人们对同性恋的偏见、歧视都导致了这一群体遭受"污名化"的后果，一提到"同性恋"，人们自然会联想到艾滋病、淫乱、违背道德、变态等。戈夫曼在分析污名化时给出解释：污名被看作是一种社会性状，该种社会性状将使得其拥有者在其他人眼中丧失其社会信誉或社会价值。和"污名化"相关的另一个概念是"受损身份"。"受损身份"是由戈夫曼在谈污化名时提出来的概念。他认为，拥有受损身份的人在现实中呈现出某种特征，当这种特征足以让他感觉到丢脸时，这种特征便成为污名。同妻受损身份的获取来自于丈夫是同性恋者，这会使她们觉得羞愧、自卑、难以启齿。笔者也访谈了一些普通社会大众，当对他们解释完同妻的含义并问其对同妻的看法时，大家的回答都倾向于"可怜之人必有可恨之处"：一方面认为婚姻不幸是挺可怜的，另一方面认为能和同性恋接触上并能嫁给男同性恋者的女孩，也大多不正常。虽然这种观点是不正确的、带有歧视性的，但是却反映了同性恋及其相关群体在社会大众的眼里就是被"污名化"这一事实，再加上现实生活中同妻群体也属于艾滋病高危人群，无论是因为什么原因患病或感染，在民众道德舆论上都会被划到"道德败坏""生活不检点"一类人群中，文化上和道德上的来自各处的莫名其妙的歧视，使得同妻在心理适应的道路上走得异常崎岖。

（二）特殊的群体位置

同妻的群体位置对比不利于她们心理层面的社会适应。自我认同变化的一个关键点就是参照群体的变化。当同妻得知自己身份后，作为参照群体的外群体和内群体都发生了变化。内群体是能使成员感到自己与

---

① 景晓芬：《"社会排斥"理论研究综述》，《甘肃理论学刊》2004 年第 2 期。

群体关系密切，对群体有强烈归属感的群体。与之相对，那些由他人结合而成、与自己没有什么关系的群体则是外群体。对于同妻们来说，同妻群体是她们的内群体，普通女性群体和其他群体属于外群体。

同妻并没有将过去作为参照体系，而是将现在作为了参照体系。目前的社会事实是她们"同性恋者的妻子""骗婚受害者"，她们以此为根据，在社会生活层面上与其他群体进行比较，并用比较之后的结果作为衡量自己的生活是否令人满意的标准。同妻需要做的是把原来的外群体变成内群体，也就是说从同妻的身份转化到非同妻、普通女性的身份。因此，同妻的周围生活着两类人，一是同妻，即原来和现在都是内群体，二是普通女性，即原来是外群体而目前要变成内群体。和普通女性相比，离婚了的同妻虽然拥有了和普通女性一样的身份，至多是离异女子，但当别人知道自己曾经与同性恋者有过婚姻关系后，还是会受到异样眼光的打量，所以在由"内"到"外"的转换过程中，并不是那么顺利的。

三 同妻心理认同的增强途径

在社会生活中与普通女性比较的时候，同妻的主观地位感都很低，显然处于心理劣势地位。当一个群体和外群体在进行比较时，该群体的成员的主观地位感越低，那么成员就越难对自身所处的地位产生积极的社会认同。这就产生了一个十分值得关注的问题，那就是同妻应该如何尽快地积极构建起社会认同、积极应对消极的社会认同，以及如何尽快促成心理上的转换。

（一）增强社会支持力度

社会支持指的是"在以个体为中心的社会关系总和的社会网络中，起支持作用的关系集合及可以满足个体需要的资源总和"。这些关系提供的情感、认知和物质支持是社会支持的良好表现。情感支持是占据绝对重要地位的，情感支持是指这样一种感情或行为，即具有安慰作用的能够让个体感觉到被需要、被尊重的感情和行为。我们需要营造一个良好的社会氛围，给予同妻、同性恋群体等所有弱势群体人文关怀。我们可以通过电视、网络、报刊、广播等媒体生动的方式，借助文化作品、文化宣传活动等形式对同妻进行正面的宣传，让社会大众在理解的基础上接受这一群体，追求一种在文化上对特定对象生存境况的关注，进而给予同妻提升精神生活质量的力量。

积极调动社会各方面的力量也能体现社会支持。例如志愿者团队，就给了我们积极调动社会力量并以此来构建同妻的社会认同的正面力量。因此针对同妻问题也要调动志愿者团体、非政府机构组织等社会力量，采取各种有效的措施，帮助同妻顺利实现心理转变。这一点实际上同妻家园网站也一直在做，网站一直在全国各大城市招募志愿者，旨在帮助同妻开展各种心理辅导工作、同妻联谊会，经常组织各种活动来加强同妻的参与兴趣，让大家在线下有良好的互动和交流，从而顺利达到社会适应。在志愿者队伍中，大学生、艾滋病防疫工作者、律师、心理医生、同性恋研究的学者以及新闻工作者较多，他们也正好能通过自身的知识储备为同妻解决困惑，并为同妻群体做到正面宣传。

（二）认同主体的自我调节

首先，从比较的维度上思考。这一观点是由美国学者托马斯·威尔提出的。他认为，一个人的主观幸福可以通过向下比较而获得和提高，而比较的维度包括向下比较、横向比较和向上比较。如果预计自己很难获得较高的地位，就应该向下比较，即和比自己地位低的人进行比较，这样能够提高自我价值感。同妻应该参照这种方法，并适当改变参照群体，要避免或者停止把高地位的外群体作为比较的参照框架。因此，笔者建议的是要向下比较，即和自己原来的生活相比较、和还处于蒙在鼓里状态的同妻相比较、和不敢大胆站出来维护自己权益的同妻做比较，这样就可以相应地得到自尊的提升。

其次，要把原本消极的比较变成积极的比较，以此来改变对自身群体的认知态度。换句话说，就是与原本不知道自己是同妻、被蒙在鼓里继续受骗那个状态进行对比，进而对自身劣势地位产生合理性的默认。这也就形成了同妻的先在的社会认同的基础。这种先在的基础，是对社会习惯、社会制度认可的结果。正如一位同妻所说的："那谁让咱摊上这种事呢，谁让咱嫁的是个同性恋呢？"

同妻的社会生活适应不仅是生活保障、解除与同性恋者的婚姻关系，还是一个被边缘化的社会人重新回归正常社会生活的转变过程。其中涉及生活态度、生活方式、价值观以及社会心理等方面的调试。本书的框架是哈贝马斯的交往行动理论，结合交换理论及认同理论等社会学理论观点进行分析，将同妻的社会生活适应划分为三个层面：个人层面和社会层面和心理层面。本书运用了观察法和深度访谈法的研究方法，用虚拟人类学的方法在互联网上对同妻群体进行长时间的观察和采访，并结合社会学理论对同妻社会生活适应问题作出多角度、多层次的分析。

通过对同妻群体的观察研究和对其社会生活适应问题的探讨，本章可以得出以下结论：

个人层面上同妻很难或无法从婚姻中得到情感寄托、经济支撑、甚至自身安全也会遭到威胁，在和丈夫对于离婚的博弈中更是伤痕累累，如愿离婚了往往得到经济补偿很少或者得不到补偿，经过权衡不离婚也只能忍气吞声继续生活。这些都引发了同妻对生活不公平的抱怨，以至于怨恨现在的生活状况，总觉得自己不如别人那么幸运，以至于不愿意和人接触，不愿意和外界交往，严重的不公平感都为同妻的适应不良埋下了隐患。

从交往方式上看，同妻的社会层面的适应情况很大程度上是种循规性行动，所遵循的规范是由群体交流互动过程中形成的。这种行动在同质性的交往环境中不利于资源获取和交往质量的提高，在双重性的交往环境下有一定的帮助。因此要提高同妻交往的量和质，从而使同妻在社会层面过渡到良好适应。

同妻社会适应的核心就是要让同妻在心理上完成由"男同性恋者的妻子""骗婚的牺牲品"到社会普通女子的转变。不仅在婚姻结束的形式上，更要在心理上转变，实质上是一种认同的转变。然而由于社会对同性恋群体和同妻群体的"污名化"以及群体位置的对比，这些导致同妻对目前的生活状况不满，对自身身份难以认可，对社会制度难以产生积极的社会认同。因此，要给予同妻大量的社会支持，增强同妻的自信心、存在感和社会归属感，通过积极调动志愿团体的途径重新构建同妻的社会认同。

参考文献

中文著作类

1. 习近平：《决胜全面建成小康社会　夺取新时代中国特色社会主义伟大胜利——在中国共产党第十九次全国代表大会上的讲话》（2017年10月18日），人民出版社2017年版。

2. 蔡树培：《人群关系组织管理》，九州出版社2001年版。

3. 方刚：《性别多元：理论与实务研究》，台湾万有出版社2012年版。

4. 费孝通：《乡土中国生育制度》，北京大学出版社1998年版。

5. 汪民安、陈永国、马海良：《福柯的面孔》，文化艺术出版社2001年版。

6. 何明升、白淑英等：《虚拟世界与现实社会》，社会科学文献出版社2011年版。

7. 刘建中、孙中欣、邱晓露：《社会性别概论》，复旦大学出版社2010年版。

8. 刘达临、鲁龙光：《中国同性恋研究》，中国社会科学出版社2005年版。

9. 李银河：《同性恋亚文化》，内蒙古大学出版社2009年版。

10. 吕红平、丁娟：《中国性别文化概论》，中国人口出版社2011年版。

11. 吕红平等：《社会性别与人口发展》，中国人口出版社2005年版。

12. 潘光旦：《性心理学》，生活·读书·新知三联书店1987年版。

13. 郑杭生主编：《社会学概论新修》，中国人民大学出版社2002年版。

14. 潘绥铭、白维廉、王爱丽、劳曼：《当代中国人的性行为与性关系》，社会科学文献出版社2004年版。

15. 唐魁玉：《虚拟社会人类学导论》，哈尔滨工业大学出版社2015年版。

16. 唐魁玉：《网络化的后果》，社会科学文献出版社2011年版。

17. 吴满意：《网络人际互动》，人民出版社2015年版。

18. 魏伟：《公开——当代成都同志空间的形成和变迁》，上海三联书店
    2012 年版。

19. 徐安琪、叶文振：《中国婚姻研究报告》，中国社会科学出版社 2002
    年版。

20. 袁方：《社会学百科辞典》，中国广播电视出版社 1990 年版。

21. 杨国枢：《中国人的社会取向：社会互动的观点》，社会科学文献出
    版社 2005 年版。

22. 杨宜音、张曙光：《社会心理学》，首都经济贸易大学出版社 2008 年版。

23. 张娜：《互联网、性及其关系的主体建构》，中国社会科学出版社
    2016 年版。

24. 朱学琴：《单身女性性的自我重构》，载《性别多元：理论与实务研
    究》，台湾万有出版社 2012 年版。

25. 周宁：《历史的沉船》，北京学苑出版社 2004 年版。

译著类

1. ［法］哈布瓦赫：《论集体记忆》，毕然等译，上海人民出版社 2003
   年版。

2. ［澳］阿尔弗雷德·许茨：《社会世界的意义构成 》，游淙琪译，商
   务印书馆 2012 年版。

3. ［英］安东尼·吉登斯：《现代性的后果》，刘东、黄平译，译林出
   版社 2000 年版。

4. ［德］乌尔里希·贝克：《风险社会》，何博闻译，译林出版社 2004
   年版。

5. ［英］安东尼·吉登斯：《亲密关系的变革——现代社会中的性、爱
   和爱欲》，陈永国、汪民安等译，社会科学文献出版社 2001 年版。

6. ［英］安东尼·吉登斯：《现代性与自我认同》，赵旭东译，生活·读
   书·新知三联书店 1998 年版。

7. ［美］吉野贤治：《掩饰：同性恋的双重生活及其他》，朱静姝译，
   清华大学出版社 2016 年版。

8. ［英］杰西·洛佩兹、约翰·斯科特：《社会结构》，允春喜译，吉
   林人民出版社 2007 年版。

9. ［英］帕特里克·贝尔特：《时间、自我与社会存在》，陈生梅、摆

玉萍译，北京师范大学出版社 2009 年版。

10. ［加拿大］查尔斯·泰勒：《现代社会的想象》，林曼红译，译林出版社 2014 年版。

11. ［美］本尼迪克特·安德森：《想象的共同体》，吴叡人译，上海人民出版社 2016 年版。

12. ［美］大卫·诺克斯、卡洛琳·沙赫特：《情爱关系中的选择》，金梓等译，北京大学出版社 2009 年版。

13. ［美］诺曼·邓金：《解释性交往行为主义：个人经历的叙事、倾听与理解》，周勇译，重庆大学出版社 2004 年版。

14. ［美］汉娜·阿伦特：《人的境况》，王寅丽译，上海世纪出版社 2009 年版。

15. ［美］罗伯特·诺奇克：《被检验的人生》，姚大志译，上海译文出版社 2015 年版。

16. ［美］欧文·戈夫曼：《污名》，宋立宏译，商务印书馆 2009 年版。

17. ［美］威廉·吉布森：《神经漫游者》，戴恩威译，江苏人民出版社 2013 年版。

18. ［澳］约翰·特纳等：《自我归类论》，杨宜音等译，中国人民大学出版社 2011 年版。

19. ［澳］迈克尔·豪格：《社会认同过程》，高明华译，中国人民大学出版社 2011 年版。

20. ［奥］弗洛伊德：《论女性——女同性恋案例的心理成因及其他》，刘慧卿、杨明敏译，社会科学文献出版社 2015 年版。

中文论文类

1. 卜玉梅：《虚拟民族志：田野、方法与伦理》，《社会学研究》2012 年第 6 期。

2. 程鑫：《离婚家庭对子女的心理发展的影响》，《辽宁税务学院学报》2008 年第 6 期。

3. 陈哆：《关于同性婚姻的立法的思考》，《法制与社会》2011 年第 9 期。

4. 常进锋、陆卫群：《已婚男同性恋者婚姻关系的社会学分析》，《中国性科学》2013 年第 7 期。

5. 陈庆德、刘锋：《婚姻的理论建构与遮蔽》，《吉林大学社科学报》

2006 年第 9 期。

6. 陈雯：《离婚：一项社会学视角的思考》，《内蒙古社会科学》（汉文版）2009 年第 7 期。

7. 畅引婷、邸晓星：《妇女：性别研究的学科性质与时代特点》，《郑州大学学报》（哲学社会科学版）2010 年第 7 期。

8. 陈亚亚：《女同性恋者的婚姻和家庭给传统婚姻制度带来的挑战》，《社会》2009 年第 4 期。

9. 邓峰、丁小浩：《人力资本、劳动力市场分割与性别收入差距》，《社会学研究》2012 年第 5 期。

10. ［美］弗朗西斯科·德里奇：《记忆与遗忘的社会构建》，《国外社会科学》2007 年第 4 期。

11. 富晓星：《市场经济、空间演变与性：东北男同性恋群体的人类学观察》，《开放时代》2012 年第 4 期。

12. 郭晓飞：《中国同性恋者的婚姻困境——一个法社会学的视角》，《法制与社会发展》2009 年第 4 期。

13. 桂勇、李秀玫等：《网络极端情绪人群的类型及其政治与社会意涵》，《社会》2015 年第 5 期。

14. 韩旭至：《婚姻与同性婚姻》，《中国性科学》2012 年第 1 期。

15. 何建刚：《妇女艾滋病流行现状的社会性别研究》，《安徽预防医学杂志》2012 年第 4 期。

16. 贺光烨、吴晓刚：《市场化、经济发展与中国城市中的性别收入不平等》，《社会学研究》2015 年第 1 期。

17. 贺雪峰：《公私观念与中国农民的双重认同》，《天津社会科学》2006 年第 1 期。

18. 黄桂霞：《性别文化的去向——从权力文化到平等性别文化》，《中华女子学院山东分院学报》2005 年第 3 期。

19. 黄浩：《价值：人的意义世界的生成与发明》，《理论月刊》2005 年第 6 期。

20. 黄厚铭：《网络人机关系的亲疏远近》，《台大社会学刊》2000 年第 2 期。

21. 黄陵东：《人类行为解读：韦伯与哈贝马斯的社会行动理论》，《福建论坛》（人文社会科学版）2003 年第 4 期。

22. 黄少华：《虚拟空间的族群化》，《兰州大学学报》（社会科学版）2013 年第 1 期。

23. 黄少华、沈洪成：《虚拟社区中的权力关系》，《中共杭州市委党校学报》2010 年第 1 期。

24. 胡启岚：《同性婚姻合法化的法理价值》，《法制与社会》2009 年第 7 期。

25. 景军：《泰坦尼克定律：中国艾滋病风险分析》，《社会学研究》2006 年第 5 期。

26. 景晓芬：《"社会排斥"理论研究综述》，《甘肃理论学刊》2004 年第 2 期。

27. 兰林友：《中国艾滋病防治的人类学研究：社会文化行为的分析》，《广西民族大学学报》（哲学社会科学版）2010 年第 11 期。

28. 李广武：《性文化建设在构建和谐社会中的意义》，《性健康教育》2010 年第 4 期。

29. 李慧波、赵红红：《关于社会生活与社会文化概念问题的思考》，《晋阳学刊》2010 年第 2 期。

30. 李霞：《论同性婚姻合法化》，《河北法学》2008 年第 3 期。

31. 林旭东：《同妻群体的困境和对策分析》，《中国性科学》2013 年第 9 期。

32. 刘翠玉：《试论女性主义性别平等观》，《广西社会科学》2007 年第 2 期。

33. 刘传江、周玲：《城市社区治理结构转型与边缘性群体的计划生育管理》，《人口与经济》2003 年第 6 期。

34. 刘冬、唐魁玉：《"同人女"群体中的虚拟生活行为析论》，《牡丹江大学学报》2012 年第 11 期。

35. 刘冬、唐魁玉：《在婚同妻的婚姻生活经历：一项解释社会学分析》，《哈尔滨工业大学学报》（社会科学版）2014 年第 6 期。

36. 刘冬、唐魁玉：《同妻群体的虚拟互动实践研究》，《江汉学术》2014 年第 10 期。

37. 刘华芹：《网络人类学：网络空间与人类学的互动》，《广西民族学院学报》（哲学社会科学版）2004 年第 3 期。

38. 刘康平：《社会性别视角下的艾滋病防治研究综述》，《法制与社会》2011 年第 12 期。

39. 刘霓：《社会性别——西方女性主义理论的中心概念》，《国外社会科学》2001 年第 6 期。

40. 龙秋霞：《妇女易感艾滋病的社会文化原因探析及对策建议——基于广东的调查》，《妇女研究论丛》2006 年第 1 期。

41. 吕美颐、郑永福：《性别制度与社会规范》，《郑州大学学报》（哲学社会科学版）2009 年第 2 期。

42. 莫国芳、包广静：《基于女性性别脆弱性分析的艾滋病防治对策》，《云南师范大学学报》（哲学社会科学版）2007 年第 7 期。

43. 穆光宗：《独生子女家庭本质上是风险家庭》，《人口研究》2004 年第 1 期。

44. 马进：《社会认同是怎样进行的——一种社会认同理论》，《甘肃理论学刊》2014 年第 1 期。

45. 毛燕玲：《同性恋婚姻之路与亲密关系》，《中国性科学》2008 年第 12 期。

46. 彭大松：《个人资源、家庭因素与再婚行为——基于 CFPS2010 数据的分析》，《社会学研究》2015 年第 4 期。

47. 潘绥铭：《性的人权道德》，《甘肃理论学刊》2008 年第 7 期。

48. 潘绥铭、黄盈盈：《"主体建构"：性社会学研究视角的革命及本土发展空间》，《社会学研究》2007 年第 3 期。

49. 潘绥铭、吴宗健：《中国男同性恋社交中的性关系》，《青年研究》1993 年第 12 期。

50. 潘允康：《试论费孝通的家庭社会学思想与理论》，《天津社会科学》2010 年第 2 期。

51. 史同新、张北川、李秀芳：《婚姻状况对男男性行为者的艾滋病高危性行为影响研究》，《中国艾滋病性病》2008 年第 5 期。

52. 唐魁玉：《网络社会及其社会本体论诠释》，《哈尔滨工业大学学报》（社会科学版）2014 年第 1 期。

53. 唐魁玉：《网络文化价值与网民的核心价值观》，《学术月刊》2012 年第 11 期。

54. 唐魁玉：《哈贝马斯的交往行动理论及其对网络交流的影响》，《学术交流》2003 年第 4 期。

55. 唐魁玉、张晔：《同妻社会适应问题的虚拟社会人类学分析》，《黑龙江社会科学》2013 年第 6 期。

56. 唐魁玉、詹海波：《同性恋丈夫视角下的同妻生活困境及其解困方式——一项虚拟现实人类生活方式研究》，《山东社会科学》2016 年第 6 期。

57. 唐魁玉、于慧：《"同妻""同夫"婚姻维持与解体的比较——一项虚拟社会人类学研究》，《社会学文摘》2015 年第 2 期。

58. 唐日新、李倩、张璟：《同性恋伴侣关系研究》，《江西师范大学学报》（哲学社会科学版）2015 年第 4 期。

59. 陶铁柱、谭深：《男女同步时代的理论探究——"妇女学学科建设座谈会"综述》，《社会学研究》1987 年第 6 期。

60. 万玺：《"同妻"困境产生原因及法律救济途径探究》，《法制博览》2014 年第 4 期。

61. 王静：《试论将同妻情形纳入可撤销婚姻制度内的合理性》，《兰州教育学院学报》2015 年第 7 期。

62. 王金玲：《性别文化及其先进性别文化的构建》，《浙江学刊》2003 年第 4 期。

63. 王力平：《污名化与社会排斥：低度认知下的艾滋病防治——基于甘肃省一般人群的调查分析》，《西北人口》2010 年第 5 期。

64. 王文卿：《社会网络对商贩流动人口艾滋病风险的影响机制探析》，《医学与社会》2014 年第 3 期。

65. 王政：《浅议社会性别学在中国的发展》，《社会学研究》2001 年第 5 期。

66. 王政：《社会性别研究在国内外的发展》，《性别平等理论研究》2009 年第 5 期。

67. 魏国英：《性别文化的理念建构与本土特征》，《内蒙古大学学报》（人文社会科学版）2003 年第 7 期。

68. 魏盈君：《同性恋婚姻立法模式及典型国家的立法例》，《学理论》2013 年第 20 期。

69. 魏伟：《圈内人如何看待同性婚姻？——内化的异性恋正统主义对"同志"的影响》，《华东理工大学学报》（社会科学版）2010 年第 4 期。

70. 魏伟、蔡思庆：《探索新的关系和生活模式——关于成都男同性恋伴侣关系和生活实践的研究》，《社会》2012 年第 6 期。

71. 武雪萍、郭峰：《试析我国军婚特殊保护制度》，《法制与经济》2010 年第 6 期。

72. 吴晓旭：《新结婚时代：电视剧闪婚引发的思考》，《影视传播》2012 年第 14 期。

73. 夏国美、杨秀石：《社会性别、人口流动与艾滋病风险》，《中国社会科学》2006 年第 6 期。

74. 夏宏：《生活、世界与生活世界》，《中山大学学报》（社会科学版）2013 年第 5 期。

75. 杨国荣：《意义世界的生成》，《中国哲学》2010 年第 1 期。

76. 杨宜音：《关系化还是类型化：中国人"我们"概念形成的社会心理机制探讨》，《中国社会科学》2008 年第 4 期。

77. 杨宜音：《"自己人"：信任建构过程的个案研究》，《社会学研究》1999 年第 2 期。

78. 叶文振：《孩子对父母婚姻的影响及其制约因素》，《福建论坛》（经济社会版）2008 年第 8 期。

79. 叶枝、陈丽华、郭葳：《歧视知觉与男同性恋艾滋病感染者创伤后应激障碍的关系：应对方式的中介作用》，《中国临床心理学杂志》2015 年第 1 期。

80. 庾泳、肖水源：《同性恋婚姻关系的社会学问题》，《医学与哲学》（人文社会医学版）2008 年第 9 期。

81. 庾泳、肖水源：《同志群体的形式婚姻》，《多元性别：理论与实务研究》2012 年第 5 期。

82. 张北川、李洋、李秀芳等：《固定性伴是男男性行为者的女性之相关健康问题及影响因素》，《中国性科学》2015 年第 1 期。

83. 张翠娥：《社会性别与艾滋病——对一位女性艾滋病患者生命历程的性别分析》，《妇女研究论丛》2008 年第 3 期。

84. 中国疾病预防控制中心、性病艾滋病预防控制中心：《我国艾滋病防控工作背景》，《中国艾滋病防治信息》2013 年第 12 期。

85. 张康之、向玉琼：《网络空间中的政策问题建构》，《中国社会科学》2015 年第 2 期。

86. 张敏:《性别差异与社会资本不平等性探究》,《前沿》2008 年第 9 期。

87. 张娜:《虚拟民族志方法在中国的实践与反思》,《中山大学学报》(社会科学版) 2015 年第 4 期。

88. 张娜、潘绥铭:《国外互联网与性的研究述评》,《中国青年研究》2013 年第 12 期。

89. 张强明:《中国"同直婚"法律问题与立法建议之研究》,《法制与社会》2012 年第 7 期。

90. 张小金:《中国当代姻关系的社会学问题》,《医学与哲学》2008 年第 9 期。

91. 张颖:《关于我国同性恋婚姻合法化问题的思考》,《法制与社会》2013 年第 5 期。

92. 赵志裕、温静、谭俭邦:《社会认同的基本心理历程—— 香港回归中国的研究范例》,《社会学研究》2005 年第 5 期。

93. 郑也夫:《男女平等的社会学思考》,《社会学研究》1994 年第 2 期。

94. 祝建华:《网际互动中青年的社会动机因素》,《社会》2003 年第 4 期。

95. 朱力:《论民工阶层的城市适应》,《战略与管理》2002 年第 6 期。

96. 朱凌飞、孙信茹:《走进虚拟田野——互联网与民族志研究》,《社会》2004 年第 9 期。

97. 祖力亚提·司马义、曹谦:《性行为与艾滋病感染风险》,《西北民族研究》2013 年第 1 期。

英文论著类

1. Appadurai A. , *Global ethnoscapes: notes and queries for a transnational anthropology*, Recapturing Anthropology: Working in the Present, 1991.

2. An Burkitt, "Sexuality and gender identity: from a discursive to a relational analysis", *The Sociological Review*, Vol. 46, Issue 3, August 1998.

3. August Bebel, *Die Frau Und Der Socialisms*, Central Translation Publishers, 1995.

4. Adam Isaiah Green, "Queer Theory and Sociology: Locating the Subject and the Self in Sexuality Studies", *Sociological Theory*, Vol. 3, 2007.

5. Alejandro Portes, "Economic Sociology and the Sociology of Immigration.

A Conceptual Overview", *in The Economic Sociology and the Sociology of Immigration: essays on Networks, Ethnicity, and Enterpreneurship*, edited by Alejandro Portes, New York: Russell Sage Foundation, 1995.

6. Anne Ross & Smithand Kate Huppatz, "Gender, Work and Organization", *Gender, Work & Organization*, Vol. 9, 2010.

7. Becker H. , *Outsider*, Free Press, 1973.

8. Buxton, A. P. Paths and Pitfalls, "How heterosexual spouses cope when their husbands or wives come out", *Journal of Couple & Relationship Therapy*: Innovations in Clinical and Educational Interventions, Vol. 3, 2004.

9. Browning J. , Kessler D. , Hatfield E. , "Power, Gender and Sexual Behavior", *Journal of Sex Research*, Vol. 36, No. 4, 1999.

10. Butler Judith P. , *Gender Trouble*, Taylor & Francis, 2006.

11. Bernie S. Newman, "The Relative Importance of Gender Role Attitudes to Male and Female Attitudes Toward Lesbians", *Sex Roles*, Vol. 21, 1989.

12. Banks, Olivia, The Rainbow Curriculum: 60 *Minutes*. April 4, 1993.

13. Chow Eric, Koo Fung Kuen, Zhang Lei, "Are Wives of Gay Men Becoming the Next Target of HIV Infection in China?", *Sexually Transmitted Diseases*, Vol. 12, 2013.

14. Cressida J. Heyes, "Feminist Solidarity after Queer Theory: The Case of Transgender", *Signs*, Summer 2003.

15. Candace West and Don H. Zimmerman, "Doing Gender", *Gender & Society*, Vol. 5, 1987.

16. Daniel R. Leisure Identities, "Globalization, and the Polities of Place", *Journal of Leisure Research*, Vol. 4, 2009.

17. David Halperin, *One hundred years of homosexuality: and other essays on Greeklove*, Psychology Press, 1990.

18. Don H. Zimmerman, "Doing Gender", *Gender and Society*, Vol. 1, Issue 2, Jun. 1987.

19. David R. Matteson, "The heterosexually married gay and lesbian parent", Gay and Lesbian Parents, 1987.

20. Edwin S. , *Cultural Constructions of Gender: Encyclopedia of Sex and Gender*, Kluwer Academic/ Plenum Publishers, 2003.

21. Eagnon, J. H. & R. G. , "Parker Intraduction: Conceiving Sexuality", in R. G. Parker & J. H. Gagnon (eds) . *Conceiving, sebuality: Approarhes to sex Research in a pastmordern world.* N. YG London: Routledge: 1995.

22. Foucault, *The History of Sexuality Volume*, New York: Vintage, 1980.

23. Goldscheider, G. , *Urban migrants in developing nations*, Westview Press, 1983.

24. Henning K. , A. Jones, R. Holdford, "I didn't do it, but if I had a good reason", Minimization, denial, and attributions of blame among male and female domestic violence offenders F, *Journal of Family Violence*, Vol. 20, 2005.

25. Judith Butler, *Gender Trouble: Feminism and the subversion of identity*, New York: Routledge, 1999.

26. Judith Butler, *Bodies That Matter: On the Discursive Limits of " Sex "*, New York: Rutledge, 2011.

27. John Finnis, "*Marriage: A Basic and Exigent Good in his Human Rights and Common Good*", Oxford University Press, 2011.

28. Joseph Harry andWilliam DeVall, "Age and Sexual Culture Among Homosexually Oriented Males", *Archives of Sexual Behavior*, Vol. 7, No. 3, 1978.

29. Janice M. Irvine, "A Place in the Rainbow: Theorizing Lesbian and Gay Culture", *Sociological Theory*, Vol. 12, No. 2, 1994.

30. Johnson L. , M. Todd, G. Subramanian, "Violence in police families: Work – family spillover", *Journal of Family*, Vol. 20, 2005.

31. Jones, Rodney H. , "You Show Me Yours, I'll Show You Mine": The Negotiation of Shifts from Textual to Visual Modes in Computer – mediated Interaction among Gay Men, *Visual Communication*, Vol. 4, No. 1, 2005.

32. Kinsey, A. C. , W. B. Pomeroy and C. E. Martin, *Sexual Behavior in the Human Male*, Philadelphia: W. B. Saunders, 1948.

33. Kaise Family Foundation, *Inside – out: A Report on the Experiences of Lesbians, Gays, and Bisexuals in America and the Public's view on Issues and Politics Related to Sexual Orientation.* Mnlo Park, CA: Author, 2001.

34. Kirkpatrick, R. C. , "The evolution of human sexual behavior", *Current*

Anthropology, Vol. 41, 2000.

35. Leslie Bender, "Sex Discrimination or Gender Inequality?", *Fordham Law Review*, Vol. 57, 1989.

36. Loue S., Cooper M., Traore F., et al., "Locus of Control and HIV Risk Among a Sample of Mexican and Puerto Rican Women", *Journal of Immigrant Health*, Vol. 6, No. 4, 2004.

37. Lawrence A. Kurdek, "Relationship outcomes and their predictors: Longitudinal evidence from heterosexual married, gaycohabiting, and lesbian cohabiting couples", *Journal of Marriage and Family*, Vol. 8, 1998.

38. Lawrence A. Kurdek, "What Do We Know About Gay and Lesbian Couples?", *Current Directions in Psychological Science*, Vol. 14, 2005.

39. Liu, Y., P. L. J. Shrum, "What is interaetivity and is it always a good thing?", *Journal of Advertising*, Vol. 31, No. 4, 2002.

40. Mary Anne Case, "What Feminists Have to Lose in Same – sex Marriage Litigation", *UCLA Law Review*, Vol. 7, 2010.

41. Miller, Daniel & Don Slater, *The Internet: An Ethnographic Approach*, New York: Berg Editorial Office, 2000.

42. Michael Ruse, "Third sex and third gender – beyond sexual dimorphism in culture and history", *Journal of the History of the Behavioral Sciences*, Vol. 32, Issue 3, July 1996.

43. Orientation, Attitudes, "and Division of Labor", *Sex Roles*, No. 58, 2008.

44. Ottmar Kullmer, "Benefits and risks in virtual anthropology", *Journal of Anthropological Sciences*, Vol. 86, 2008.

45. Davidson, M. Parents, *American Journal of Orthopsychiatry*, Vol. 77, No. 4, 2007.

46. Pamela Campa, "Alessandra Casaricoy and Paola Profeta. Gender Culture and Gender Gap in Employment", *CESIFO Economic Studies*, Vol. 1, 2011.

47. Paular England, "The Gender Revolution: Uneven and Stalled Gender & Society", Vol. 24, 2010.

48. Pleck J. H., Lydia N., et al., "Gender Attitudes and Health Risk Behaviors in Urban African American and Latino Early Adolescents", *Maternal and Child Health Journal*, Vol. 5, 2001.

49. Peterson, Richard A. , "Revitalizing the culture concept", *Annual review of Sociology*, Vol. 5, Issue 5, 1979.

50. Ramazanoglu, C. (ed.) V. P. against Foucault, *Explorations of Some Tensions between Foucault and Feminist*, Routledge, London and New York, 1993.

51. Robin Hamman, "The Application of Ethnographic Methodology in the Study of Cybersex", *Cybersociology*, Vol. 1, 2011.

52. Richards Jenkins, *Socialidentity*. Routledge publishing group, 1996.

53. Randolph Trumbach, *Sex and the Gender Revolution*, *Volume* 1: *Heterosexuality and the Third Gender in Enlightenment London*, University of Chicago Press, 1998.

54. Scheler, *The moral construction of resentment*, Scheler anthology. New York: Kodansha International. 1999.

55. Simone de Beauvoir, *The Second Sex*, Xiyuan Publishers, 2009.

56. Shoham, Aviv, "Flow Experiences and Image Making: An Online Chat - room Ethnography", *Psychology and Marketing*, Vol. 21, No. 10, 2004.

57. Schaap, Frank, *The Words that Took Us There*: *Ethnography in a Virtual Reality*, Amsterdam: Aksant Academic Publishers, 2002.

58. Sonya, Lovell, Terry, Wolkowitz, Andermahr, Carol, *A glossary of feminist theory*, Hodder Arnold Publication, 1997.

59. Samuel M. Wilson, Leighton C. Peterson, "The Anthropology of online communities", *AR Reviews in Advance*, Vol. 7, 2002.

60. Stoller and Robert, *Presentations of Gender*, New Haven, Conn. : Yale University Press, 1985.

61. Tristan S. Bridges, "Gender Capital and Male Bodybuilders", *Body & Society*, Vol. 15, 2009.

62. Timothy J. , Bilars and Evren Savci, "Lesbian, Gay, Bisexual and Transgender Families", *Journal of Marriage and Family*, Vol. 6, 2010.

63. Teresa de Lauretis, *The Technologies of Gender*, *Technologies of Gender*, Indiana University Presss, 1987.

64. Teresa de Lauretis, "Queer theory: Lesbian and gay sexualities", *Social Science*, 2008.

65. Tamara Shefer, "Gender, Power and Resistance to Change among Two Communities in the Western Cape, South Africa", *Feminism & Psychology*, Vol. 18, 2008.

66. Urner J. W., Grube J. A., Meyers J., "Developing an optimal match within online communities: an exploration of CMC support communities and traditional support", *Journal of Communication*, Vol. 2, 2001.

67. V. Bryson, *Feminist Political Theory*, The Macmillan Press LTD, 1992.

68. West, Candace, Zimmerman, Don H., "*Doing Gender*", in Myers, Kristen (ed.), 1998.

69. Wheeler D., *Newtechnologies*, *oldculture*, Culture, Technology, Communication, 2001.

中文其他文献

1. 崔慧仙:《网络时代的学术交流——以科学网为场景的观察与研究》,硕士学位论文,华东师范大学,2011年。

2. 杨柳青:《中国式的"完美"——同性恋群体形式婚姻初探》,硕士学位论文,湖南师范大学,2009年。

3. 肖毓:《现代性视域中自我认同的危机和重建》,硕士学位论文,延安大学,2009年。

4. 狄雨菲:《透视中国"同志婚姻"现象》,传文译,《纽约时报》2015年5月13日第8版。

5. 王东川:《美媒关注中国"同直婚姻"潜伏复杂因素》,《参考消息》2015年5月15日第8版。

英文其他文献

1. Coomber R., *Using the Internet for Survey Research*. 1997, 2. http://socresonline. Org. uk /2/2/2. html.

2. Mark J. McLelland, *Virtual Ethnography: Using the Internet to Study Gay Culture in Japan. Sexualities*, http://sexualities. sagepub. com/cgi/content/abstract/5/4/387.

3. Sreedhari D. Desai etc, *Marriage Structure and Resistance to the Gender Revolution in the Workplace*, http://ssrn. com/abstract = 2018259.

后 记

　　任何一项创新的、有趣的和价值不菲的人文社会科学研究，都是某种机缘巧合的结果。作为一个网络社会学研究者，大约在 2011 年夏天第一次接触到了"同妻"（即男同性恋者的在合法意义上的妻子）这个既陌生、敏感而又特殊的弱势女性群体。于是，我和我的弟子们（基本上都是女弟子）便开始了长达六年的艰难"同妻研究之旅"。后来随着我们一篇篇基于网络民族志和虚拟田野调查而写作的学术论文的发表，证明我们当初做出的旨在揭示同妻隐秘生活状态的"人类学转向"是对的。

　　必须首先说明的是，这项研究之所以受到了国内外相关学者、媒体和公众的关注，是与 2012 年春天教育部批准我主持的教育部人文社会科学规划项目——"同妻社群生活适应问题的虚拟社会人类学研究"（12YJA840022）的支持和推动分不开的。同时，由于本人在课题展开和深化后的张力越来越大，加之教学工作异常繁忙，不得不一再延迟课题的终结时间。在此特向教育部人文社会科学规划办学术委员会表示歉意和感谢。因为这是我一生中所经历的最重要的研究项目，至少，我和哈工大同妻研究团队没有敷衍这项工作。

　　毫无疑问，本书是唐门弟子和部分社会学系青年学者集体智慧的结晶。本书共分九章，以及前言、后记。其初稿写作者及设计、修改者如下：

前言：唐魁玉；

第一章：唐魁玉，刘冬；

第二章：刘冬；

第三章：李亚楠，唐魁玉；

第四章：薛雨辰，唐魁玉；

第五章：宋懿，唐魁玉；

第六章：赵丽娜，唐魁玉；

第七章：詹海波，唐魁玉；

第八章：于慧，唐魁玉；

第九章：张晔，唐魁玉，刘冬；

后记：唐魁玉。

邵力、张蕊在同妻的田野调查、《虚拟社会人类学导论》（本书的相关学术成果）的写作和课题管理上，也做了大量工作。

回顾过往的"同妻"研究历程，我们深感社会责任的重大。研究发现，同妻是一个必须被正视的社会群体，她们不仅被剥夺性权利、情感生活得不到满足，身心压力巨大，而且还会受到一定程度的社会歧视，成为艾滋病的易感人群。曾几何时，哈工大同妻研究团队全体成员，克服了重重困难，借助网络社会学和田野工作方法，系统地探讨和观照了中国语境下同妻群体的生存状态。几年来，我们在《International Journal of Database Theory Application》《社会学文摘》《山东社会科学》《学术交流》《哈尔滨工业大学学报》（社会科学版）、《江汉论坛》《黑龙江社会科学》等国内外学术期刊发表了15篇学术论文。论文《同妻、同夫婚姻维持与解体的比较》还被中国人民大学书报资料中心的《社会学文摘》（人类学栏目，2015年第2期）全文转载。并且，受到了《纽约时报》《中国日报》《明报》《亚洲周刊》《参考消息》（新华社）和人民网、光明网等众多主流媒体和新媒体的广泛关注和评价，国内外影响较大。其中，尤其以狄雨菲专访并写作发表在2015年5月13日《纽约时报》上的新闻报道的影响最大。该报称，"哈尔滨工业大学学者唐魁玉和于慧共同发表了一篇罕见的学术论文"，并将"同妻"和"同夫"群体出现于网络社区中的研究情境予以肯定。另外，本课题组同妻研究案例列入了哈工大社会学学科教育部2016年学科评估的"为社会服务和贡献的案例"，而且位居五项案例之首。

所以，在此我们向上述学术和大众媒体对我们关于同妻研究成果的传播和报道的中外媒体，以及香港中文大学著名性别研究公众号"Know Yourself"的编辑、记者朋友表示诚挚的谢意。

感谢著名性学专家、临床医生和青岛大学教授张北川先生对我和我们团队同妻研究的支持和学术资源的无私援助。他曾专门给我打电话，鼓励我们一定要"将同妻研究进行到底"。还要感谢著名社会学家景天魁先生和王雅林先生对本研究的指导。在与他们就同妻的弱势群体性质和生活方式等问题所展开的讨论，对我们启发良多。

此外，还要感谢胡运权教授、尹海洁教授、惠晓峰教授、白淑英教授、鞠晓峰教授、姜明辉教授、吴冲教授，以及王树生、郑中玉等老师在研究过程中所给予的学术关怀、批评和建议，他们的帮助至关重要。还要感谢哈工大经济管理与人文社会科学研究院卜琳华和常实女士，在研究过程中给予的各种关怀、支持和服务。

英国牛津大学人类学博士候选人王梓轩和美国哥伦比亚大学公共管理学院硕士生唐锐，也曾经就同妻的主体性建构和形婚的社会事实等问题与其进行的交流，为我们提供了可以比较的国际视野，谢谢她们。法国巴黎第二大学王昭瑾女士在文献收集方面，也曾给予过我们一些重要的帮助，一并致谢。

在出版和成书过程中，还要特别向中国社会科学出版社及责任编辑姜阿平博士致谢。正是因为她的热情、宽容和高效的工作努力，才最终促成了本书的问世。另外，杨静同学所做的参考文献编校工作，也功不可没。

最后，有感于"同妻研究"的举步维艰和意义重大，引用诗人里尔克的诗句与团队中的各位青年学者共勉："哪里有什么胜利，挺住了就是一切。"

唐魁玉

2017 年 6 月 20 日

于哈尔滨工业大学